李模 著

古代埃及祭司研究

GuDai AiJi JiSi YanJiu

中国书籍出版社
China Book Press

图书在版编目（CIP）数据

古代埃及祭司研究 / 李模著. —北京：中国书籍出版社，2019.4

ISBN 978－7－5068－7220－1

Ⅰ.①古… Ⅱ.①李… Ⅲ.①埃及古代宗教—研究 Ⅳ.①B989.18

中国版本图书馆CIP数据核字（2019）第001094号

古代埃及祭司研究

李　模　著

责任编辑　李　新
责任印制　孙马飞　马　芝
封面设计　中联华文
出版发行　中国书籍出版社
地　　址　北京市丰台区三路居路97号（邮编：100073）
电　　话　（010）52257143（总编室）　（010）52257140（发行部）
电子邮箱　eo@chinabp.com.cn
经　　销　全国新华书店
印　　刷　三河市华东印刷有限公司
开　　本　710毫米×1000毫米　1/16
字　　数　256千字
印　　张　16.5
版　　次　2019年4月第1版　2019年4月第1次印刷
书　　号　ISBN 978－7－5068－7220－1
定　　价　85.00元

版权所有　翻印必究

序

祭司是古代埃及社会中十分重要的一个人群，他们对古代埃及社会有巨大的影响。这不仅是因为古代埃及是一个多神崇拜的国家，每个神都有自己的神庙，一些全国崇拜的神还不止一个神庙，因此祭司人数不少；而且还因为祭司被认为是神的代言人，是能够与神相沟通的人，他们把神的意志告诉给人，也把人的愿望转告给神。上至国王，下至平民百姓，都需要神的保护：国王希望自己的统治永世长存；平民百姓希望自己今生和死后平安无事。因此大家都敬神，都需要通过祭司把自己的敬仰之情转达给神。此外，祭司掌握文字和档案；因为祭神需要观察天象而精通天文；多少懂点医疗知识。所以在那时，祭司也似乎是社会所需要的一个人群。古代世界各民族在其文明初期，大都有过祭司，但并不是所有民族和国家的祭司都像古代埃及的那样，能在政治、经济、文化等方面都长期发生影响（例如希腊和罗马祭司的作用就相对要小得多；而古代的以色列和古代印度则祭司的影响却比较大）。在古代埃及，王权与神权相结合，王权依靠祭司神化自己的权力（最初只是说国王受到神的保护，后来又说国王死后会变为神，再后则说国王是神的儿子等等），祭司则依靠王权来在政治经济上获得好处（国王把土地、奴隶以及其他大量的财富捐赠给神庙，这只要看一看帕勒摩石碑上有关给太阳神拉以土地、劳动力等的记载，图特摩斯三世每次远征胜利后给神庙的种种捐赠，哈里斯大纸草中有关拉美西斯三世给各个神庙的捐赠的记载就清楚了）。

在古代埃及的不同时期，有不同的神起着全国崇拜的主神的作用，担任着保护王权的主神的角色如在早王朝时期和古王国时期的前期，鹰神荷鲁斯是王权的主要保护神；而在第4王朝以后，太阳神拉取代荷鲁斯成了全国崇拜的主神和王权的主要保护神；中王国以后，首都底比斯的阿蒙神成了全国崇拜的主神和王权的保护神；在新王国时期的第18王朝后期，埃赫那吞宗教改革时期，一个古老的太阳神阿吞神成了唯一崇拜的神，改革失败后，阿蒙神重新成为主神；在第19王朝后期的麦尔涅普塔赫统治时期，孟斐斯地方的主神普塔赫神被提到了主神的地位，但为时很短，很快阿蒙神又恢复了自己的主神地位，等等。随着一个神成为全国的主神和王权的主要保护神而来的是该神得到的各种捐赠（这包括土地、奴隶和其他财富）就越来越多，该神的祭司也就受到重视，他们的地位也越来越高，他们在经济上就越来越富有，政治上的影响也就可能越来越大。

在埃及历史上，至少从有文字可征的古王国时期起，我们就可以看到祭司活动的踪影，就可以看到他们在埃及社会中起了重要的作用。特别是由于他们的努力，埃及的神庙势力得到了迅速发展：王权对神权的依赖性越来越大；至少从古王国中叶时起，国王给予神庙的捐赠越来越多（包括土地、劳动力、其他财产），从而使神庙的经济实力迅速增强；神权在政治上的影响越来越大。神庙祭司不满足于他们在思想意识形态方面的影响，他们还极力插手政治，如第5王朝的前三个国王被认为是太阳神拉与拉神祭司的妻子所生，反映出王权的祭司性特征；第18王朝中叶，在哈特舍普苏特与图特摩斯三世争夺王权时，阿蒙神庙祭司左右逢源，纵横捭阖，干预王位继承，并在此之后担任了包括宰相在内的世俗的高级官吏，甚至到了可以影响王位的废立的地步。在人们的日常生活中，由于埃及人的来世观念，也使得祭司对普通埃及人的影响非常的大：埃及人认为，今生今世是短暂的，来世却是永恒的，因此，他们在营造来世的生活方面花费的精力和财力往往比现世的还要大，在人还未死之前，就同祭司签订契约，把自己的财产（包括土地在内）的一部分给予祭司，作为自己死后的丧葬费用。这实际上是把自己在死后的生活安排交给了祭司，表明他们对祭司的信任。

因此，要深入了解古代埃及社会，必须对祭司这个重要的社会群体进行研究。李模原来是学先秦史的，是偶然闯入世界上古史这个领域来读博士学位的。当时他面临着了解世界上古史的基本知识、了解古代埃及史的基本知识的任务；同时，也面临着了解古代埃及史研究的现状和问题，从而为确定论文题目、为写作论文收集资料（由于资料十分分散，国内的资料严重缺乏，因而资料的收集难度极大）的任务，困难极大。但他在三年的时间里靠着勤奋和刻苦，不仅学习了世界上古史和埃及史的基本知识，而且看了大量的专著和论文，搜集了大量的有关埃及祭司问题的资料，写出了这篇题为《古代埃及祭司研究》的博士论文。论文考察了有关这个问题的资料和研究状况；叙述了古代埃及祭司势力在各个时期发展的基本情况；论述了古代埃及祭司的构成和职能，祭司的收入、特权和祭司职位的获取等。其中有的问题是国内学者未曾涉足的，如文中关于奥西里斯崇拜的论述、关于奥西里斯神祭司同其他神的祭司相比的独特之处的论述；又如关于古代埃及祭司的构成和职能、祭司职位的获取的研究等。虽然论文还有不少缺点，有些问题还叙述得不够（如在祭司内部的分化等），但总的来说，论文提供了比较丰富的资料，论述也有一定的深度。这个问题的系统性研究成果在国外也不多见；在国内，李模对这个问题的系统研究具有开创性的意义。我希望李模的博士论文的出版会推动这个问题的研究，会有助于我国埃及学的发展。

周启迪

2001年11月28日于北京师范大学

目 录
CONTENTS

第一章 绪 论 ··· 1

 一、选题意义 1

 二、研究现状 4

  （一）专著 4

  （二）论文及相关著作中对祭司的探讨 5

  （三）两个分歧较大的问题 10

  （四）不足和存在的问题 14

 三、资料考察 15

 四、主要内容 21

  （一）古代埃及祭司势力的演化和发展 21

  （二）古代埃及祭司的构成和职能 23

  （三）古代埃及祭司的收入、特权及祭司职位的获取 24

  （四）古代埃及祭司的社会影响 25

第二章 古代埃及祭司势力的演化和发展 ················ 28

 一、神的出现与祭司的产生 28

 二、国王祭司时期 30

1

三、祭司势力的第一个大发展时期　34
　　（一）本时期祭司势力发展之概况　34
　　（二）本时期祭司势力发展的两个阶段　37
　　（三）本时期祭司发展的特点　51

四、祭司势力的暂时衰微与局部发展时期　56
　　（一）第一中间期祭司之状况　56
　　（二）中王国祭司之状况　59
　　（三）第二中间期祭司之状况　62
　　（四）奥西里斯崇拜　68

五、祭司势力的第二个大发展时期　74
　　（一）第18王朝前期阿蒙祭司势力的逐渐强大　75
　　（二）拉神祭司与阿蒙祭司的矛盾以及法老对阿蒙祭司的抵制和打击　83
　　（三）拉美西斯时代祭司势力的发展　96
　　（四）本时期祭司发展的特点　111

第三章　古代埃及祭司的构成和职能　116

一、祭司的构成　116
　　（一）神庙祭司　116
　　（二）丧葬祭司　135
　　（三）女祭司　137

二、祭司的职能　144
　　（一）宗教职能　145
　　（二）世俗职能　156

第四章 古代埃及祭司的收入、特权和祭司职位的获取 ………… 165

一、祭司的收入　165

（一）丧葬祭司的收入　165

（二）神庙祭司的收入　167

二、祭司的特权　175

（一）免税和免除国家强制性劳动　175

（二）其他特权　181

三、祭司职位的获取　182

（一）丧葬祭司职位的获取　182

（二）神庙祭司职位的获取　183

（三）祭司的就职仪式　191

结束语 ………………………………………………………………… **194**

参考文献 ……………………………………………………………… **196**

附录一　古代埃及年表 ……………………………………………… **208**

附录二　古代埃及重要祭司一览表 ………………………………… **220**

附录三　译名对照表 ………………………………………………… **229**

后　记 ………………………………………………………………… **246**

再版后记 ……………………………………………………………… **248**

第一章 绪 论

一、选题意义

祭司是古代埃及社会中的一个重要群体。[①] 图特摩斯四世（Thutmose IV）时代的一个名叫坦涅尼（Thaneni）的军队书吏对全埃及的

[①] 关于祭司的概念，据《大英博物馆古埃及辞典》解释说，古代埃及祭司不应被看作是现代意义上的宗教领导者，术语"priest"只是对与埃及神庙有关的许多宗教职位的简单的现代翻译。古代埃及祭司，确切地讲，被描述成"神的仆人"（hem netjer），因为古埃及人认为，神像普通人一样，每天也要穿衣吃饭，所以需要"神的仆人"来照看，这些人被称为祭司。见 British Museum Dictionary of Ancient Egypt, British Museum Press, 1995, p.228。另据《宗教伦理百科全书》Aylward M. Blackman 解释说，在历史的黎明到来之前，生活在尼罗河谷的所有公社都拥有他们各自的神，随着文明的发展，每个政治团体的成员们先忙于农业、手工业或管理性的事务。结果，作为一个整体的每个公社侍奉神的任务落到了或者说被故意委托给一个特殊的人群。而埃及祭司就是从这个公社其余人中分离出来的、侍奉神的一个人群。见 Aylward M. Blackman, "priest, priesthood (Egyptian)", Encyclopaedia of Religion and Ethics, ed. J. Hastings, vol.10, Edinburgh, 1918, p.293，转引自 GPM, p.117。我们认为这些说法不太完全，它仅仅反映了祭司的一个方面，或者说是祭司最初的涵义。但从古埃及社会的发展历史来看，随着古埃及人重视来世思想的深入，除了侍奉神的神务人员外，还有大批从事丧葬事务的人员，他们主持殡葬仪式、掌握着冥事法术、管理和承担死者（当然包括国王）死后的祭祀等，这些人被称为丧葬祭司。由此看来，古代埃及祭司至少指那些从事神务和丧葬事务的人员，而并非仅指那些侍奉神的人。关于古代埃及祭司的构成，请参见本书第三章。

人口和大小牲畜做了一次普查，其中提到了四种人群：军人、祭司、王室农奴和工匠①，说明埃及人是把祭司作为社会的一个独立群体的。而古典作家更是把祭司作为古代埃及社会的一个阶层或等级。如：希罗多德把埃及人分成七个部分（tribes）：祭司、武士、牧牛人、牧猪人、商贩、通译和舵手②；戴奥多罗斯把其分成三个阶层：祭司、农民和工匠③，而在另一个地方他又把它分成五个：牧人、农民、工匠、武士和祭司④；斯特拉波也把其分成三个阶层：军人、农民和祭司；柏拉图则把它分成六个群体：祭司、工匠、牧人、猎人、农民和武士⑤。同时，大量的祭司衔号出现在古代埃及的碑刻、墓铭中，说明祭司确实是古代埃及社会中存在的一个群体。

那么，这个群体在古代埃及社会中的地位怎样？是无足轻重的一群还是对古代埃及社会产生过重大影响的一群？答案是肯定的。从古代埃及的发展历史来看，祭司这个群体在政治、经济、文化和思想意识形态等方面都有相当大的实力，起过相当大的作用，发生过相当大的影响，尤其是以祭司为代表的神权与以法老为代表的王权的关系问题显得相当突出，它是古代埃及政治生活中的一条重要线索。正如《尼罗河与埃及之文明》一书中的序言所说："神权政治，殆与埃及古史相终始"⑥，这确实是一语中的。古王国时期祭司的影响已明显地反映了出来。如果说《魏斯特卡尔纸草》反映的情况（国王由神变为神

---

① *ARE*, v. II, p. 165, note a.
② Herodotus, II, 164.
③ Diodorus, I, 28.
④ Diodorus, I, 74.
⑤ 参见 S. J. Gardner Wilkinson, *The Manners and Customs of the Ancient Egyptians*, v. I, London, 1878, p. 157.
⑥ [法]摩赖：《尼罗河与埃及之文明》，刘麟生译，商务印书馆，1941年，第3—4页。

之子）是祭司的一大胜利的话，那么到了新王国时期，其影响更是无处不在。神的仆人们——祭司逐渐获得了很高的社会地位和政治地位，其势力日增，成为国家政治、经济、社会生活中的最重要因素之一。特别是第18王朝中后期，阿蒙神庙祭司势力膨胀，登上政治舞台，使埃赫那吞改革遭到失败。著名的《哈里斯大纸草》和《维勒布尔纸草》真实地反映了神庙实力尤其是阿蒙神庙祭司势力的强大。第20王朝末阿蒙高级祭司荷里霍尔终于取王权而代之并建立了祭司王国。这些都是祭司们的重大胜利。祭司们为什么能取得这些胜利？对这个问题的圆满解决不仅关乎古代埃及祭司本身的发展历史，更重要的是涉及古代埃及社会的诸多方面，对于我们更好地了解与把握埃及古代社会大有裨益。

简言之，古代埃及祭司不仅统领着精神领域，当时的天文观测及历法的制定、文化知识的传播、神庙档案的书写和保存等都在其控制之下，而且还在政治上，制造"君权神授"理论，神化王权，参与乃至干涉世俗事务，享有种种特权；经济上，他们占有大量土地、劳动力、牲畜及其他财富，形成庞大的、独立于王室经济的神庙经济。可以说，古代埃及的政治、经济、文化等方面都打上了祭司的深深烙印，正如有的学者说的那样，"这些站立在普通人和诸神之间的神庙官员——祭司，3000年间，确实塑造和指导了古代埃及世界"[①]。所以，我们认为，对于古代埃及祭司的研究应当是一个很有意义的课题。

此外，通过该课题的研究，认真总结古代社会中宗教与世俗社会间的矛盾运动规律，以便能为现代社会中处理二者间的关系提供些有

---

① Serge Sauneron, *The Priests of Ancient Egypt*, New York and London, 1960, 封底。

益的借鉴。所以，该课题的研究，应当说有一定的社会意义和现实意义。

二、研究现状

正因为祭司是古代埃及社会中的一个有重要影响的社会群体，因而引起学者们的相当重视。他们对古代埃及祭司的种类、习俗、地位、智慧、职责等诸多方面进行了探讨和研究，出现了一批引人注目的学术成果。就我们目前所见，论列如下。

（一）专著

S. 绍涅隆著《古代埃及的祭司》（Serge Sauneron, The Priests of Ancient Egypt），该书是我们目前见到的唯一一部论述古代埃及祭司的专著，最初为法文版，1957 年巴黎出版。后于 1988 年由 J. P. 康特格拉尼（Jean Pierre Cortegglani）进行了扩增和修订。此外，A. 莫瑞舍特（Ann Morrisett）还把它译成了英文，分别由纽约和伦敦出版了三次（1960 年、1969 年和 1980 年）。该书共 193 页，八个部分，着重介绍了古代埃及祭司的功能（王室功能、祭司的作用、祭司的需要、成为祭司的途径）、神庙世界（包括管理人员、宗教人员、歌唱家和音乐家、低级祭司）、宗教活动（日常的奉神仪式和神的远行等）、祭司的智慧（历史学、地理学、天文学、几何学、建筑学、医药学、动物学、梦的解释、巫术、药物和药学、文学等）以及祭司的盛衰历程。正如该书封底所言："在这个对埃及祭司独特的研究中，S. 绍涅隆描绘了一幅古代埃及社会生活的生动画面。坟墓和神庙、城市、金字塔和象形文字、人生观、节日和仪式等等我们所知道的关于那个时代的一切都被详细述及和评价。"该书是我们了解古代埃及祭司以及祭司的礼拜、智慧和神学活动的最基本的一部书。但该书缺乏从整体上、宏观上对祭司势力演变的研究；同时由于篇幅所限，该书对祭司在古代埃及社会中的影响也研究得不够深入。

(二) 论文及相关著作中对祭司的探讨

1. 对托勒密时期埃及祭司的探讨

这主要集中于对祭司的社会地位[①]、传统的孟斐斯高级祭司与新的托勒密王朝间的关系[②]等问题上。历代托勒密国王都对埃及宗教表现出宽容、虔诚和友好，同时把祭司作为王朝的笼络对象。学者们的研究成果表明，托勒密时期，埃及祭司集团始终是政治舞台上的重要角色。

2. 对新王国时期祭司的探讨

新王国时期是埃及的帝国时期。尤其是帝国前期，埃及在政治、经济上都处于繁荣时期。但随着祭司势力的膨胀，祭司与王权的矛盾亦日益激烈，其表现即为埃赫那吞的宗教改革。学者们对这次改革的

[①] 如，颜海英：《希腊化时期埃及祭司集团的社会地位》，《中国博士后社科前沿问题论集》，经济科学出版社（北京），1994年版，第258—271页，亦见其专著《守望和谐：古埃及文明探秘》，云南人民出版社，1999年版，第271—281页；Janet H. Johnson, The Role of the Egyptian Priesthood in Ptolemaic Egypt, *Egyptological Studies in Honor of Richard A. Parker*, ed. by Leonard H. Lesko, Hanover and London, 1986, pp. 70 – 84. B. G. Trigger 认为此时期祭司是埃及三个主要的土地占有者之一，见其书 *Ancient Egypt: a social history*, Cambridge, 1983, p. 301。

[②] Dorothy J. Thompson, The High Priests of Memphis under Ptolemaic rule, *Pagan Priest: religion and power in the ancient world*, ed. by Mary Beard and John North, London, 1990, pp. 95 – 116；苏联社科院编《世界通史》（中译本）第二卷（上册）亦有关于托勒密王朝祭司阶级作用的论述，三联书店，1960年，第330页。

性质、经过、失败原因及相关问题展开了激烈的讨论①，基本上一致的意见是认为，改革是以法老为代表的王权与以阿蒙祭司为代表的神权之间的矛盾体现，是法老加强王权的一种手段。还有的学者对新王国末期王权与祭司的矛盾做了分析，认为祭司发动了一次革命②。总之，学者们对新王国中晚期祭司与王权的尖锐矛盾做了较为深刻的分析，但对产生这种矛盾的原因以及祭司对新王国政治、经济等方面的影响研究得不够深入。

3. 对古王国时期祭司与王权关系的探讨

多数学者认为，古王国尤其是第5王朝以后，祭司势力明显增强，如 J. H. 布列斯特德就指出，第5王朝赫里奥波里斯（Heliopolis）拉（Re）神祭司的加强③；J. 卡米尔也论列了古王国时期孟斐斯（Memphis）与赫里奥波里斯诸神的兴盛及对王权的影响④；W. M. F. 皮特里亦指出第5王朝的祭司性特征⑤；摩赖认为，"至第六朝之末年，法老

---

① 如，周启迪：《关于埃赫那吞改革的若干问题》，《北京师范大学学报》1984年第4期；陈隆波：《埃赫那吞宗教改革的具体经过如何?》，《历史教学》1965年第4期；盛志光：《试析埃赫那顿的宗教改革及其失败原因》，《阿拉伯世界》1990年第1期；江立华：《试论埃赫那吞改革的性质——兼论一神教产生的条件》，《河北大学学报》1993年第2期；宫秀华：《古埃及的多神崇拜到一神教的创立》，《东北师范大学学报》1993年第4期；刘文鹏：《古代埃及史》第七章《埃赫那吞的改革及其后的社会斗争》，商务印书馆，2000年版，第420－471页；A. E. Weigall, *The life and Times of Akhenaton, Pharaoh of Egypt*, London, 1923; F. G. Bratton, *The First Heretic: the life and times of Ikhnaton the King*, Boston, 1961; D. B. Redford, *Akhnaten: the Heretic King*, Princeton, 1984; C. Aldred, *Akhnaten: King of Egypt*, London, 1988; D. Kagan, The Religious Reform of Ikhnaton: the Great Man in History, *The Ancient Near East and Greece*, Section Ⅱ, London, 1990; J. A. Tyldesley, *Nefertiti: Egypt's Sun Queen*, New York, 1998.

② T. Eric Peet, The Supposed Revolution of the High - Priest Amenhotpe under Ramesses IX, *JEA* 12 (1926), pp. 254－259.

③ J. H. Breasted, *A History of Egypt*, New York, 1946, p. 121.

④ Jill Kamil, *The Ancient Egyptians*, the American University in Cairo Press, 1984, p. 48.

⑤ W. M. F. Petrie, *A History of Egypt*, London, 1903, v. I, p. 85.

徒拥祭司长之虚名,实际上埃及已成为祭司专政时代,国王则大权旁落,祭司则坐拥庙产,王国之末日已至,政权皆操于此辈封建式教士手中而已"①。古王国时期祭司势力日益强大,这是事实,但为什么强大以及强大表现在哪些方面,学者们似未给以充分的注意。

4. 对祭司的经济地位、神庙土地的考察

祭司之所以在政治上日益显赫,其主要原因是其经济实力的日益强大,学者们多利用《帕勒摩石碑铭文》和《哈里斯大纸草》的资料来研究②。对于神庙经济的地位,周启迪先生认为,神庙土地控制在祭司手中,神庙经济不等于王室经济,也不是王室经济的组成部分③。还有的学者认为,神庙经济是新王国时期社会经济的基础,占有主导地位,是实际上的不发达奴隶制国有经济④。但学者们没有把祭司作为一个主体,来研究其经济地位的历史演化,因而很难看出祭司在埃及的盛衰轨迹。同时,对《维勒布尔纸草》的很少利用也是神庙经济研究的一大缺憾。

5. 对祭司种类、等级和职能的研究

这是学者们普遍重视的一个问题,最权威的当推《宗教伦理百科全书》中的相关条目,其"祭司"条目论及了祭司与神的关系、祭司的两个等级(预言者和纯洁者)、祭司的薪金、祭司的权利、神庙祭

---

① [法]摩赖:《尼罗河与埃及之文明》,刘麟生译,商务印书馆,1941年,第122页。
② 如,刘文鹏:《古代埃及史》,商务印书馆,2000年版,第174页,第507-508页;Adolf Erman, *Life in Ancient Egypt*, New York, 1971, pp. 299-303.
③ 周启迪:《古代埃及史》,北京师范大学出版社,1994年版,第125页、第107页注①。
④ 郭丹彤:《试论埃及新王国时期的神庙经济》,《东北师范大学学报》1994年第2期。

司以及丧葬祭司等①。此外，S. 党那党尼和S. 绍涅隆在其著作中也对祭司的种类和职能做了较为详细的介绍②。B. 瓦特森则以第19王朝初神庙的一个高级祭司的履历介绍了祭司的不同等级③。因为祭司种类、衔号繁多，学者们大多以其承担的角色来划分。如S. 绍涅隆就根据这一原则把祭司分为管理性人员、宗教性人员、专业技术人员、歌唱家和音乐家、低级祭司以及其他附属人员。这种划分有一定的合理性，但为了更好地了解这一特殊群体，如果把文献中出现的所有祭司衔号进行归类，明其等级，并以实例说明，显其职能，这样也许会更好。A. H. 伽丁内尔在其著作中做了初步的尝试④。

6. 对妇女充当祭司的探讨

应当说，在古代埃及，妇女在祭司群体中占有一定的地位，文献中经常出现妇女充当祭司的例子。B. 瓦特森在其著作中介绍了妇女参与宗教活动、承担祭司职位以及对政治的影响、与男性祭司地位的差别等⑤；S. L. 岗斯林在其论文中指出，古代埃及文献清楚地表明大量的妇女占有祭司的职位⑥；也有学者对埃及古代妇女在祭司制度中的地位做了详细论述，指出古代埃及妇女在不同历史时期所充当的祭司角色⑦。有学者认为女性祭司在宗教界的作用主要是辅助性的，被限

---

① Aylward M. Blackman, "Priest, priesthood (Egyptian)", *Encyclopaedia of Religion and Ethics*, ed. J. Hastings, vol. 10, Edinburgh, 1918, pp. 293 – 302, 转引自 *GPM*, pp. 117 – 144.
② Sergio Donadoni, *The Egyptians*, Chicago and London, 1997, pp. 137 – 146; Serge Sauneron, *The Priests of Ancient Egypt*, New York and London, 1960, pp. 29 – 75.
③ Barbara Watterson, *The Gods of Ancient Egypt*, London, 1984, p. 39.
④ *AEO*, v. I, pp. 47* – 97*.
⑤ Barbara Watterson, *Women in Ancient Egypt*, New York, 1991, pp. 39 – 43.
⑥ S. L. Gosline, Female Priests: A Sacerdotal Precedent from Ancient Egypt, *Journal of Feminist Studies in Religion*, Baltimore 12 (1996), pp. 25 – 39.
⑦ Aylward M. Blackman, On the Position of Women in the Ancient Egyptian Hierarchy, *JEA* 7 (1921), pp. 8 – 30.

制在音乐、舞蹈方面①。

7. 对个体祭司的研究

主要利用传记铭文材料及祭司本人的遗物等相关资料对祭司的职业生涯乃至所处时代的历史实际做些分析。如关于哈特舍普舒特时代权臣舍涅努（Senenu）的文章②以及有关第 19 王朝阿蒙的高级祭司的文章③。此外，还有一些介绍祭司遗物的文章④。

此外，还有对祭司的谱系⑤、祭司的选举⑥、祭司在神庙中的礼拜仪式⑦，个别祭司衔号⑧以及祭司轮值组织⑨的研究。另外，在一些通史、专史当中，也有关于祭司的介绍，涉及了祭司的财产继承、承担的义务、享受的权利、参与主持的仪式、参与世俗事务等方面，因论述时祭司不是主要对象，而且大多只是片言碎语，这里就不再一一

---

① Geoffrey Parrinder, ed., *World Religion: from ancient history to the present*, New York, 1971, p. 144.
② Edward Brovarski, Senenu, High Priest of Amun at Deir El – Bahri, *JEA* 62 (1976), pp. 57 – 73.
③ William H. Peck, An Image of Nebwenenef, High Priest of Amun, *Essays on Ancient Egypt in honour of Herman te Velde*, ed. by Jacobus Van Dijk, Groningen, 1997, pp. 267 – 271; Karl Jansen Winkeln, The Career of the Egyptian High Priest Bakenkhons, *JNES* 52 no. 2 (1993), pp. 221 – 225.
④ 如 H. R. Hall, Objects Belonging to the Memphite High – Priest Ptahmase, *JEA* 17 (1931), pp. 48 – 49; William C. Hayes, Writing Palette of the High Priest of Amun, Smendes, *JEA* 34 (1948), pp. 47 – 50.
⑤ L. M. Leahy and A. Leahy, The Genealogy of a Priestly Family from Heliopolis, *JEA* 72 (1986), pp. 133 – 147.
⑥ S. R. K. Glanville, The Admission of a Priest of Soknebtynis in the Second Century B. C., *JEA* 19 (1933), pp. 34 – 41.
⑦ Herman Te Velde, "Theology, Priests, and Worship in Ancient Egypt", Jack M. Sasson ed. *Civilizations of the Ancient Near East*, vol. Ⅲ, New York, 1995, pp. 1731 – 1749.
⑧ Miroslav Barta, The Title "Priest of Heket" in the Egyptian Old Kingdom, *JNES* 58 no. 2 (1999), pp. 107 – 116.
⑨ Ann Macy Roth, *Egyptian Phyles in the Old Kingdom: the evolution of a system of social organization*, Chicago, 1991, pp. 77 – 89.

罗列了。

(三) 两个分歧较大的问题

1. 古代埃及是否存在祭司阶层（或阶级）？如果存在，什么时候形成？

对于这个问题做肯定回答的学者居多，但焦点集中在形成的时间问题上。大致有两种说法：①古王国说：如H. 皮克和H. J. 弗鲁拉认为，"在第5王朝期间，祭司作为一个特殊的阶层开始出现"①。周启迪也认为，"大概要到古王国时期祭司才形成为全国性的奴隶主贵族中的一个阶层或集团，构成奴隶主贵族中的一个重要部分。他们不仅在思想上有着重要影响，而且在经济、政治、文化上都有着重要影响"②。②新王国说：如J. H. 布列斯特德认为，帝国统治时期，"随着神庙财富的增加，祭司变成了专业职位，不再仅是一个由俗人占有的像古王国、中王国时期那样的临时职位，祭司在数量上增大了，获得了更多的政治权力，很可能这个时期在阿拜多斯（Abydos）墓地所埋人的四分之一为祭司，所有的祭司团体现在联合在一个巨大的祭司统治组织内，阿蒙的高级祭司是头，比其老对手赫里奥波里斯和孟斐斯的地位都高，这样就形成了一个新的阶层"③。《古埃及百科全书》也说，"直到新王国，祭司才作为一个阶层出现"④。此外，阿甫基耶夫也指出，早王朝时期高级祭司虽然是奴隶主贵族的一部分，但"祭司在当时还未形成一个闭关自守的阶级"，直到新王国时期，"高级祭司经济意义的增长促进了这种祭司集团变成一个闭关的、世袭的阶级的

---

① H. Peake & H. J. Fleure, *Priests and Kings*, Oxford, 1927, p. 96.
② 周启迪：《古代埃及史》，北京师范大学出版社，1994年版，第141页。
③ J. H. Breasted, *A History of Egypt*, New York, 1946, p. 247.
④ Margret Bunson, *The Encyclopedia of Ancient Egypt*, New York & Oxford, 1991, p. 208.

过程"①。

少数学者认为古代埃及不存在祭司阶层。如 B. E. 萨福特认为,"埃及没有单独的祭司阶层","宗教与国家交织在一起不可分","神庙机关几乎没什么独立于国王的权力,专职祭司在新王国第一次显得广泛,但是,即使是这时,大部分祭司仍是兼职"②。

还有一些学者对这个问题采取了模糊的办法。在谈到祭司时,采用了"祭司势力""祭司集团"的词语,对祭司是否形成阶层没有作正面回答,而把主要精力放在了探讨埃及各历史阶段中祭司势力的发展状况上,诸如祭司的政治、经济地位、对王权的影响等问题。如 S. 绍涅隆的《古代埃及的祭司》以及阿道夫·埃尔曼的《古代埃及的生活》就采取了这一方法。我们认为这是一种较为合理、科学和现实的方法,而且也更切合埃及当时的历史事实。

古代埃及确实存在着祭司,而且对古代埃及社会产生过重大影响,这是历史的实际。同时,历史资料也表明,祭司也不是一成不变的,它经历了一个不断发展壮大的历史演变过程,其对埃及古代社会的影响也有一个不断深入的过程。所以,我们认为,重要的是要阐明祭司势力是如何一步步发展壮大的,以及它是如何影响古代埃及社会的。为此,我们认为把祭司作为埃及古代社会的一个群体,也许会更有利于问题的深入研究。由于古代埃及是一个多神崇拜的国家,各地有各地崇拜的神,各神有各神的祭司,文献中谈到祭司时,都冠以"某某神的祭司";同时,"每个神都有一群祭司,而不是一个祭司来奉祀"③。这样一来,就形成了不同的祭司集团,如拉神祭司集团、阿

---

① 阿甫基耶夫:《古代东方史》,王以铸译,三联书店,1956年版,第199、第305页。
② B. E. Shafter, ed., *Temple of Ancient Egypt*, New York, 1997, p. 9.
③ 希罗多德, II, 37.

蒙神祭司集团等。虽然从整个历史来看，祭司群体是逐渐壮大乃至最终僭越王权，但就某一历史阶段来说，则是某一祭司集团占有突出地位，如古王国时期的拉神祭司集团，新王国时期的阿蒙神祭司集团。所以，我们认为，古代埃及社会存在着一个特殊的社会群体——祭司。在这个群体当中，又有不同的祭司集团；同时，在不同的历史时期，不同的祭司集团发挥着不同的作用。另外，在一个祭司集团内，不同级别的祭司其地位也有所不同。一般说来，祭司中的较高级别者拥有更多的政治、经济与宗教等方面的特权。

2. 祭司与政府、神庙与国家的关系问题

这是古代埃及史中的一个重要问题，学者们都认为祭司与政府、神庙与国家的关系密切，但密切到何种程度又有不同的看法。

（1）祭司是政府的一个部分

如有的学者在谈祭司与政府的关系时说，实际上只有一个真正的祭司，就连能进入圣殿的高级祭司也是国王的代表，但像国家组织的不断增长（因为国王发现独自统治国家是不可能的）一样，祭司也发展了，因为法老不能参加国家所有神庙的仪式。如果说在第18王朝期间，祭司加强了他的权力，那么王室权力也加强了，"不应该忘记，国王是一个真正的祭司，而祭司们是政府体制中不可分割的一部分"[1]。还有学者把祭司直接作为政府的雇员，"尽管直到古王国末，祭司还没有形成社会的一个明显阶级，但作为政府的雇员，他们有一定的职责"[2]。也有学者直接把祭司的等级制度和他们各自承担的宗教

---

[1] Claudio Barocas, *Monuments of Civilization Egypt*, London, 1974, pp. 106–112.
[2] Jill Kamil, *The Ancient Egyptians: life in the Old Kingdom*, the American University in Cairo Press, 1996, p. 117.

义务归入了政府的组织中①。更有学者明确指出："国王是一个祭司，祭司们是政府的官员。在'教堂'和'政府'间并不存在清晰界限。""埃及宗教是一个公社的宗教，……法老是该公社的代表，他把政府的管理任务委派给文职人员，军事任务给军事官员，礼拜（神）的任务给祭司。祭司是特殊的政府官员，或者说是带有特殊任务的法老的仆人。"②对于神庙，有学者认为，"神庙是国家政治、经济和社会结构的组成部分，它是政府组织的一个主要特征"③。

（2）神庙是国家行政的一个特殊部门，但有其相对独立性

如刘文鹏说，"国王与神庙的紧密关系贯穿于整个王朝时代"，"作为王权神授的专制主义国家，神庙或许可以看作是国家行政的一个特殊部门"，"虽然，埃及还算不上是一个政教合一的国家，但是，宗教实际上也是政府的特殊职能部门之一"④等。但他同时又强调，"古埃及的国王，虽然被神化，也负责宗教事务，但国王并非就是宗教领袖。国王名义上是最高祭司，但是，神庙实际上由先知（即祭司——引者注）负责管理，而且神庙还有独立于王室经济之外的神庙经济，古埃及的君主不同于拜占庭的君主，更没有中世纪政教合一的国王的权力"⑤。

我们认为这两种看法基本上差别不大，都有其合理的部分。在古

---

① G. 莫赫塔尔主编：《非洲通史》第二卷《非洲古代文明》（中译本），中国对外翻译出版公司出版，1984年版，第91页。
② Herman Te Velde, "Theology, Priests, and Worship in Ancient Egypt", Jack M. Sasson (ed.), *Civilizations of the Ancient Near East*, vol. III, New York, 1995, p. 1732.
③ Byron E. Shafer, ed., *Temples of Ancient Egypt*, Cornell University Press, New York, 1997, p. 3.
④ 刘文鹏：《古代埃及史》，商务印书馆，2000年版，第208、第214、第421页。
⑤ 刘文鹏：《古埃及史编著的成与败——评百卷本〈世界全史〉中的古埃及史部分》，《世界历史》1993年第3期。

代埃及，祭司与政府、神庙与国家的关系，其实也有一个发展演变过程。大概在早王朝、古王国，尤其是王权强大时，祭司尤其是高级祭司多为王室任命，而且许多祭司本身即为政府官员，但随着祭司实力的增强，世袭祭司增多，尤其是新王国晚期，底比斯的阿蒙祭司长们并不依赖于中央当局。他们在自己的铭文中强调指出，其祭司称号，不是得自法老，而是直接地得自神。① 同时，祭司们担任国家重要官职的情况也屡见不鲜。所以，我们认为，从某种意义上来讲，法老埃及的历史实际上是祭司逐渐渗透世俗社会的历史，由政府官吏兼任祭司逐渐到祭司兼任政府官吏的转变过程很好地说明了这一点。有学者对祭司与王权的关系作了形象的比喻，认为二者就像古代计时的沙漏的两个容器一样，财富和权力在双方之间轮流传递：当祭司耗尽王权时，王权便会很快收回它先前给予祭司的财富和权力。② 形象地反映出二者的损益关系，甚为贴切。只可惜随着祭司权势的膨胀，到第20王朝末，王权再也无法收回它给予祭司的财富和权力，底比斯的阿蒙祭司们成了上埃及的实际统治者了。

(四) 不足和存在的问题

尽管有关古代埃及祭司的研究取得了丰硕的成果，但还存在着一些不足之处，有些问题还研究得不够深入，主要表现在以下几个方面。

1. 缺乏从整体上、宏观上对祭司势力演变的研究。祭司作为古代埃及社会中的一个特殊群体，是如何一步步发展壮大的？祭司势力的

---

① 如，第19王朝末底比斯的阿蒙祭司长拉马·拉伊在自己的铭文中写道："我是蒙阿蒙的恩典而成为祭司长的，因为是他本人选出了我，(为的是)来主持他自己的家，而且他赐给我以荣誉的首长地位以便使我能够保有他的神像。"转引自阿甫基耶夫著，王以铸译：《古代东方史》，三联书店，1956年版，第306页。

② Serge Sauneron, *The Priests of Ancient Egypt*, New York and London, 1960, p. 173, note 1.

演变发展经过了哪些阶段？这是很值得思考的问题。

2. 尽管学者们对祭司的种类、日常祭仪、祭司职位的获取以及祭司的习俗等有较为深入的研究，但我们认为对祭司的构成与职能仍有进一步探讨的必要。祭司的构成应该是指这一群体内的所有成员，不仅有男女之别，更有等级之差，种类繁多的祭司衔号是研究的切入点。另外，祭司除了承担种种宗教义务外，还大量地涉足世俗事务，这既是古代埃及祭司的显著特点之一，又是与古代世界其他国家的区别之处，值得研究。同时，以文献中生动、确凿的事例说明也是很有必要的。另外，对祭司的收入、特权等方面的进一步了解也很有必要。

3. 对祭司在古代埃及社会中的影响研究得不够深入。祭司对埃及古代社会的政治、经济、文化乃至社会生活等各方面均产生了很大影响，其表现如何？为什么会这样？我们认为，应把祭司放在历史的时空中，分析其特定的内容（诸如其政治地位、经济实力等），从而更好地把握这一问题。

总之，古代埃及的祭司研究已取得了许多丰硕的成果，但也存在着相当不尽如人意之处。所以，我们认为，对该问题有进一步研究的必要。

三、资料考察

研究古代埃及史，主要依据三方面的资料：一是象形文字（以及僧侣体文字、世俗体文字等）的文献资料，它大多是通过考古发掘或发现得来的，它们或者刻在石头上，或写于纸草上，主要有王表、年代记、传记、战记、外交档案、私法文书等；二是古埃及的文物资料，它是埃及先民们遗留下来的各种实物和艺术作品，主要有城市建筑、坟墓、金字塔、浮雕、绘画和日用物品等；三是希腊罗马古典作家的著作，如希罗多德《历史》的第二卷、戴奥多罗斯《历史集成》(*Historical Library*)（书中有关埃及部分有节录本《戴奥多罗斯论埃及》，由 Edwin Murphy 据古希腊语译出，伦敦 1985 年出版）中的有关部分[①]等。

下面介绍一下我们目前所能看到的已译成现代文字的古埃及资料集，并重点谈谈其中有关祭司方面的材料。

1. J. H. Breasted, *Ancient Records of Egypt*（《埃及古代文献》），5vols, Chicago, 1906。主要是早期埃及到波斯征服（即第 26 王朝结束）这段时期的史料。其中第 1 卷包括中王国及其以前时期的文献；第 2 卷包括第 18 王朝的文献；第 3 卷包括第 19 王朝的文献；第 4 卷包括第 20 王朝及后期埃及的文献；第 5 卷为索引。这是目前为止研究古代埃及的最完全的一套资料，还没有别的资料集可以完全取代它。其中有不少反映祭司情况的，涉及了祭司的职责、种类、经济状况、政治地位以及社会生活等各个方面。如第 1 卷，§232 反映了丧葬祭司的权利和义务；§§287-288 萨布（Sabu）的铭文介绍了孟斐斯普塔赫神高级祭司的合二为一，反映出祭司权力的逐渐集中；§§538-589 是第 12 王朝阿蒙涅姆赫特一世（Amenemhet I）时期的高级预言家赫普热斐（Hepzefi）与其丧葬祭司的契约，反映出双方的权利与义务。第 2 卷，§§177-186 涅布瓦维（Nebwawi）的自传铭文介绍了该祭司的成长经历以及终受王室尊宠的情况；§§388-390 介绍了哈特舍普苏特的宠臣普艾姆拉（Puemre）的情况（集行政权与宗教权于

[①] 详细请参见周启迪著《古代埃及史》第一章"概论·史料"部分，北京师范大学出版社，1994 年版，第 4-9 页。另，关于古代埃及史料的介绍，还可参阅刘文鹏《古代埃及学的史料学评述》，载《中西古典文明研究》，吉林人民出版社，1999 年版，第 17-37 页；阿甫基耶夫《古代东方史》（中译本）第五章《古代埃及的史料和史学》，三联书店，1956 年版，第 151-180 页，等。

一身，既是维西尔，又是阿蒙的高级祭司、南北预言家之长）；§§983-987反映了埃赫那吞时代阿吞高级祭司麦利尔一世（Merier I）受到法老恩宠的情况。第3卷，§68仪式祭司（ritual priest）涅菲尔霍特普（Neferhotep）的墓铭反映出当时的丧葬习俗；§§619-626阿蒙的高级祭司罗伊（Roy）的铭文反映出高级祭司职位的首次世袭以及当时神庙机构的庞大及祭司地位的提高。第4卷，§§146-150拉美西斯三世发布的"克努姆（Khnum）的神庙基金条例"，肯定了神对旧财产的拥有，反映出神庙、祭司的特权地位，等等。

2. Miriam Lichthem, *Ancient Egyptian Literature*（《古代埃及文献》），3vols, California, 1973, 1976, 1980。其中第1卷反映中王国及其以前情况，第2卷为新王国资料，第3卷为后期埃及的资料。主要是一些王室铭文、私人墓铭、诸神赞歌、神话等。可与J. H. 布列斯特德的《埃及古代文献》参照。其中也有一些关于祭司的材料。如第1卷第23-27页记录了第6王朝大官哈克胡弗（Harkhuf）的自传，他是麦伦拉（Mernere）朝的仪式祭司。第2卷"来自于阿玛纳的颂诗和祈祷"（pp.90-99）提供了关于阿吞崇拜的材料，有助于对埃赫那吞改革的了解。第3卷中，杰德孔舍法恩赫（Djedkhonsefankh）的自传铭文反映了第22王朝初年王室与底比斯祭司间的关系（pp.14-17）；哈尔瓦（Harwa）的雕像铭文（pp.25-28）反映出后期埃及时代底比斯阿蒙的神圣配偶（Divine Consort of Amun）即阿蒙的高级女祭司的重要地位；皮特塞里斯（Petosiris）的长篇传记铭文（pp.45-48）对于了解波斯占领下的埃及的祭司有重要意义，等等。

3. James B. Pritchard, ed., *Ancient Near Eastern Texts Relating to the Old Testament*（《古代近东文献》），the second edition, Princeton, 1955。是关于古代埃及、苏美尔、阿卡德、赫梯、巴比伦、亚述及巴勒斯坦

等国家和地区的文献资料集,编者按内容和体裁把它们分为神话,史诗和传说,法律文献,历史文献,仪式和咒语,圣诗和祈祷文,教谕文学,哀悼文,民歌和诗,书信及其他文献十大类,是研究这些国家和地区的珍贵史料。其中有关埃及的不少,涉及古代埃及的宗教、政治、经济、文学、对外关系等诸多方面,也提供了一些有关埃及祭司和神庙方面的材料。如第5王朝法老尼斐利尔卡拉(Nefer – iri – ka – Re)发布给阿拜多斯奥西里斯神的一个法令(p. 212),免除了神庙人员的政府强制劳动义务,反映出神庙的特权以及祭司势力的日渐增长;图坦阿蒙(Tut – anth – Amon)的"复兴碑"铭文(p. 251),反映了王权与旧祭司特别是底比斯阿蒙祭司集团的妥协,是研究第18王朝末埃及祭司势力发展情况的珍贵史料。此外,介绍神庙中日常仪式的资料(p. 325),对研究神庙祭司的祭礼程序提供了有用的帮助;献给阿蒙·拉(pp. 365 – 367)和阿吞(pp. 369 – 371)的颂诗,有助于我们了解第18王朝中晚期埃及的宗教状况乃至当时祭司势力的发展,等等。

4. *Egyptian Historical Records of Later Eighteenth Dynasty*(《18王朝晚期埃及历史文献》),6vols,England,1982 – 1995。前三卷是B. 库明据W. Helck "Urkunden der 18. Dynastie" (Heft 17 – 19) 译出,后三卷是B. G. 戴维斯据该书Heft 20 – 22译出,主要是图特摩斯三世、阿蒙霍特普三世、阿蒙霍特普四世时期的历史性铭文、碑刻,是研究第18王朝晚期埃及历史的珍贵史料。其中有关祭司的也不少,尤以第2卷居多。如第1卷中,有图特摩斯三世对祭司们的劝诫铭文(pp. 16 – 17)。第2卷,阿蒙的高级祭司阿蒙涅姆赫特墓中自传铭文讲述了自己的职业生涯(pp. 114 – 115);奥西里斯的高级祭司涅布瓦乌(Neb-wau)的石灰柱铭文讲述了自己所领导的建筑工程及受到两代国王恩宠的情况（pp. 179 – 180）。第 3 卷阿蒙的高级祭司麦利（Mery）墓中铭文讲述其视察牲畜及各种神庙作坊的事情（p. 271）。第 5 卷，如既是维西尔又是阿蒙的高级祭司的普塔赫摩斯（Ptahmose）的铭文（p. 58）。第 6 卷，如发现于阿玛纳（Amarna）的阿吞高级祭司麦利尔的墓铭，叙述其被任命为阿吞的高级祭司的过程及国王参观神庙的情况（p. 21），等等。不过，这些资料对高级别的祭司记载较多。

5. K. A. Kitchen, *Ramesside Inscriptions Translated and Annotated: Translations*（RITA）; *Ramesside Inscriptions Translated and Annotated: Notes and Comments*（RITANC）, Vol. I, Ramesses I, Sethos I and Contemporaries, Blackwell, 1993.

K. A. Kitchen 从 1968 年到 1990 年把埃及拉美西斯时代（c. 1300 – 1070 BC）的主要铭文和纪念碑刻编纂成 8 卷本（第 8 卷为索引）的《拉美西斯时代铭文》（Ramesside Inscriptions, I – Ⅷ, Oxford: Blackwell, 1969 – 1990）。因为，它是象形文字原文，所以只能被能释读象形文字的人使用。后来作者又出版了英译本与之配套，共 14 卷（每卷象形文字本对照一卷英译本，一卷注释）。我们现在看到的是第 1 卷。

该卷是第 19 王朝初大约 12 – 17 年间的铭文资料，包括拉美西斯一世和塞索斯一世（Sethos I）统治时期的王室和私人的碑刻、墓铭，涉及王朝初年的战争、神庙、政府管理、军队、警察、建筑、运输、书吏和工匠等诸多方面的内容。其中有关祭司的材料也不少，如阿蒙的高级祭司维普瓦摩斯（Wepwamose）、涅布涅特鲁（Nebneteru）的铭文（*RITA*, p. 264）、奥西里斯的高级祭司哈特（Hat）、麦利的铭文（*RITA* pp. 278 – 279），以及阿拜多斯神庙的 sem – priest 鲁鲁（Ruru）的铭文（*RITA* pp. 250 – 251）等。

6. Sir A. H. Gardiner and R. O. Faulkner, *The Wilbour Papyrus*（《维

勒布尔纸草》），4vols，1941 – 1952。第 1 卷为纸草文献原文及拉丁文注音；第 2 卷为注释；第 3 卷为英文译文；第 4 卷为索引。它是新王国第 20 王朝拉美西斯五世第 4 年在中部埃及一些地区对神庙和王室土地进行测量的记录，其中包括了土地所有者和佃耕者的姓名、身份、租佃土地的数量和应缴纳的租税数额等，这些材料为我们研究新王国时代埃及的土地制度、赋税制度以及奴隶制度等问题提供了重要的依据。其中对神庙领地情况的描述反映出神庙占有相当多的土地，是了解新王国末期祭司势力和神庙经济发展情况的珍贵史料。如第 2 卷中，《预言家所占土地类型明细表》（pp. 196 – 197），详细列出了预言家在该地区占有土地的情况，反映出当时高级别祭司的经济实力及其特权地位。此外，该纸草中还有一些祭司租佃土地的资料。

此外，埃及学的权威杂志《埃及考古学杂志》（Egypt Exploration Society，*Journal of Egyptian Archaeology*，1914 – ）以及芝加哥大学东方所主编的《近东研究》（*Journal of Near Eastern Studies*，1942 – ）也有不少资料。

另外，我国学者也选译了不少埃及文献，如《古代埃及和两河流域》（日知，三联书店，1957）、《世界通史资料选辑（上古部分）》（林志纯主编，商务印书馆，1962）、《史学选译》总第 11 期（北京师范大学历史系编，1985）以及《世界古代及中古史资料选集》（北京师范大学历史系世界古代史教研室编，北京师范大学出版社，1999）的相关部分等。

以上是我们目前能看到的研究古埃及史的重要资料。当然，由于种种原因，我们介绍的仅是沧海中之一粟。同时，有关祭司的材料也较为零散，而且大部分铭文仅是其衔号的介绍，但它反映的历史内容是深刻、丰富的。因此，我们认为，这些珍贵的史料与前述学者们的研究成果，为我们更好地研究本课题创造了良好的条件。

四、主要内容

基于目前古代埃及祭司研究的现状和现有材料，我们主要探讨以下四个问题。

（一）古代埃及祭司势力的演化和发展

该问题旨在剖析祭司这一社会特殊势力群体的演化过程和发展轨迹。指出祭司势力的整个发展脉络，分出其发展阶段，反映其自身发展规律。既要从纵的方面看到祭司势力由小到大、由弱到强的演化轨迹，又要从横的方面看到每个发展阶段上各个祭司集团的势力消长，古代埃及整个历史上主神和首都的变化从一个侧面说明了祭司势力发展的这种动态性、地域性。我们认为，古代埃及祭司势力大致经历了两个大的发展时期。第一个是在古王国时期。古王国是法老埃及君主专制的确立时期，法老掌握了立法、司法、行政、财政、公共工程、军事、宗教等事务的一切大权，是上下埃及之主宰，其间"君权神授"理论起了很大作用。古埃及史家曼涅托在其《埃及史》中记载，在第1王朝之前，还有"神、神人和亡灵王朝"的统治世系，反映出王权源于神系的传统观念。因而国王被认为是神，其统治具有超自然的权力和魔力。为了加强国王的神化，诸神的仆人们——祭司便不遗余力地鼓吹"君权神授"理论；而国王当然也乐于接受祭司们的鼓吹，以稳固自己的统治、使自己的统治更合法化。祭司在鼓吹后也获得了国王的大量赏赐，因此，在这一阶段，国王与祭司、王权与神权相互依赖、各取所需，均得到了加强。但祭司本质上还是服务于国王的，因为国王是神，祭司是神的仆人。

但从第5王朝开始，国王采用了"拉之子"的头衔，国王变成了神之子，除了建造金字塔外，还建造太阳神庙。我们认为，在这个时期，国王实际上已受控于拉神祭司，尤其是第6王朝一些特许诏书的发布，给予神庙以种种特权，国王失田日多，祭司则日渐富强，乃至有人认为埃及已成为"祭司专政时代"①，这是祭司势力的第一个大发展时期。

进入第一中间期，埃及社会混乱，神庙被关，祭司被停，各州互争雄长，地方长官兼任本州宗教最高领袖，神庙祭司往往依附于地方统治者。及至中王国，底比斯诸王建筑神庙，收复王权，祭司只知趋承国王，无复他念。从第一中间期一直到第二中间期这长达600多年（约2181 – 1570 B. C.）的时间里，只是某一地区或某一时段内个别神的祭司有所发展，但从总体上来看，祭司势力的发展受到了极大的抑制。我们称这一时期为祭司势力的暂时衰微与局部发展时期。

或许是喜克索斯人的入侵为祭司的重新崛起提供了机遇。底比斯诸王打着阿蒙神的旗号，赶走了喜克索斯人，重新统一了埃及，建立了伟大的埃及帝国。他们把驱逐外敌的成功与远征的胜利统统归于阿蒙神的指引和保护。因此，作为回报，第18王朝初年，埃及诸王把大量的战利品赠给神庙，使祭司的势力迅速膨胀，祭司进入了它的第二个大发展时期。在这个时期，祭司不仅经济实力强大，而且还经常干预法老的王位继承。同时，祭司职位渐趋专业化，从业人员规模庞大，祭司，尤其是底比斯阿蒙神祭司势力最为强大，大有危及王权之势。虽然阿蒙霍特普父子意识到了这一点，并分别采取了措施，虽然阿蒙霍特普四世的宗教改革暂时打击了阿蒙祭司势力，但终未能阻挡住祭司发展的大势，阿蒙祭司很快复辟。尤其是拉美西斯诸王几乎完全从

---

① [法]摩赖：《尼罗河与埃及之文明》，刘麟生译，商务印书馆，1941年版，第122页。

属于底比斯高级祭司。第20王朝末，底比斯高级祭司终于僭越王权，建立祭司政权，开始了祭司长达400多年的专权时代。

第20王朝之后，埃及帝国分裂，埃及先后受到利比亚、努比亚、波斯、希腊、罗马人的统治，但祭司这一社会特殊群体仍是一支不可忽视的力量，异族统治下的埃及祭司又呈现出新的特点。[①]

从祭司势力的发展演化过程来看，第一次大发展以赫里奥波里斯拉神祭司为最强；第二次大发展以底比斯阿蒙祭司为代表，深刻反映出古代埃及祭司整体发展中的不平衡性，这是古代埃及祭司发展中的一大特色。

（二）古代埃及祭司的构成和职能

古代埃及祭司从总体上来看是一个特殊的职业群体，但由于这一群体存在的历史较长，且因不同时期有不同的特点，因而在长达3000多年的发展过程中，出现了许多祭司衔号，其职能有时还互相包容，因此，很难以一个统一的标准来划分。不同的标准就有不同的结果，如以祭司的等级来划分，有高低两个级别；若以性别来划分，则有男女之差别。我们认为，这两种分法过于笼统，很难真正反映出祭司群体的内涵。为此，我们认为，以祭司的主要活动领域来划分，即把埃及祭司分为神庙祭司和丧葬祭司两类，既能反映祭司的各种职能和衔号之不同，也能很好地反映其内部结构之特点（诸如级别，性别差异等），也更利于叙述与行文，故我们采取这种划分方法。

神庙祭司是埃及祭司群体中最重要的一部分，对埃及社会尤其是政治产生重大影响的就是神庙祭司。神庙是其活动的中心，每个

---

① 需要指出的是，我们赞同把埃及古代史的下限划到7世纪阿拉伯人征服埃及人为止。

神庙因其规模大小的不同以及供奉神的地位高低之差，其神庙祭司的数量也相应地有所不同，大致成正比例发展。一般而言，神庙祭司由管理人员和宗教人员组成，根据其不同地位有预言家、神圣父亲和纯洁者等几类。神庙是神的居所，神庙祭司就是他的仆人，承担各种日常服侍事务，不仅为神沐浴更衣，而且要进行种种宗教仪式。

丧葬祭司也是祭司群体中重要的一支，他是专门从事死人丧葬服务的祭司。埃及人相信，人死后，在另一个世界，也会像生前一样，因此需要丧葬祭司为其供奉祭品，诵读经文等。为此，死者生前必须设立丧葬基金以维持丧葬祭司的这种服务，就是国王也不例外。不难想象，丧葬祭司应属于社会中的较富裕者。

此外，祭司除了自己的本职工作外，还大量地涉足世俗事务。作为神的仆人，他们能通晓神意，充当神人之间的中介。随着经济实力的膨胀，他们逐渐形成一个势力强大的政治群体，在政治、经济、司法、文化、社会生活等各方面均产生重大影响。

(三) 古代埃及祭司的收入、特权及祭司职位的获取

古代埃及祭司有很大且稳定的经济收益。丧葬祭司的收入主要来源于死者为维持其丧葬服务所设立的丧葬基金。神庙祭司的收入主要来自神庙地产的收入和每日的大量祭品，而高级祭司还有特殊津贴。祭司的妻子和女儿也能获得一部分薪金。此外，祭司还拥有一些特权，如免除强制性劳动、免除税收等。正因为祭司有这么多的好处，因而它逐渐成为人们追逐的目标。从埃及整个历史来看，获得祭司职位的途径主要有以下几种：任命（由国王或地方长官）、继承、增选、转让、购买等。

（四）古代埃及祭司的社会影响

祭司对埃及古代社会产生了深远的影响，这表现在宗教、政治、经济、文化、社会生活等诸多方面，其影响之深度和广度在古代世界是绝无仅有的。

在宗教方面，祭司凭借其特殊身份，在创建宗教理论体系的同时，创造了许多复合型神，使埃及宗教呈现多神并存、共同发展、渐趋融合的局面。在统一王朝的各个历史阶段中，祭司势力强大的神，又往往成为国家的主神和国王的保护神；而祭司们为使其所崇奉的神取得主神的地位，各神祭司间往往又展开争斗。从整个历史来看，诸神有渐趋融合之势，也许是各祭司力量妥协的结果。古代埃及宗教从多神教转到单一主神教，从单一主神教再到多神教的发展历程，打上了祭司的深深烙印。

在政治方面，主要表现为祭司对王权的影响。王权要加强，需要祭司为其神化，制造"君权神授"理论；祭司要发展，需要国王的赏赐与捐赠，而这又是以一定强大的王权为基础，否则得到赏赐便是一句空话。因此，从这个意义上来说，二者的发展是相辅相成的，一方的发展离不开另一方的发展。但当祭司势力发展到一定程度时，往往会危及王权。为抑制祭司势力，国王又会打击祭司势力，以巩固王权，从这个意义上来说，二者又是互为损益的两极。一部法老埃及史，从某种程度上说，就是一部祭司与法老的关系史。当然，各历史阶段又有不同的特点。前王朝和早王朝时期，祭司不仅是神的仆人，而且也是法老的仆人。古王国时期，祭司势力得到第一次大发展，王权开始逐渐受制于拉神祭司。中王国和新王国，阿蒙神及其祭司崛起，尤其是新王国中晚期，对埃及政治的影响可谓深矣。后期埃及时期，南方底比斯祭司政权绵延达400年之久。进入异族统治时期，异族统治者对其或笼络或打击，埃及祭司仍然是当时政治舞台上的一支活跃力量。

此外，古代埃及史上的几次分裂与祭司势力的发展不无关系。古王国如此，新王国后更是如此。

在经济方面，主要表现在神庙经济的发展上。由于神庙获得大量的土地，财富日多，逐渐形成一个庞大的经济中心，与国家争夺土地、劳动力。尤其是神庙不时获得免税，大大减少了国家的财政收入。拉美西斯三世时期的《哈里斯大纸草》指出，在第20王朝早期，神庙的土地几乎占了国家的15%[1]，而拉美西斯五世时的《维勒布尔纸草》告诉我们，神庙在中部埃及所占的比例更高[2]。祭司经济实力的强大是其觊觎王权的最重要原因。

在文化方面，主要表现在祭司对科学知识的掌握上。"生活之家"的设立，大量典籍得以传抄，在医学、数学、天文学等方面，祭司确有渊博的知识。但有许多法术观念和法术充斥其中。尤其是祭司思想使绘画、雕刻、建筑的自由创作遭到遏制和禁锢。我们认为，古代埃及祭司确实保存了古代埃及的许多文化成果，祭司学校对埃及文化的发展与传承也起了一定的作用，但从整个历史发展的观点来看，祭司确实束缚了当时人们的自由思想，对科学的发展也起了一定的阻碍作用。

在社会生活方面，祭司占据着思想领域，丧葬之风盛行，使大批财富用于丧葬事宜，是埃及人的一项沉重负担。祭司充当法官，以神

---

[1] *ARE*, v. IV, § 167. 也有的学者认为，在第20王朝早期，神庙占了大约全埃及1/3的可耕地和1/5的人口。见 B. G. Trigger, *Ancient Egypt: A social history*, the Cambridge University Press, 1983, p. 302.

[2] 据笔者不完全统计，其比例高达86.58%，见本书第二章的《神庙、王室所占土地表》。

的名义,判断曲直,直接涉及普通人的生活。

总之,祭司对埃及社会的影响是多方面的,也是多层次的。之所以造成这种状况,一方面是由于祭司对宗教思想领域的控制;另一方面,也是更重要的一方面,是其愈见强大的经济实力,这是造成其在埃及社会产生重大影响的最主要原因。

第二章 古代埃及祭司势力的演化和发展

祭司作为埃及古代社会的一个有影响的群体，它不是从来就有的，它经历了一个从产生到发展，乃至不断演化的历史过程。就祭司本身而言，我们认为，在古代埃及，这个群体出现于史前时代；进入阶级社会后，作为神化王权的承担者，凭借其特殊身份，屡屡对王权施加影响，先是赫里奥波里斯拉神祭司的显赫，后是底比斯阿蒙神祭司的隆盛，使祭司逐渐形成一个经济实力强、政治影响大、活跃于宗教与世俗两个社会领域内的特殊职业群体，并最终于第 20 王朝末取代世俗政权，登上了权力的巅峰。本章主要对其这一历史演变轨迹作一剖析，以反映这一群体的兴衰沉浮。

一、神的出现与祭司的产生

史前时代，由于社会生产力的极度低下，一切生存所系和生活所依的自然对象都是支配人们日常生活的异己力量。在原始人的幻想中，这种异己力量成为一种支配人、高于人的存在，成为人们顶礼膜拜的神灵。最早的埃及人和许多原始的人类一样，也把其周围的许多不可理解的事物作为神灵来崇拜；或出于恐惧，或出于敬畏，抑或出

<<< 第二章 古代埃及祭司势力的演化和发展

于对神灵有所需求或表示感恩等。早期埃及人像一些万物有灵论者一样,也把某种动物、树木或石头作为神灵的安居之所,甚至地形特征也能被崇拜,如底比斯地区的最高峰被崇拜作为塔·德赫涅特(Ta-Dehenet),并变成了底比斯墓地女神①。他们还崇拜诸如箭石、盾、箭和节杖等事物。但埃及人经常从与其日常生活密切相关的动物中选择崇拜的对象。一个动物先被崇拜也许因为它拥有某种特性,如力量、美丽、精力充沛、优雅大方、迅速敏捷等;也许因为是羡慕或对该动物的恐惧。动物崇拜很具有地方性特征,如作为力量象征的典范,在一个地方可能是公羊,而在另一个地方可能是公牛或一只鹅。埃及人很早就已给其崇拜的动物和物体赋予了人形,这样就出现了兽头人身的形象;更进一步发展则以完全的人形表示神。此外,古代埃及人还崇拜宇宙神,如月亮、风暴、风,尤其是太阳。由于古代埃及特殊的地理环境,上下埃及两个部分以及每个部分内部之间的交流是相当困难的,这样每个地区就形成了不同的生活方式、习俗和宗教,每个城市、每个村庄都拥有自己的神,由其居民单独崇拜。如,普塔赫为孟斐斯的地方神,阿图姆是赫里奥波里斯的地方神,阿拜多斯成为奥西里斯神的崇拜地等。在古代埃及历史上,出现过许许多多的神,但具体有多少,已无法考确。据有人估计,古代埃及的神可能超过2000个②。对神的崇拜要有一定的仪式和程序,同时也需要一定的场所供奉神,这样,神庙的兴建和祭司的产生都是势所必然了。

据《孟斐斯神学铭文》记载,普塔赫神"完成了每一件事以及神圣的法规后,很满意。他塑造了众神,建造了城市,创立了各个诺姆,把众神安置在他们的神殿中,他设置了他们的祭品,建立了他们的圣

---

① Barbara Watterson, *The Gods of Ancient Egypt*, London, 1984, p. 32.
② Barbara Watterson, *The Gods of Ancient Egypt*, London, 1984, p. 35.

殿，依照众神的愿望塑造了他们的身体"①。这一段记录至少反映了两件事情：一是神庙的建立；二是神像的塑造。神庙是神在人间的住所，神像是崇拜者对神灵物化的结果。希拉康坡里斯地区（Hierakonpolis）的神庙遗址就反映了前王朝时期神庙的建立情况。②而祭司则承担起照料神像的职责，并负责对神的崇拜仪式。当然，在原始宗教的初期，这种崇拜仪式非常简单：说几句祈求性的话，做几个礼拜式的动作，以及诸如此类。由于它们发之于人性之自然，故人皆可以为之。但随着社会和宗教观念的发展，此类崇拜活动和礼仪规范越来越复杂，所需要的知识与技巧也就更多。在氏族社会里，富有阅历的老人和氏族长老以及享有行政权威的首领自然而然成为宗教仪礼的主持人，这些人事实上就是原始时代的"祭司"。同时，由于原始人在生产过程和生命历程中遇到种种危机时（如生老病死、饥馑灾祸），往往更多地求助于神灵的福佑，于是，自称与神有特殊关系、能够懂得神意的祭司便成了人们与神之间交流的中介。这些宗教特权者更利用他们的特殊地位和原始先民对他们的特殊尊敬，经由控制宗教事务进而控制社会事务，成为部落社会的酋长、首领或早期国家的"国王"。难怪有人说："直到埃及第一王美尼斯登基，埃及一直被祭司统治着，这个结论更为合理。"③

二、国王祭司时期

这个时期包括祭司产生后一直到早王朝结束。正如前文所言，初

---

① *AEL*, v.I, p.55.
② Michael A. Hoffman, *Egypt before the Pharaohs*, London, 1980, pp.127–130.
③ J. Gardner Wilkinson, *The Manners and Customs of the Ancient Egyptians*, v.I, 1878, London, p.11.

时，氏族部落酋长就是祭司，国家出现后，则国王身兼二任，集祭政于一身。据赫里奥波利斯的神学，埃及最早的神王朝有大九神，其次有小九神和第3九神。大九神包括阿图姆·拉（Atum-Re）、舒（Shu）和泰芙努特（Tefnut）、盖伯（Geb）和努特（Nut）、奥西里斯（Osiris）和伊西斯（Isis）、塞特（Seth）和奈芙蒂斯（Nephthys）。第2神朝亦九人，所谓小九神，其中包括荷鲁斯（Horus）①在内。第3神朝，即第3九神，为半神半人的英雄，多为荷鲁斯之子孙。作为埃及历史开端的神话，造物主普塔赫神（Ptah）召集了九神集团并由大地神盖伯审判塞特与荷鲁斯之间的争吵。盖伯判决塞特和荷鲁斯分别为上、下埃及之王，统治上、下埃及。但后来盖伯改变了他的第一次判决，把他的全部土地划给荷鲁斯统治。他宣布："我已任命了长子，荷鲁斯"，"遗产给这个继承人"，"给我儿子的儿子，荷鲁斯"。这样，荷鲁斯就作为统一的上下埃及之王而出现了。②

据公元前三世纪古埃及史家曼涅托（Manetho）记载，在埃及第1王朝前，还有一个"神、神人（半神半人）和亡灵王朝"的统治世系。而新王国时代的都灵王名表则把人王之前的最后统治者称为"荷鲁斯追随者之灵"和"荷鲁斯的追随者"。而且第1王朝的国王后来也被称为"荷鲁斯的追随者"③，这些所谓的"荷鲁斯的追随者"通常被解释为前王朝晚期的国王，或相当于曼涅托的神人和亡灵朝。

考古学家在希拉康波里斯（Hierakonpolis）发现了荷鲁斯的神庙

---

① 荷鲁斯是埃及最古老的神之一。最初为隼形，被认为是地上法老的象征。早王朝时期，荷鲁斯作为国王的保护神，成为国家的主神。
② 刘文鹏：《古代埃及史》，商务印书馆，2000年版，第78页。
③ The Cambridge Ancient History, v. I, pt. 2, Cambridge, 1971, pp. 1-3; E. J. Baumgartel, Some Remarks on the Origins of the Titles of the Archaic Egyptian Kings, JEA 61 (1975), pp. 28-32.

遗址，其中包括非常具有研究价值的蝎王权标头、那尔迈调色板、那尔迈权标头等。说明希拉康波里斯已成为古代埃及具有政治、宗教意义的城市国家，荷鲁斯是希拉康波里斯国王的保护神，而且是最重要的神，所以，它在希拉康波里斯的神庙尤其受到恩惠①。而此时的国王，不仅被看作是荷鲁斯神在地上的代表，而且实际上被看作是荷鲁斯神。正如有学者所言，"我们已经看到神荷鲁斯在整个埃及受到广泛崇拜，先是蝎子王，然后是美尼斯，接着第一王朝所有的国王都把自己与荷鲁斯神等同起来，甚至在前王朝后期的板岩调色板上，荷鲁斯王旗起到了突出作用。所有的埃及国王都能被称为荷鲁斯的追随者"②。荷鲁斯成为埃及最早的国家神③，荷鲁斯成为王权的象征、国王的保护神。国王们也总是将自己与荷鲁斯神联系在一起，他们自称是"活着的荷鲁斯""荷鲁斯在人间的化身""荷鲁斯的追随者""荷鲁斯之仆人"等。在众多雕刻、雕塑或是绘画图案上，都可以看到国王与荷鲁斯一起出现，国王们把自己与荷鲁斯神紧密地联系在了一起。

后来，由希拉康坡里斯统一了全国。为纪念荷鲁斯，据《帕勒摩石碑铭文》记载，还有一个叫作"荷鲁斯祭"的节日，每两年举行一次④。可见，荷鲁斯确实在当时占有重要地位，是埃及最早的国家神⑤。而此时的国王，不仅被看作是荷鲁斯神在地上的代表，而且实际上被看作是荷鲁斯神，因此，国王是一个神，并且经常被说成为"美好的神"⑥。

---

① J. H. Breasted, *A History of Egypt*, New York, 1946, p. 46.
② ［美］亨利·富兰克弗特：《王权与神祇》（上），郭子林、李岩、李凤伟译，上海三联书店，2007年版，第137页。
③ Barbara Watterson, *The Gods of Ancient Egypt*, London, 1984, p. 100.
④ *ARE*, v. I, §§91–167.
⑤ Barbara Watterson, *The Gods of Ancient Egypt*, London, 1984, p. 100.
⑥ A. M. Blackman, "Priest, Priesthood (Egyptian)", *GPM*, pp. 117–118.

第二章 古代埃及祭司势力的演化和发展

　　国王本身既掌握宗教功能，又行使政治职能，在全埃及统一后，他实际上是所有地方神的高级祭司，因而在神庙墙上的浮雕中，崇拜神、向诸神奉献祭品的只有国王。国王经常在其年代记中记下建筑神庙的计划或主持神庙的奠基仪式。① 在这一时期，主持神庙奠基仪式或许为国王之特权，以示其特殊之权威。如在希拉康坡里斯发现的蝎王权标头，其中间一栏描绘了蝎子王站在水渠上，手握一把锄头，在其面前，站立着一个小人物，伸出篮子准备接受挖出来的泥土的情景。有学者说那是举行农业仪式，也有学者解释为国王挖掘河渠，主持开渠仪式，或者说是挖掘壕沟，以便建筑神庙。② 这个资料说明，国王很可能确实具有主持神庙奠基仪式的特权。

　　总之，这个时期，国王作为一个神而存在，集宗教与世俗权力于一身，而祭司作为神的仆人，仅仅是仆人而已，直接听命于神王。在希拉康坡里斯发现的那尔迈权标头（Narmer Macehead），有一幅这样的图景：在端坐在殿堂中的那尔迈王后面，站立着一些具有国王仆从头衔的人物，其中有一个是名叫泽特的高级祭司③，这也许是文物上见到的最早的祭司。而在《帕勒摩石碑铭文》中，记载了第1王朝某王时期，女神塞沙特（Seshat）的一位祭司为号为"众神御座"的神庙拉引绳索④，这可能是文献上最早记录祭司情况的例子。其他有关祭司的详细资料，如祭司的财产状况、具体职能以及诸神祭司间的关系等，由于史料过分贫乏，无从查考。但有一点是可以肯定的，即这

---

① *ARE*, v.I, §§91–167.
② 转引自：刘文鹏《古代埃及史》，商务印书馆，2000年版，第87页。
③ J. E. Quibell, *Hierakonopolis*, pt. I, London, 1900, p.9. 转引自刘文鹏《古代埃及史》，商务印书馆，2000年版，第99页。
④ *ARE*, v.I, §109. 日知先生解释说，拉引绳索大概是建筑上的一种仪式，以绳索量地。见日知选译《古代埃及与两河流域》，商务印书馆，1962年版，第4页注1。

一时期的祭司确实生活在国王（神）的阴影之下，国王本身既是神，又是高级祭司，各地祭司仅仅是替国王服务，只是其仆人而已。至于各地的祭司们，可能由于荷鲁斯是国王的保护神，是国家的主神，因而荷鲁斯神的祭司可能更受尊宠些。不过，这只是推测而已。

三、祭司势力的第一个大发展时期

古王国时期是埃及君主专制的确立时期，政治的统一、经济的繁荣以及疆域的拓展，成为这个时期的显著特征。但在巩固、加强、神化王权的同时，侍奉诸神的神仆们——祭司，不仅渐渐走出了法老的阴影，而且凭借其特殊角色，在宣扬"王权神授"、神化王权的同时，对王权也渐施影响，逐渐形成一个势力强大的社会群体，这是古代埃及祭司势力的第一个大发展时期。

（一）本时期祭司势力发展之概况

关于这一时期祭司的具体情况，由于材料不是很多，很难做出详细而具体的描述。有学者认为，虽然"古王国时期祭司的情况还不清楚，但是可以看出，至少某些祭司职位是由宫廷家务的职位演变而来的，而且早期的低级官员也充当他们特殊部门的保护神的祭司。至于隶属于地方神殿的祭司，就像我们对于最早的社会组织一样，更是一无所知"[①]。但从现有资料来看，我们还是可以看出，在这一时期，祭司势力得到了迅速发展，并且深入到世俗社会中，成为社会中不可忽视的一支力量。具体说来，主要表现在以下几方面。

其一，祭司经济实力不断增强。这主要表现在神庙基金和丧葬基

---

① Jac. J. Janssen, *The Early State in Ancient Egypt*, ed. H. J. M. Claessen and Peter Skalnik, *The Early State*, Hague, 1978, p. 225.

第二章 古代埃及祭司势力的演化和发展

金的不断膨胀上。神庙是神在人间的安居之所，为了取悦于神以及维持神庙的正常运作，国王经常捐赠大量的神庙基金。据不完全统计，光第5王朝前两个国王捐赠给各类神或神庙的基金就达3926斯塔特（Stat）① 土地（见下表）。

第5王朝前2王捐赠的神庙基金表②

王名	年代	神或庙名	土地数额（斯塔特）	土地位置
乌塞尔卡弗	第5年	赫里奥波里斯诸神 太阳庙塞普拉诸神 拉神 哈托尔女神 荷鲁斯［……］之房屋诸神 塞巴	36 24 44 44 54 2	乌塞尔卡弗领地 乌塞尔卡弗领地 北部诸州 北部诸州 克索伊斯州
	第6年		1700	
萨胡拉	第5年	太阳庙塞克赫特拉的拉神 墨斯神 塞谟神 肯特雅威特弗 哈托尔女神 哈托尔女神 白牛	2000（?） 2 2 2（?） 2（?） 1 13（?）	克索伊斯州 布西里斯州 布西里斯州 孟斐斯州 东部 利比亚州 东部肯特州

除此之外，还捐赠大量的祭品，诸如面包、酒、没药、金银合金等。可见，国王给诸神或神庙捐赠基金已成为国家的一项正常活动了。此外，国王在生前就着手建造自己的陵墓——金字塔，为了维持其金字塔完工后塔群的维护费用、祭司费用以及举行各种祭祖活动和宗教仪式的费用，也往往从王田中拿出一部分土地作为其丧葬基金。

---

① 斯塔特，古代埃及土地单位。1斯塔特≈2735平方米。
② 据《帕勒摩石碑铭文》制，ARE, v.I, §§154-159.

35

其二，祭司兼任高官，受宠于王室。这一时期，一些祭司活跃于政治舞台和世俗社会，受到国王的尊宠。如第3王朝赫里奥波里斯的高级祭司伊姆霍特普（Imhotep）[①]就受到国王乔赛尔（Djoser）的重用，成为朝廷中举足轻重的人物。尤其是第5王朝以后，更出现了一批身兼数职的祭司。如普塔赫舍普塞斯（Ptahshepses）的自传铭文，讲述了自己历经数朝、逐渐受宠的辉煌人生经历。他出生在第4王朝孟考拉（Menkaure）时代，受到良好的教育，舍普塞斯卡弗（Shepseskaf）时代受宠于王室，并与王女结婚。第5王朝乌塞尔卡弗（Userkaf）统治时，成为孟斐斯的高级祭司。萨胡拉（Sahure）时，作为国王的私人顾问。尼斐利尔卡拉（Neferirkare）时，更受尊宠。国王允许他吻国王的脚，成为一位位尊权重的祭司。[②]第5王朝末第6王朝初普塔赫的高级祭司萨布（Sabu）受到两代国王的尊宠，他说："当国王恩赐我时，我进入他的私人寝宫；我安排其他朝臣的职位。任何人从未像我这样受到国王的恩宠，因为国王更爱我比其他任何仆人，因为我每天做国王赞扬的事。"[③]再如，麦伦拉（Mernere）时代的哈克胡弗（Harkhuf），其官衔为"大公、南方之长、掌玺大臣、唯一王友、仪式祭司、商队管理者"等，曾4次旅行去南方努比亚，并得到培比二世的亲笔回信，受宠至极。[④]总之，这些官员，不管是祭司兼任国

[①] 伊姆霍特普是第3王朝的高官，其官衔主要有："First after the King in Upper Egypt, Minster of the King in Lower Egypt and Adminster of the Great Palace" 和"赫里奥波里斯的高级祭司"，参见 Jill Kamil, *The Ancient Egyptians*, the American University in Cairo Press, 1984, p.47. 另据赫里（Hurry）写的传记《伊姆荷泰普》（牛津大学出版社1928年第2版）介绍，他曾担任过宰相、建筑师、牧师，是一位智者和文人、星占家和魔术医生等。转引自［意］卡斯蒂格略尼：《世界医学史》第一卷，北京医科大学医史教研室主译，商务印书馆1986年版，第53页。
[②] *ARE*, v.I, §§256–262.
[③] *ARE*, v.I, §§282–286.
[④] *ARE*, v.I, §§326–336.

家官员还是国家官员兼任祭司,都使祭司的势力得到了进一步的发展。

其三,祭司已经有了一定的组织。为了能使神庙中祭司有效、规律地工作,在祭司中存在着一种工作体制。他们被分成组(Phyle),采取定期轮换制,即每一组轮流在一定时间内在神庙中承担职责。在当值时间外,可以干与神庙无关的工作。因此,这些祭司属于兼职性质,被称为俗人祭司(lay priest)。A. M. 罗斯认为,古王国时期祭司被分成5个这样的组,并被以形容词性的名词如"绿的""小的"等标明。而第5王朝王室丧葬祭礼中的祭司,5个组的每个组又被一分为二,他们分别在祭礼中服务,这样就形成了10个月一循环的服务制度。发现于阿布西尔的尼斐利尔卡拉和尼斐勒弗拉二王的葬祭庙的管理文献档案提供了此时期这种制度的详细资料。据罗斯说,尼斐利尔卡拉国王葬祭庙中每个小组大约有20个人[1]。这样算来,该王葬祭庙中兼职祭司即有200人左右。此外,私人丧葬祭礼的维持也存在着类似的组织。据罗斯研究,有30个人被知道其祭礼由这样组织的祭司来履行[2]。B. J. 凯普也认为,神庙人员被分成组(Phyle),这是神庙组织的普通方式。在古王国时期有5个这样的组,每组又被分成两个小组,在不同的时间来工作。每个小组在10个月中仅服务1个月。其余的时间则在村子里从事农事或其他工作。这样,在神庙服务的好处即薪金和声望就被广泛传开了。[3]这些为新王国时期祭司的专职化打下了良好的基础。

(二)本时期祭司势力发展的两个阶段

在古代埃及社会中,祭司与王权是紧密联系在一起的。祭司势力

---

[1] A. M. Roth, *Egyptian Phyles in the Old Kingdom*, Chicago, 1991, pp. 2 – 3, 6, 78.
[2] A. M. Roth, *Egyptian Phyles in the Old Kingdom*, Chicago, 1991, pp. 91 – 108.
[3] B. J. Kemp, *Ancient Egypt: anatomy of a civilization*, London and New York, 1989, pp. 112 – 113.

的发展从某种意义上来说与祭司所崇奉的神对王室的影响程度存在着对应关系，即一定社会发展阶段中，某一神成为国家的主神，成为王室的保护神，那么该神的祭司相应地受到王室的尊宠，拥有较高的社会地位，得到较快的发展。同时，某一神的祭司，为了得到王室的尊宠，取得较高的社会地位，他们又会极力推崇他们所崇奉的神，并影响王室，使其最终取得主神地位。根据本时期神对王室影响程度的变化，我们可以把本时期祭司势力的发展分为前后两个阶段：前一阶段是孟斐斯普塔赫神祭司的强大，后一阶段是赫里奥波里斯拉神祭司的隆盛。

1. 孟斐斯普塔赫神祭司的发展

孟斐斯作为王国的都城，自早王朝就已开始了。据台奈斯石刻（Thinite Monuments）和帕勒摩石碑（Palermo Stone）铭文记载，国王加冕典礼有三个主要仪式：一是南王升位与北王升位仪式；二是南北埃及统一仪式；三是环绕白墙仪式。而此白墙即指孟斐斯①，说明孟斐斯确为当时王国首都。但曼涅托把早王朝称为台奈斯王朝，很可能他们是属于阿拜多斯附近一个叫作提斯（This）地方的世系的。虽然第1王朝全部国王以及第2王朝的一些国王墓在阿拜多斯已经发现，然而大多数台奈斯王朝的国王们在孟斐斯地区还有第二个墓。②尽管这样，由于早王朝崇拜荷鲁斯神，荷鲁斯神是国家主神，所以，作为政治、行政中心的孟斐斯影响不是太大，当然其地方神普塔赫（Ptah）及其祭司也不显赫。

但作为首都主神普塔赫的祭司们并不甘心这种状况，他们想要取得与首都相称的地位，孟斐斯神学也许反映了他们这种迫切要求。

---

① A. Moret, *The Nile and Egyptian Civilization*, London, 1927, p. 123 and note 2.
② Nicolas Grimal, *A History of Ancient Egypt*, Oxford, 1992, p. 49.

<<< 第二章　古代埃及祭司势力的演化和发展

　　有关孟斐斯神学的铭文保存在沙巴卡石碑（Shabaka Stone）① 上，其主要内容可分为三部分：荷鲁斯与塞特之争；普塔赫的创世学说和奥西里斯神话。其中最重要的是普塔赫的创世学说。铭文说："普塔赫神是九神的心和舌"，"心和舌控制整个身体，普塔赫是每个身体中的心，他也是所有神及生物嘴中的舌"，"所有的东西汇报给心，心使每个意思产生；至于舌，它重复心设计的东西。这样，所有的神产生了，九神被制作完成，因为神的每个词都经过心的设计和舌的发布而

---

① 该石碑发现于19世纪初，由于它是埃及第25王朝国王沙巴卡下令制作的而得名。铭文虽严重残缺，但保存了孟斐斯神学的清晰思想。石碑开头几行说，它复制于被写在已被虫蛀的纸草（也许是木头）上的古老的铭文，沙巴卡国王（716－702 B.C.）下令制作这个古代文献的精美副本，并刻在一块大石板上，树立在孟斐斯普塔赫神庙中，作为奉献给该神的祭品。B. 瓦特森说，该石碑上文献的词语和笔体是古老的，然而语法则不然。上古埃及人仅仅能写一些短的、简单的和不连贯的句子，只有到了第4王朝他们才有了使用比较复杂语法写作的能力。因此，对于沙巴卡石碑上的文献（使用了相当复杂的句子结构和动词形式）是否是复制于古代编成的文献，仍值得怀疑。它很可能是写于古王国末，作为当时普塔赫反对其对手拉神的宣传形式。（Barbara Watterson, *The Gods of Ancient Egypt*, London, 1984, p. 162.）M. 李希泰姆认为，该文献是古王国的作品，但准确年代不可考，而语言是古代的，类似于金字塔文。（*AEL*, v. I, p. 51.）而刘文鹏先生指出，"碑文铭刻的年代虽然在公元前700年左右，但是，根据语言学、历史比较语言学、地理政治学等方面的考证，碑文的古老原本至少在公元前2700年以前"（刘文鹏《古代埃及史》，商务印书馆，2000年版，第123页）。据郭丹彤研究，当今学者已经普遍认同，该石碑的确为沙巴卡所立，之所以出现大量的古王国时期的语言是努比亚法老出于政治上的考虑。她认为，努比亚王朝是一个极力推崇埃及古王国文化的王朝。作为来自埃及南部邻国努比亚的异族统治者，努比亚王朝的法老需要为其在埃及统治的正统性寻找依据。而把从孟斐斯普塔赫神庙中发现的该碑文的纸草原文用古埃及语的风格重新进行抄录，以此建立起努比亚王朝和古代埃及传统文化的联系，是努比亚王朝的法老为其统治正名的一个行之有效的举措。之所以选择这篇文献作为努比亚国王以正视听的有力武器，一是因为该文献是宗教文献，而在埃及所有文化形态中努比亚王朝最为推崇的就是埃及宗教；二是因为该文献所记述的神学思想可以追溯到古王国时期；三是因为该文献的所藏地孟斐斯是古王国时期的埃及首都，是埃及传统王权的发祥地（郭丹彤：《沙巴卡石碑及其学术价值》，《世界历史》2009年第4期，第97页）。虽然对该文献的年代有些分歧，但我们认为，即使是古王国时代的作品，它也对之前的历史多少有些反映，因为任何东西也不是一下子形成的，更何况像这样的神学思想和理论。

39

产生"。①按照这个理论，普塔赫创造了九神团（Ennead）②，而原本是赫里奥波里斯神学的创世神阿图姆（Atum）③也被认为是由普塔赫神所创造，这显然体现出普塔赫祭司们想要提高普塔赫神的地位，尤其是压制其主要竞争对手的思想。除了创造九神团外，普塔赫还创造了万物，食物、祭品及所有美好的东西都出自其手，甚至城市、诺姆、圣殿、工艺都为其所创造。④所以，普塔赫神的高级祭司也被称作"工匠长之主"（Lord of the Master Craftsmen）。

普塔赫神的祭司极力推崇普塔赫的目的旨在提高自己的地位，以获取一定的利益。而达到这种目的的主要途径即是要使国王青睐他们所推崇的神。据 B. 瓦特森讲，王室的重大节日赛德节（Sed-festival）就与普塔赫神密切相关，它作为国王的保护神而出现⑤。

赛德节是古代埃及重要的王室节日，从史前时代起一直盛行于整个王朝时代。该节日象征着国王身体和魔法的再生。通常在国王统治的第 30 年举行第一次，以后则每 3 年举行一次；也有因为国王年老，不到 30 年便举行的。其目的是肯定国王对上下埃及的统一，强调国王的统治权力。摩赖对该节做过详细的描述，他认为赛德节由三部分组成：一是国王重新举行加冕典礼，目的是使国王代表荷鲁斯之观念复显现于人间；二是王后王子加入此项典礼；三是纪念奥西里斯之宴会，

---

① *AEL*, v. I, p. 54.
② 九神团是赫里奥波里斯创世神学的一部分，形成于早王朝时期。一般认为这九个神是：拉·阿图姆、苏（Shu）、泰夫努特（Tefnut）、盖伯（Geb）、努特（Nut）、伊西斯（Isis）、塞特（Seth）、涅菲悌丝（Nephthys）和奥西里斯。而在孟斐斯神学体系中，普塔赫的祭司们则认为这九神是普塔赫按照自己的意志创造出来的。
③ 阿图姆是赫里奥波里斯神学体系中的创世神，古王国时与拉等同，变为"拉·阿图姆"。
④ *AEL*, v. I, p. 55.
⑤ Barbara Watterson, *The Gods of Ancient Egypt*, London, 1984, p. 163.

国王模仿奥西里斯之死而复生，含有使自己长生不老、延年益寿之义。①而亨利·富兰克弗特认为，赛德节不仅仅是对国王登基的纪念仪式，他还是一次真正的国王的潜能的更新，实实在在的统治权的更新。②

此外，普塔赫还被以动物的形式崇拜。古代埃及人认为牛是生殖能力和精力充沛的象征，所以自从史前时代以来，牛在孟斐斯周围地区就被作为圣物。当普塔赫变成孟斐斯的城市神时，当地的圣牛就被与它联系起来了。圣牛变成了普塔赫的体现、神圣的灵魂，并且被命名为哈匹（Hap），希腊人译为阿匹斯。据阿里安（Aelian）研究，阿匹斯祭礼在孟斐斯从美尼斯时即已设立了，一直持续到希腊罗马时代。③《帕勒摩石碑铭文》中有记载"阿匹斯竞走"（Running-of-Apis）的记录：

第1王朝　王V

第x+12年：下埃及之王登基。首届"阿匹斯竞走"。④

第2王朝　王涅特里穆（Neterimu）

第9年：上埃及之王登基。下埃及之王登基。阿匹斯竞走。⑤

第15年：下埃及之王登基。二届"阿匹斯竞走"。⑥

这里提到的"阿匹斯竞走"（Running-of-Apis）应该就是阿匹

---

① 关于此仪式的具体内容，请参看 A. Moret, *The Nile and Egyptian Civilization*, London, 1927, pp. 126-134；以及［美］亨利·富兰克弗特：《王权与神祇》（上），郭子林、李岩、李凤伟译，上海三联书店，2007年版，第120-130页。
② ［美］亨利·富兰克弗特：《王权与神祇》（上），第120页。
③ Aelian, *On the Characteristics of Animals*, XI, 10, Loeb Classical Library.
④ *ARE*, v.I, §114.
⑤ *ARE*, v.I, §121.
⑥ *ARE*, v.I, §127.

斯祭礼活动的一项主要内容。《帕勒摩石碑铭文》是王室活动的大事记，由此不难看出普塔赫神对王室的重要影响。

但在早王朝乃至古王国早期的文献中至今没有发现有关普塔赫神祭司情况的资料；《帕勒摩石碑铭文》中也没有国王赠给普塔赫神庙土地的记录，这就使我们很难详知此时期他们的具体情况。但从这个时期仅有的历史信息，以及在古王国后期赫里奥波里斯拉神祭司占主导地位的情况下，普塔赫神祭司仍很显赫的事实来看，古王国前期普塔赫神祭司的势力应当是很强大的。

总之，我们认为，这一时期普塔赫神祭司凭借孟斐斯城作为王国都城的有利条件，加强普塔赫神的地位和影响，[①]从而使自己在国家政治及宗教生活中产生重大作用，成为那个时代较为显贵的人物。但其地位可能很不稳固，在其北部的宗教中心赫里奥波里斯的太阳神祭司从未放松过对王权的影响。普塔赫神祭司从第4王朝起则逐渐衰落，乃至最终让位于赫里奥波里斯拉神祭司。

2. 赫里奥波里斯拉神祭司的崛起与隆盛

古埃及人很早就把太阳神拉作为其崇拜的对象。太阳神拉的崇拜中心在下埃及的赫里奥波里斯地区，希罗多德还讲到了该地区的"太阳祭"[②]。拉神祭司正是通过对太阳神的推崇，使其不断影响王室，从而使自己最终发展成社会中的显赫人物。这个发展大致经过了下面两个阶段。

[①] 很可能普塔赫神在美尼斯时就受到了重视，其创世神学正好反映了美尼斯在政治领域内所取得的独立。在拉美西斯时代盛行的"美尼斯之普塔赫"（Ptah – of – Menes）祭礼，就是对第一个法老及其提升的普塔赫神之间联系的永久纪念。见 Cyril Aldred, *The Egyptians*, London, 1987, p. 85.

[②] 希罗多德，II, 59, 63。

<<< 第二章 古代埃及祭司势力的演化和发展

（1）拉神祭司的崛起

拉神祭司的崛起主要表现为它对王室影响的不断加强和拉神崇拜的发展。

拉神作为埃及居民很早崇拜的神，在第1王朝时期，由于当时居于统治地位的是荷鲁斯神崇拜，它对王室可能没有太大影响。但有学者认为，第1王朝法老捷特（Djet）的一个梳子（Comb）的设计表现出了太阳宗教与法老祭礼的首次结合，它雕刻着这样一幅图景：坐在太阳舟上的荷鲁斯航行穿过天空。在这里，国王是荷鲁斯的化身。这样太阳神作为一个天上的国王拉·哈拉凯悌的思想出现了，而法老作为他的代表在地上统治。[1]第2王朝时，法老拉涅布（Reneb）[2] 的荷鲁斯名中出现了"Re"，刘文鹏先生指出，"在这里我们看到了王名与赫里奥波里斯太阳神名相结合的最早的例子，反映了这个时代对太阳神的崇拜。拉涅布之所以把太阳神拉的名字纳入自己的名字中，也许是为了取得权力的合法地位"[3]。这说明拉神对王室已开始渐施影响。

拉神崇拜在第3王朝有进一步发展。金字塔的建造表明拉神在丧葬信仰和实践中已产生了巨大影响。坟墓的金字塔形式可能起源于史前时代。史前埃及人通常埋他们的尸体于沙漠的坑中，坟墓由其上面的沙堆标明。到第1王朝时，出现了较为复杂的马斯塔巴墓（Mastaba），据对萨卡拉（Sakkara）地区这种墓的发掘，发现一些马斯塔巴墓的上层建筑的墙内有层级"土丘"的存在。据B.瓦特森说，这种"土丘"没有建筑上的作用，其目的一定是具有宗教意义，它们很可

---

[1] Cyril Aldred, *The Egyptians*, London, 1987, p. 100.
[2] "拉涅布"意为"拉是我主"。Nicolas Grimal, *A History of Ancient Egypt*, Oxford, 1992, p. 54.
[3] 刘文鹏《古代埃及史》，商务印书馆，2000年版，第111页。

能代表着从原始水域中浮出来的那个土丘,①,并且充当抵制死亡的魔力的象征。②马斯塔巴内的这种层级土丘也许影响了层级金字塔的发展。第3王朝时,国王乔赛尔(Djoser)和他的建筑师伊姆霍特普(Imhotep)在萨卡拉建造了由6个马斯塔巴组成的高达60米的墓。马斯塔巴内的这种层级土丘和乔赛尔的层级金字塔是史前那种坑墓的自然发展。然而赫里奥波里斯的拉神祭司给了它们一种宗教解释,认为它们是国王上天加入太阳神行列的梯子,这样,拉神祭司就把国王与他们的太阳神拉联系起来了。③ 加之伊姆霍特普本身就是赫里奥波里斯的高级祭司,他无疑以其信仰影响了王室。一些被认为是乔赛尔浮雕的残片,在谈到赫布·赛德(Heb-Sed)节时,仅提到赫里奥波里斯九神而非孟斐斯神学,在宗教与政治间几乎没有什么明显区分的情

---

① 这个土丘出现在赫里奥波里斯神学中。该神学奉阿图姆(拉)为创世神,传说他是一位自我创造的神,他起先呈蛇形,在称为努恩(Nun)的原始水域中形成。一个石棺铭文记录了阿图姆创世的自述:"我(阿图姆)独自在水中,没有一点生气。我还没有发现任何可以站或坐的地方,赫里奥波里斯——我可能在的地方还没有被建立。"在他从原始水域中升起之前,他还通过手淫创造了空气之神苏和湿气女神泰夫努特(还有一种说法是认为二者是从阿图姆口中的唾液和气息形成)。另一个石棺铭文讲述了接下来发生的事:阿图姆疲惫地、无生气地躺在努恩中,他问努恩如何能给自己创造一个休息之地,努恩告诉他说:"吻你的女儿,放她在你的鼻子上,你的心将会充满活力。"阿图姆然后让苏帮助他,他抓泰夫努特到他的鼻子上,吻她。然后赫里奥波里斯作为从努恩水域中升起的第一块土丘而形成了。根据金字塔文600,阿图姆就是这个土丘,在赫里奥波里斯被叫作高山(High Hill),只有当阿图姆出现或在这个高山上,光明才打破了努恩的黑暗。还有些材料谈到了一只苍鹭,埃及人称它为奔乌鸟(Benu Bird),它掠过努恩水域,直到它停在一块岩石上休息,它张开嘴一声鸣叫划破了努恩的沉寂,世界开始活跃起来了。这样,奔乌鸟就作为阿图姆的体现给世界带来了光明和生命。而奔乌鸟飞落的那块岩石在赫里奥波里斯则被以奔奔石头(Benben Stone)的形式崇拜,其形状是一根石柱,石柱上方呈金字塔形,它成为赫里奥波里斯最崇拜的圣物。每个金字塔的顶石被认为是奔奔石的体现,埋在其下面的死去的国王被认为是处在太阳神本身的直接保护之下。详见 Barbara Watterson, *The Gods of Ancient Egypt*, London, 1984, pp. 45-50.
② Barbara Watterson, *The Gods of Ancient Egypt*, London, 1984, p. 65.
③ Barbara Watterson, *The Gods of Ancient Egypt*, London, 1984, p. 65.

况下，权力的天平倾向了赫里奥波里斯的祭司。①

第4王朝，拉神的影响进一步加强。首先表现在王名圈（Cartouche）的使用上。王名圈被描绘成左边一个椭圆形环，右边一条竖线，"对埃及人来说，这个椭圆形环代表着太阳环绕世界的椭圆形轨道，并表明国家的疆域即太阳所照之地"②。第3王朝的法老乔赛尔首先使用这种图案，把它放在其名字后，作为王玺出现，摩赖称之为王名圈玺（Cartouche-seal）③。而正式使用王名圈并把其名字写进其中的是第4王朝法老斯尼弗鲁（Snefru），其意思可能是法老统治着太阳所照之地。此后，把王名写进这种椭圆形框子即王名圈的做法盛行了起来。第4王朝第4法老哈佛拉（Khafre）在其王名圈中又增加了两个称号：一为大神（The Great God），即拉神，二为拉之子（Son of Re），暗示出国王重要性的减弱，因为他现在不再是与拉神平起平坐的了，而仅仅是拉神之子了，其地位显然低于拉神，可见拉神及其祭司对王室的重大影响。据 N. 格瑞迈尔讲，第4王朝第3王杰德夫拉（Djedefre）是第一个在其衔号中包括"拉之子"的埃及国王④，其继位者哈佛拉继续采用，"哈佛拉"的意思是，"他像拉神一样升起"（He appears like Re），其儿子孟考拉（Menkaure）名字中也有"拉"，意思是"我像拉的很多灵魂一样永恒"（I am permanent like the souls of Re），说明当时拉神崇拜的盛行。

此外，这个时期最引人注目的就是金字塔的修建，它不仅表明了当时国家庞大的经济实力和繁荣景象，更重要的是它反映出当时统治

---

① Jill Kamil, *The Ancient Egyptians*, the American University in Cairo Press, 1984, p. 47.
② A. Moret, *The Nile and Egyptian Civilization*, London, 1927, p. 150.
③ A. Moret, *The Nile and Egyptian Civilization*, London, 1927, p. 149, fig. 42.1.
④ Nicolas Grimal, *A History of Ancient Egypt*, Oxford, 1992, p. 71.

者的丧葬信仰。尽管可以把它看成是古代埃及墓葬形式自然演进的必然结果，但我们有理由相信，它和层级金字塔一样，都受到了太阳神崇拜的深刻影响。金字塔与赫里奥波里斯的"奔奔"石头如出一辙，第4王朝诸王以金字塔为寝宫，取得了与太阳神的永久联系。尤其是从第5、6王朝金字塔内壁的铭文来看，赫里奥波里斯拉神祭司确实给其赋予了一种宗教意义，使死去的国王能升天与诸神相会，并成为天上的一员。正如J. H. 布列斯特德所说："赫里奥波里斯的拉神祭司已成功地施行了其政治影响，其影响在胡夫以后诸王的名字中显而易见[1]，赫里奥波里斯的拉神祭司变成了一个废除旧信仰的有相当权力的集团。"[2]

总之，第3、4王朝，拉神祭司通过加强拉神对王室的影响而使自己取得了一定的发展，但还没有取得绝对优势，其全面胜利出现在第5王朝。

（2）拉神祭司的全面胜利

第5王朝拉神祭司取得了决定性的胜利。在《魏斯特卡尔纸草》（Westcar Papyrus，可能写于喜克索斯时代，现存柏林博物馆）中的一个故事，谈到了第5王朝王室的起源：很久以前，一个名叫杰狄（Djedi）的术士向胡夫预言，他的王朝只能传到其儿子哈佛拉和孙子孟考拉时代，其后，一个新的王朝，即太阳神拉和一个名叫卢德戴特（Ruddedet）的妇女的后代将取而代之。这个妇女是服务于下埃及的一个太阳圣殿的拉的祭司的妻子，她在众女神的帮助下生了3个儿子：乌塞尔卡弗（Userkaf）、萨胡拉（Sahure）和尼斐利尔卡拉卡凯（Nef-

---

[1] 如杰德夫拉、哈佛拉、鲍富拉（Baefre）、孟考拉等。
[2] J. H. Breasted, *A History of Egypt*, New York, 1946, pp. 121 – 122.

erirkare Kakai），而这 3 王就是第 5 王朝的前 3 王。① J. 法干认为，这三个王被描绘为太阳神的儿子毫无疑问地反映了一个事实：他们是拉神的皈依者以及赫里奥波里斯的祭司和太阳祭礼在当时的重要性。我们认为，这个故事虽不是历史事实，但它确实反映出当时的变化。正如 A. H. 伽丁内尔分析的那样："不管第 5 王朝是什么起源，然而它的变化和明显特质是毫无疑问的。"按照卢德戴特的故事，她最大的儿子被预言作赫里奥波里斯拉神的高级祭司，然而"既没有证据也没有可能该王朝的第 1 位国王乌塞尔卡弗曾行使过那个职位，但可以肯定，在他统治时期，赫里奥波里斯的祭司开始施加空前的影响"②。J. H. 布列斯特德则认为，"第 4 王朝胡夫的系统确实被拥有'拉之子'的国王们的家庭所取代，尽管'拉之子'这个称号甚至更早就被知道了"，"很明显，赫里奥波里斯的祭司们已经变得如此强大，以至于他们可以成功地让太阳系统的人坐在法老的王位上"。③ "以前国家神学总是把国王描绘为太阳神的继承者，并且他拥有太阳神'荷鲁斯'的称号；而现在赫里奥波里斯的祭司要求国王是拉的儿子，从今而后拉在人间就变成了法老的父亲。"④ 也有学者认为，"乌塞尔卡弗，是个篡位者，约在公元前 2750 年登上王位，成为第 5 王朝的第一个国王。他既是赫里奥波里斯城的一个贵族，也是该城太阳神拉的高级祭司"⑤。总之，我们认为，第 5 王朝诸王，不管是胡夫系统的篡位者还是赫里奥波里斯拉神的皈依者，都不影响这样一个历史事实：赫里奥波里斯

---

① Jack Finegan, *Archaeological History of the Ancient Middle East*, Nestview Press, 1979, p. 219.
② A. H. Gardiner, *Egypt of the Pharaohs*, Oxford, 1961, p. 84.
③ J. H. Breasted, *Development of Religion and Thought in Ancient Egypt*, New York, 1959, p. 15.
④ J. H. Breasted, *A History of Egypt*, New York, 1946, p. 122.
⑤ Harold Peake & H. J. Fleure, *Priests and Kings*, Oxford, 1927, p. 76.

拉神祭司在这个时期取得了全面胜利。这主要表现在以下几方面。

一是法老的名字和衔号。第5王朝之前，太阳神拉的名字仅出现在杰德夫拉、哈佛拉、孟考拉的王名圈中。但到了第5王朝，王名中拉（Re）变成了一个相当固定的成分，太阳神与王名的混合成为一个定制，如萨胡拉、尼斐利尔卡拉、舍普塞斯卡拉（Shepseskare）、尼斐勒弗拉（Neferefre）、纽塞拉（Neuserre）、杰德卡拉（Djedkare）等皆是。同时，以前仅仅由第4王朝杰德夫拉和哈佛拉用过的衔号"拉之子"现在开始成为王名圈内或外的通常的伴随物，并最终在王位名（Prenomen）和出生名（Nomen）之间获得了一个固定位置。从此以后，法老是神与凡间的母亲所生就成为国家的神话延续下来。第18王朝阿蒙神与图特摩斯一世妻子阿赫摩斯王后欢愉后使哈特舍普舒特（Hatshepsut）出生即为显著的例子。① 但是，它在神化王权、宣扬王权神授的同时，也成为限制、控制法老的一只无形的手，一直伴随着法老王朝的终始，而那些诸神的仆人们——祭司，便成为社会上一个举足轻重的势力群体。

二是大量的土地和祭品赠给拉神和赫里奥波里斯诸神灵。这从《帕勒摩石碑铭文》中就可以看出。如在乌塞尔卡弗王第5年，他赠给赫里奥波里斯诸神灵大量祭品和36斯塔特土地，赠给拉神北部诸州44斯塔特土地；② 而萨胡拉王在其第5年，一次就赠给名为塞克赫特·拉（Sekhet-Re）的太阳庙中的拉神2000斯塔特土地③，可见当时拉神之实力。

三是太阳神庙的大量修建。它们由一个巨大的露天庭院构成，四

---

① *ARE*，v.II，§§195–198.
② *ARE*，v.I，§§155–156.
③ *ARE*，v.I，§159.

<<< 第二章 古代埃及祭司势力的演化和发展

周围以高墙，每边有祭礼堂，中间是一个巨大的祭坛，在其后面，马斯塔巴形的基座上矗立着高高的方尖碑，它是赫里奥波里斯圣物"奔奔"石头的象征，表示对太阳神的崇拜。第5王朝9王中有6个建造了这种类型的太阳神庙，每个还有自己的名字，如乌塞尔卡弗的太阳神庙叫作"拉之视界"（Re is in the precinct）、纽塞拉的叫"拉满意之地"（Place agreeable to Re）① 等。太阳神庙的墙内雕刻着生活图景，而外边是描绘法老取得战争胜利的浮雕。在神庙的两边配备有两只太阳船，以便其早晚在天上航行使用。② 现存最好的太阳神庙是纽塞拉在阿布·古罗布（Abu Ghurob）建筑的，完全由石料制成。因为其太阳神庙，有学者把其统治时代看作为太阳祭礼的高峰。③

四是国王金字塔规模的缩小和用料的粗糙。相对于太阳神庙的精美和豪华，第5王朝法老们的金字塔规模缩小，通常在90米以下，质量低劣，有的用碎石建筑。据J. H. 布列斯特德讲，"他们的石灰石金字塔沿着基泽（Gizeh）南部的沙漠边缘，分布在阿布西尔和萨卡拉，规模较小，不到大金字塔的一半高，其制作如此粗糙，主要是松散的石料，甚至是碎石和沙子，以至于它们现在完全成了废墟，每座金字塔变成了一个低矮的土丘，而几乎没有金字塔的外形了"④。尽管这一时期中央权力有些削弱是造成这种状况的主要原因，但我们不能否认，国家大部分财富用于了太阳神庙的修建，以尊宠太阳神的祭司们，也是一个重要原因。法老们笃信太阳神，幻想着死后能上天与其父太阳神相会，并最终完成与拉神的合一。所以，从第5王朝末一直到整

---

① Nicolas Grimal, *A History of Ancient Egypt*, Oxford, 1992, p. 116, table 3.
② J. H. Breasted, *A History of Egypt*, New York, 1946, p. 125.
③ Nicolas Grimal, *A History of Ancient Egypt*, Oxford, 1992, p. 78.
④ J. H. Breasted, *A History of Egypt*, New York, 1946, p. 129.

个第6王朝,在金字塔内的墙壁上刻着有关这些内容的文字,称为金字塔文。如金字塔文264就谈到了国王升向太阳王国的情景:"天空中的芦苇筏被放下给荷鲁斯,以便他能坐上到东方;天空中的芦苇筏被放下给国王,以便他能坐上到东方;……渠已开通,航道已充满水,芦苇地里充满水,以便国王被摆渡到东方,摆渡到诸神塑造他的地方,在那里他可以再出生、成长。"①通过此种方式,国王便成为天上众神中的一员了。

总之,第5王朝,赫里奥波里斯拉神祭司获得了空前的发展,其势力是显而易见的。正如威尔逊所说,"第4王朝时,法老支配神,而在第5王朝时,神支配了法老"②。皮特里总结第5王朝时说:"第5王朝从一开始就由它的祭司特征标明了。其起源明显是赫里奥波里斯因素的加强,是三角洲拉神祭司的篡夺,……这种祭司倾向通过对宗教建筑的极大重视表现了出来。"③虽然我们不一定赞同皮特里先生的"篡夺"说,但他总结的第5王朝的"祭司性"确实很有见地。现代学者罗曼·赫尔佐克在谈到王宫与神庙间的权力之争时,对古代埃及这个时期的重大变化进行了合理的推断。他说:"远在埃赫那吞之前一千五百年,埃及想必就经历过一次与此(指埃赫那吞的宗教改革——引者注)类似的冲突了。这一远古时期的冲突固然没有留下任何文字证据,但是它那今天仍然可以确认的结果,却有相当大的说服力。一直到第4王朝结束之前,埃及的国王们在帝国思想体系中是和鹰神霍鲁斯(即荷鲁斯)完全等同的,就是说他们本人也都是天神。然而从第4王朝末期开始,他们就只把自己称为一位天神的儿子,即

---

① Byron E. Shafer, ed., *Religion in Ancient Egypt*, Cornell, 1991, p.99.
② J. A. Wilson, *The Culture of Ancient Egypt*, the University of Chicago Press, 1971, p.88.
③ W. M. F. Petrie, *A History of Egypt*, v.I, London, 1903, p.85.

太阳神拉之子了。其间究竟发生了什么事，现在很难揣测出来。从等同于一位天神一下子变成了天神的儿子，这或许也可以勉强理解为对神学进行了某种净化的结果吧。但是从鹰神霍鲁斯转变为拉神，却证明这里必定是发生了另外一些事情。因为在同一段时间里国王的宫苑建筑越来越简朴，而拉神的神庙却越来越豪华，所以看来事情是：当时发生了一次根本性的权力重点转移。很可能是拉神祭司集团在为自己树立作为王权并驾齐驱的、法老王国第二大权力支柱的威望。"[1]我们认为事实确实如此。

综上所述，在本时期，祭司从国王的奴仆（因为国王就是神）、国王的代表逐渐发展成社会上一支重要的政治力量，并深刻影响国家的政治生活，国王从神逐渐演变成神之子，最终受制于祭司。因此，我们认为，这一时期是祭司势力的第一个大发展时期。

(三) 本时期祭司发展的特点

从本时期祭司发展的状况来看，存在着以下几个鲜明的特点。

1. 专职祭司少，俗人祭司多

在古王国时代，几乎每个有衔号的人，除了其世俗职业外，还占有一个或更多的祭司职位。但一个神庙的正式职员由相对较少的人组成。如在喜乌特（Siut）的阿努比斯（Anubis）神庙仅10人；而在阿拜多斯奥西里斯神庙则仅有5人，他们分别是：高级祭司、神之司库、神庙书吏、诵经祭司及 The Mete－en－sa[2]。但俗人祭司较多，如上文提到过的第5王朝尼斐利尔卡拉国王的葬祭庙则有200多人。阿道夫·埃尔曼也指出，在阿拜多斯奥西里斯的大神庙，除了那5个被任命

---

[1] ［德］罗曼·赫尔佐克著，赵蓉恒译，《古代的国家——起源和统治形式》，北京大学出版社，1998年版，第139页。

[2] 转引自 Adolf Erman, *Life in Ancient Egypt*, New York, 1971, p. 292.

的祭司外（即正式祭司——引者注），还有许多预言家，他们形成了"小时祭司"（hour priesthood，即俗人祭司——引者注）。①尽管这些祭司参加神庙的礼拜活动，但随着神庙规模的扩大，到新王国时期，他们逐渐被专职的祭司所取代。

2. 祭司权力越来越集中

这主要表现在高级祭司的合二为一上。第 6 王朝特提时代普塔赫的高级祭司萨布的铭文记述了他被国王任命为高级祭司的过程。铭文说："今天，国王在场，任命我独自作为孟斐斯的高级祭司，这个神庙的每个地方都在我的管辖之下，虽然以前从未有单个的普塔赫的高级祭司，……所有的神圣财产和以前两个高级祭司干的事（都在我管理之下），尽管从未像这样在任何国王时由任何普塔赫的高级祭司做……"②，这个铭文清楚地表明在萨布以前孟斐斯总是有两个高级祭司，而从他开始，则合为一个，以前由两个高级祭司负责的事现在全由一个祭司来承担，祭司权力趋于集中。但赫里奥波里斯的高级祭司什么时候合二为一，我们无法查考。在第 5 王朝尼斐利尔卡拉王第 1 年时，赫里奥波里斯仍有两个高级祭司，这可以从《帕勒摩石碑铭文》中得到证明。据该铭文载，该王第 1 年捐赠给赫里奥波里斯诸神灵及克勒亚诸神许多土地，并由赫里奥波里斯的两个高级祭司来管理。③ 但可以肯定，后来赫里奥波里斯确实只有一个高级祭司了。高级祭司的合二为一，使祭司的权力更加集中了。

---

① Adolf Erman, *Life in Ancient Egypt*, New York, 1971, p. 291.
② *ARE*, v. I, §288.
③ *ARE*, v. I, §165.

3. 在祭司的发展过程中，一直伴随着矛盾与斗争

首先是祭司与国王的矛盾。虽然祭司在神化王权方面与国王有着相当的一致性，但随着祭司实力的增强以及对国王的过分牵制，必将引起二者之间的矛盾和斗争。这在古王国前期还不太明显，但从第4王朝最后一王舍普塞斯卡弗（Shepseskaf）异常的举动还是可以看出该王对拉神祭司的抵制。第一，在舍普塞斯卡弗法老的名字和衔号中，没有"Re"的成分，表明他不承认与拉神祭礼有任何联系；第二，他改变了其墓的形式，弃用金字塔，并远离赫里奥波里斯对面的其先王们修建金字塔的吉萨（Giza）高地，而在孟斐斯附近的萨卡拉南部地区建造了圆顶和两端垂直的长方形的马斯塔巴，并用泥砖建筑。据希罗多德记载，在上面的铭文写道："不要因为和石造的金字塔相比而小看我。因为我比它们优秀得多，就好像宙斯与其他诸神相比一样。因为人们把竿子戳到湖里面去，并把附着在竿子上的泥土收集到一起做成砖。而我就是这样修筑起来的。"① 同时，其妻子肯特卡维丝（Khentkawes）除了在吉萨有一个墓外，还在阿布西尔（Abusir）有一个，其建筑风格显示出第3王朝的建筑传统②。此外，他还选用了孟斐斯的高级祭司普塔赫舍普塞斯（Ptahshepses）作为其女儿卡玛特（Khamaat）的丈夫③，当然也可能是普塔赫神祭司与国王的政治联姻，以抵制赫里奥波里斯拉神及其祭司的势力。第5王朝以后，"拉之子"成为国王的固定衔号之一，国王从神变为神之子，想必也是祭司与国王经过激烈的斗争最终取得胜利的结果。有学者干脆认为第5、6王朝

---

① 希罗多德，II，136。
② Nicolas Grimal, *A History of Ancient Egypt*, Oxford, 1992, p. 75.
③ *ARE*, v. I, §§256-262.

的国王是赫里奥波里斯拉神的高级祭司。① 虽然这种看法有点偏激，但我们认为，这些国王至少都是拉神的皈依者。随着祭司经济实力的增强与政治地位的提高，他们逐渐成为王权的一个威胁，国王与祭司之间的矛盾是可以想见的。虽然没有直接的资料证明，但普塔赫神祭司的再度崛起或许可以说明一些问题。普塔赫舍普塞斯与王室联姻并成为孟斐斯的高级祭司②，也许是国王为抵制拉神祭司所采取的一项措施。

其次，普塔赫祭司与拉神祭司之间也存在着矛盾和斗争。有学者在谈到第5王朝时说，"很明显，在赫里奥波里斯和孟斐斯祭司间达成了妥协，存在着一个权力的分割。法老仍然是赫里奥波里斯血统，但法老的长子不再是全国最重要的官员了。维西尔·法官（Vizier - Judge）的职位变成孟斐斯家族的特权了。第5王朝的5个维西尔拥有普塔赫霍特普（Ptahhotep）的名字，并被埋在萨卡拉"③。布列斯特德也说："国王的长子不再是国家中最强有力的官员了，在第4王朝由王子占有的维西尔和大法官的职位现在成了另一个家族的特权，且变成了世袭职位。整个五代都有普塔赫霍特普的名字。似乎普塔赫祭司和赫里奥波里斯祭司达成了共识，在他们之间分享权力。这样，拉神的高级祭司变成了法老，而普塔赫的追随者拥有了维西尔的职位。"④ 总之，不管是拉神祭司与普塔赫祭司的矛盾，还是国王利用一方以抵制另一方，它们都伴随在祭司的发展过程中，而且这些矛盾常常相互交织在一起。

---

① H. Peake & H. J. Fleure, *Priests and Kings*, Oxford, 1927, pp. 76, 78.
② *ARE*, v. I, §§ 257-258.
③ Jill Kamil, *The Ancient Egyptians*, The American University in Cairo Press, 1984, p. 62.
④ J. H. Breasted, *A History of Egypt*, New York, 1946, p. 126.

4. 丧葬祭司多

丧葬祭司主要是给死者提供丧葬服务，包括每天或定期的祭品供奉等。这主要与埃及人的来世观有关。他们认为每个人生来都有他的"卡"（Ka）伴随，到他死后进入来世，"卡"才起作用。一旦有人去世，古埃及人就说是去加入他的"卡"。"卡"与人同貌同形，永生不灭，但必须供之以祭品等所需，否则便会亡于饥馑和窘困。因而人们死后便设立丧葬基金以维持此种费用，而丧葬祭司即负责此事。这个时期的文献屡见丧葬祭司，涉及其权利、义务及职位的继承等[1]。当然，也许是由于这个时期神庙不像后来那么发达，丧葬祭司就显得多了。

5. 官员性祭司大量存在

这个时期，几乎所有有衔号的人，除了其世俗职业外，还占有一个或多个祭司职位，而且祭司中的显贵职位在某种程度上成了那些占有政府职位的人们的特权。如，法官通常是真理女神的祭司，而"南方之伟人们"（"great men of the south"）通常服务于赫克特（Heqt）女神。同时，祭司职位经常在有衔号的各个家族中继承[2]。从第4王朝起，国家最重要的官吏维西尔便拥有了法律和秩序之神托特的高级祭司的职位[3]。J. 迈勒克也认为，古王国时期，"圣殿由半职业化的神的仆人来尽责，他们都是从地方官员征召来的"[4]。官员性祭司的存在，说明神庙在一定程度上还处于国家的控制之下，当然也是其未实现专职化的一个表现。只有到了新王国时期，随着

---

[1] 如 *ARE*, v.I, §§201-206, §§227-235 等。
[2] Adolf Erman, *Life in Ancient Egypt*, New York, 1971, p.290.
[3] A. H. Gardiner, *Ancient Egyptian Onomastica*, v.I, Oxford, 1947, p.19*.
[4] Jaromir Malek, *In the Shadow of the Pyramids: Egypt during the Old Kingdom*, The American University in Cairo Press, 1986, p.105.

神庙规模的扩大与祭司实力的增强，官员性祭司才逐渐演变成祭司性官员，才出现了大批专职祭司，祭司便迎来了它的第二个大发展时期。

四、祭司势力的暂时衰微与局部发展时期

古王国末，地方势力壮大，王权式微，中央财政严重枯竭以及大饥馑的开始流行，终于导致了中央集权统治的削弱与统一王国的瓦解，埃及陷入了地方割据、各自为政的分裂状态。此后，经过中王国的短暂统一后，埃及又陷入了分裂割据的状态，一直到第 18 王朝阿赫摩斯一世才最终统一了埃及。在这长达 600 多年（约 2181 – 1570 B. C.）的时间里，祭司势力的发展受到了极大的抑制，虽然某个时段内个别神的祭司有所发展，但总的来看，这一时期的祭司与古王国和新王国时期的祭司相比，明显处于发展的低潮。我们把这一时期称为祭司势力的暂时衰微与局部发展时期。

（一）第一中间期祭司之状况

第一中间期，埃及遭受着天灾人祸、内忧外患的灾难，与此同时，祭司也遭受到同样的命运。

1. 祭司势力的发展陷于停滞

随着中央集权的瓦解、社会经济的萧条，祭司势力的发展陷于停滞。虽然没有直接的材料证明，但却有种种迹象表明人们抛弃了传统

第二章 古代埃及祭司势力的演化和发展

的祭仪,对神的态度变得冷漠了。如《聂非尔提预言》[1] 描述当时的情景时说:"没有人因死亡而哭泣,没有人为死亡而在夜晚禁食,人们的心(只)追随着自己。蓬头乱服的哀悼形式在今天(已经)不实行了,因为人心已经完全不在这上面。""拉(太阳神)离开了人类。"[2]说明当时的人们对祭礼的漠视,以至于引起了神的愤怒,更可能由于没有可享用的祭品和适宜的安居之所(即神庙),赐予人们福

---

[1] 该文出于列宁格勒国立博物馆收藏纸草第1116B号,1913年由哥连尼舍夫(Golenischeff)公布。该纸草原为第18王朝时学校使用的手抄本,内容托言系第4王朝斯尼弗鲁法老时代一个名叫聂非尔提(Neferti)的智者所作的预言。关于这篇文献所反映的时代问题,学界尚无一致意见,代表性的看法主要有三种:一是第一中间期,如J. A. 威尔逊认为,中王国把埃及从古王国后内战和混乱的局面解救出来,这些混乱和它们的最终解决产生出一种救世主拯救的思想,而中王国早期的法老们很可能为了其自己的利益而培育了这种思想,文献明显地编于那个解救的幸福时代,其反映的动乱局面是这以前即第一中间期的情况(ANET, p.444)。二是第11王朝末,如C. 奥尔德雷德认为,预言中的阿蒙尼无疑是阿蒙尼美斯(Ammenemes)一世,强调其对最高权力的获得及对第11王朝末混乱局面的终结(C. Aldred, *The Egyptians*, London, 1987, p.136);N. 格瑞迈尔认为预言是聂非尔提"凭幻想做出第11王朝最后阶段中的黑暗场面"(N. Grimal, *A History of Ancient Egypt*, Oxford, 1992, p.159);《剑桥古代史》也指出,"如果不是描述了在第11王朝末的短期的骚乱的间隔,预言者聂非尔提的苦痛似乎必定是人为的,就像他预言的那样,因为明显的是他生活于阿蒙涅姆赫特一世国王统治的期间,他预示这救世主的到来将结束他悲叹的苦难"(*The Cambridge Ancient History*, v. I, pt.2, Cambridge, 1971, p.527)等。三是中王国末,如阿甫基耶夫说,在中王国末期发生的几次大规模人民起义,最鲜明地记载在两部文学作品里面,一部是"伊甫维尔的教训",一部是"诺非尔列胡的教训"(《聂非尔提预言》)(阿甫基耶夫著,王以铸译《古代东方史》,三联书店,1956年版,第254页)。此外,前苏联斯特鲁威院士也认为预言讲述的是公元前1750年前后(即中王国末)埃及的贫民与奴隶大起义时的情况。我们采用第一种看法即第一中间期。正如M. 李希泰姆所说,"这部作品是一个以假预言形式的历史故事","但在阿蒙涅姆赫特一世上任前没有大的灾难发生"(*AEL*, v. I, p.139)。据此我们认为,该文献虽然是预言,但它描写的是过去的事,其反映的历史时代当为第一中间期。

[2] *ANET*, p.445; *AEL*, v. I, p.142.

57

祉的太阳神离开了埃及。《祭司安虎同自己心灵的谈话》① 在谈到国家遭遇的不幸时则直接指出："诸神被亵渎，祭礼被忽视。"②正如一首诗描写的那样："神庙已破碎，丧葬祭司已消失；墓石覆盖着尘土，坟墓已被遗忘。"③很可能在第一中间期的晚期，即赫拉克列奥波里斯时代也存在这种状况，而且其国王们显然意识到了这个问题，所以老王凯悌在给其继位者美里卡拉王的教谕④中反复强调："制作纪念碑……给神。这可以使制作者的名字永存。一个人应该做有利于其灵魂的事：祭司每月的丧葬服务，穿上白色的凉鞋，参观神庙，进行祭仪，到达圣殿，吃神庙中的面包。使祭品桌丰盛，增加面包，使每日的祭品充裕。"⑤同时提醒新王，"神会攻击那些反叛神庙的人"，所以，"要给

---

① 该文收藏于大英博物馆第 5645 号书版，其唯一保存下来的副本伽丁内尔定其日期为第 18 王朝中期，而 M. 李希泰姆认为作品本身属于中王国，很可能是塞索斯特里斯二世时代或稍后（*AEL*, v. I, p. 145.）。而 G. E. 卡迪什重新翻译了这篇文献，并说："我倾向于 B. M. 5645 原文代表了第 12 王朝晚后期的著作，它反映了能够容易归于第一中间期晚期和第 12 王朝早期的这些原文传统 [G. E. Kadish, British Museum Writing Board 5645: The Complaints of Kha - Kheper - Re - Senebu, *JEA* 59, (1973), p. 89]。我们选用后一种说法。
② *AEL*, v. I, p. 147.
③ *AEL*, v. II, p. 177.
④ 该文保存在第 18 王朝时代的三个纸草当中，但很残缺。作品是老王给其儿子和继位者的教谕，残片的开始保留了儿子的名字——美里卡拉（Merikare），但父亲的名字很残缺，很可能是第 9 或 10 王朝拥有凯悌（Khety）名字的一位法老，因为有好几个法老叫凯悌，现在还无法确定是哪一个凯悌，有人说这个凯悌的王位名是涅布卡拉（Nebkaure）（*AEL*, v. I, p. 97），还有人说他是瓦赫卡拉（Wah - ka - Re）凯悌二世，与喜乌特之主泰费比（Tef - ib）及底比斯之主安太夫一世（Intef I）同时（*ANET*, p. 415, note 1）。M. 李希泰姆认为，该作品编写于美里卡拉王统治时代，旨在宣布其政治方向，包含有正确的历史信息而非虚构（*AEL*, v. I, p. 97）；J. A. 威尔逊对该教谕作的题解说："在古王国和中王国之间的混乱时期是一个价值观变化的时代。被推翻的旧习俗仍在施加一些影响，而新的价值观逐渐在精神和社会领域里增长并表现，就像下文（即教谕）表达的一样。这是那个时代（公元前 22 世纪末）一位统治者给其儿子和继位者提出的建议（*ANET*, p. 414）。我们认为，该教谕的作者不论是谁，它确实反映了第一中间期的社会状况。
⑤ *ANET*, p. 416.

神提供足够的祭品，并崇奉它，不要说'那是麻烦的'，不要放松你的手"。"不要与造物主太阳神作对，他能知道所有的事情。要崇奉路上的神①，由珍贵的石料制成，由青铜塑造。"②

2. 赫拉克列奥波里斯时代祭司势力有所发展

赫拉克列奥波里斯王朝诸王，为了加强其统治、神化其权力、树立其威信，他们进行了一些神庙修建活动。王朝的支持者、三个喜乌特之主，即泰费比（Tefibi）、克赫提一世和克赫提二世的铭文反映了这种情况。泰费比的铭文谈到其统治期间的繁荣景象以及诸神受到了广泛的尊敬："神庙得以兴旺，祭品被制作给诸神。"③在其子克赫提一世时期，赫拉克列奥波里斯王国内部发生了暴动，克赫提一世替国王平定了叛乱，并奉美里卡拉王的命令恢复乌普瓦沃特（Upwawet）的古老的神庙，为大神阿努比斯制作纪念碑，在其晚年还出现了人民安居乐业、社会安定团结的和平盛世景象。④继任的克赫提二世，不仅致力于州的物质财富的发展，而且还兴建神庙，增加神庙的祭品，甚至声称自己是一个富于神庙建筑的人。⑤随着这些神庙的修建活动，祭司势力无疑得到了一定的发展，至于其发展的具体情况，因史料缺乏，已无法确考。

（二）中王国祭司之状况

有关中王国祭司发展的详细情况到目前由于材料的缺乏，我们还

---

① 指节日期间在出行队伍中所抬的神的祭礼雕像，见 *AEL*, v. I, p. 109, note 26.
② *AEL*, v. I, pp. 105, 106.
③ *ARE*, v. I, §§ 394–397.
④ *ARE*, v. I, §§ 400–404.
⑤ *ARE*, v. I, §§ 407–409.

不能做出全面的回答。但可以肯定，由于这一时期神庙的修建①，神庙祭司渐渐增多了，为管理神庙财产还出现了一些神庙官员，这一点与神庙不发达的古王国有很大不同。正如 A. 埃尔曼所说："在早些时代，不缺乏祭司，但除了那些伟大的神的高级祭司们外，大部分祭司占有着由地方大公和高官们赠予他们的低级的职位。我们也很少听说神庙的财产或财富，至多我们仅仅遇到一个圣殿的'司库'。（但）在中王国，情况有了某些不同：我们发现'祭品书吏''神庙财产监督''神庙大司库'乃至'提尼斯诸神谷仓监督和谷物

---

① 神庙建设历来是统治者神化王权、加强自己权威的 项措施，中王国的统治者们在重建国家的同时，也进行了大量的神庙建设，许多铭文留下了他们恢复和重建神庙的记载。艾伯特纸草在叙述安太夫一世为诸神做的好事时就说："我建造诸神的神庙，做楼梯，修复其门，为其配备神圣祭品。"（ARE, v. I, §421）还有一个石碑提到安太夫国王献祭奠酒，建造神庙并赠予其财产，同时给神庙配备祭品和各种服务人员（W. M. F. Petrie, A History of Egypt, v. I, London, 1903, p. 134）。在科普托斯还发现了另一个安太夫40多块石板，显示了灾难时代之后安太夫对神庙的重建（W. M. F. Petrie, A History of Egypt, v. I, London, 1903, pp. 135 – 136）。哈玛马特采石场的一处铭文还记载了孟图霍特普三世时代他的一位大臣赫努（Henu）对红海的一次远征，在归途经过哈玛马特采石场时，为神庙获取了巨大的供制作雕像所用的石料（ARE, v. I, §433）。第 12 王朝的法老们更注重神庙的建设了，首先对他们的王朝保护神阿蒙的神庙进行扩建。这个工程从阿蒙涅姆赫特一世时即已开始（ARE, v. I, §484），塞索斯特里斯一世时进行了增大，在圣湖旁给神庙的祭司们建造了一座居所和餐厅（ARE, v. IV, §§488 – 489）。阿蒙涅姆赫特一世从三角洲到上努比亚几乎都留下了其建筑的遗迹。在北方他装饰了塔尼斯（Tanis）的神庙，在孟斐斯他给普塔赫神献祭了一个红色的花岗岩祭坛；在南方，他为奥西里斯在阿拜多斯也建立了一个红色的花岗岩祭坛，他也重新修建和装饰了科普托斯明神的神庙（W. M. F. Petrie, A History of Egypt, v. I, London, 1903, pp. 150, 151）。塞索斯特里斯一世还对赫里奥波里斯的拉神的神庙进行了扩建（ARE, v. I, §§498 – 506）。此外，他还派遣了他的一个高官孟图霍特普去阿拜多斯进行神庙建设。塞索斯特里斯三世重建了布巴斯提斯（Bubastis）地方的神庙（W. M. F. Petrie, A History of Egypt, v. I, London, 1903, p. 178），还派了一位大臣为赫拉克列奥波里斯的哈尔舍斐斯（Harsaphes）神制作纪念碑（ARE, v. I, §§674 – 675）。除了法老们进行神庙建设外，一些富裕的、强有力的地方大公也建设神庙，如奥利克斯（Oryx）州州长在克努姆神庙就建立了永久性纪念物（ARE, v. I, §637, note a）。

<<< 第二章 古代埃及祭司势力的演化和发展

账目书吏'等类似官吏。"①除此之外，还发现有祭司建立纪念碑，标榜自己的德行和功绩。②但这一时期仍然是大量的高官兼任着祭司职位，如底比斯州州长安太夫③、第12王朝塞索斯特里斯一世的维西尔孟图霍特普④、塞索斯特里斯二世时期东方高地之长克努姆霍特普（Khnumhotep）⑤等。所以总的说来，尽管神庙从规模上有些扩大，但祭礼仍然没有实质上的改变，仍然没有形成大的祭司群体。在卡呼恩（Kahun）的塞索斯特里斯二世的阿努比斯神庙仅有一个神庙监督、一个大仪式祭司（Chief lector）和9个下属人员。其中只有神庙监督和大仪式祭司为神殿的固定人员，而其余9个人员均为俗人祭司，他们进行轮班，一年中在神庙中仅服务1个月。除了这些人员以外，神殿的琐碎事务被委派给6个看门人和2个奴仆。⑥同时，在阿拜多斯墓地，很少有祭司和神庙官员被葬在那里，⑦很可能当时的祭司还没有足够的经济实力。

此外，祭司还受到国家的监督，国王经常派人去视察神庙和祭司，并严厉惩处那些犯罪的神庙官员。据A.伽丁内尔说，在中王国，每个省城在祭司之首有一个预言家之监督，⑧可能是监察督促祭司进行各项职责。现藏于大英博物馆、编号为574的一个石碑，就记录了第12王朝国王阿蒙涅姆赫特二世委派他的一位名叫亨特姆舍曼提（Khentemsemeti）的官员去视察神庙。铭文说："我被陛下召来，他让我视察

---

① Adolf Erman, *Life in Ancient Egypt*, New York, 1971, p. 104.
② *AEL*, v. I, pp. 129 – 130.
③ *ARE*, v. I, §§420.
④ *ARE*, v. I, §§530 – 534.
⑤ *ARE*, v. I, §§622 – 639.
⑥ J. H. Breasted, *A History of Egypt*, New York, 1946, p. 171.
⑦ Adolf Erman, *Life in Ancient Egypt*, New York, 1971, p. 293.
⑧ *AEO*, v. I, p. 30 *.

祭司、去驱除神庙事务中的恶事，并使各种神庙事务顺利进行。我命令去制作它们的祭品桌，金银合金被盖上我的章。"① 这说明神庙在很大程度上仍处于政府的监控之下。另外，对于那些干坏事的神庙官员则给予严惩。第11王朝安太夫国王统治时期发布的一个王室法令就反映了这一点。法令是针对科普托斯明神庙中一个聚众谋反的神庙官员特塔（Teta）发布的。法令指出要把该人从明神庙中驱除出去并剥夺其神庙职位，其后嗣也不能幸免。并威胁说，对于那些宽恕该人的国王和强有力的统治者们，他们将得不到红、白王冠，而对于那些宽恕该人的行政人员或地方大公，将没收其人民、财产、土地给明神庙，而且其亲戚和朋友们也不能占有这一职位。② 可见措施之严厉。

总之，中王国时期，祭司有一定的发展。但总的来看，还未形成一个大的祭司群体，官员性祭司仍然居多，而且神庙和祭司仍处于政府的监督和控制之下，这种情形既不能与古王国时期祭司对王权的深刻影响相比，更不能与新王国时期祭司的全面昌盛相比。

（三）第二中间期祭司之状况

1. 宗教秩序的破坏与祭司地位的下降

这一时期，随着统一王权的瓦解，埃及再度陷入分裂割据的混乱局面。与此同时，宗教秩序遭到了极大的破坏。如，反映此时期的文献资料

---

① *ARE*, v.I, §610.
② W. M. F. Petrie, *A History of Egypt*, v.I, London, 1903, pp.136–137. 另外，J. H. 布列斯特德把该文献的年代定为第二中间期，详见 *ARE*, v.I, §§773–780.

《伊普味陈辞》① 说:"涂油防腐者的秘密已被揭破",②甚至起来反对蛇标,③对神权提出质疑。《陈辞》号召要恢复宗教祭祀:"记住……要焚香,在早晨要用罐子里的水献祭。记住要养肥各种鹅,要制作神圣祭品给诸神。记住要咀嚼泡碱,要在沐首之日由男子准备白面包。记住要建造旗杆,雕刻石碑,让祭司清洁神庙,神殿要用洁白如乳的石头来铺砌;要使神庙感到愉悦,要使祭品源源不断。记住要遵照礼仪的规定,在轮值时要承担祭司的职责……"④,说明当时的宗教祭祀活动遭到了严重破坏,人们对神已淡漠了,神灵及其祭司失去了往日的

---

① 该文献被保存在莱顿纸草344号正面,描绘了埃及政府的崩溃以及笼罩在国家上空的混乱情景。关于该文献所反映的时代,学术界还存在着分歧,大致说来,主要有三种意见。一是第一中间期说,持这种意见的学者较多,如J. A. 威尔逊说,"虽然我们的手稿被写于第19或20王朝(1350-1100 B.C.),但原型属于较早的时代,也许属于古王国与中王国之间的时期","描述的形势符合古王国末中央政府崩溃后的状况"(*ANET*, p.441)。A. 伽丁内尔也指出:"无论如何,莱顿纸草描述了第一中间期埃及的状况,这是无可置疑的。"(A. Gardiner, *Egypt of the Pharaohs*, Oxford, 1961, p.110) J. H. 布列斯特德也认为由伊普味描绘的埃及这个混乱时代一定属于紧接着中王国之前的那个时期(J. H. Breasted, *Development of Religion and Thought in Ancient Egypt*, New York, 1959, p.210)。此外,杰克·法干、N. 格瑞迈尔也持这种看法(Jack Finegan, *Archaeological History of the Ancient Middle East*, Westview Press, 1979, p.230; N. Grimal, *A History of Ancient Egypt*, Blackwell, 1992, p.138)。二是认为该文献是中王国晚期的作品,但属于纯文学性质,M. 李希泰姆持这种看法(*AEL*, v.I, p.149)。三是第二中间期说。如前苏联学者阿甫基耶夫就认为这篇文献反映了中王国末期的人民大起义(阿甫基耶夫著,王以铸译《古代东方史》,三联书店,1956年版,第254页)。另外美国学者J. V. 塞特尔斯从该文献的种族术语、对外关系、社会和行政的发展、文学、政治形势等几方面,根据正字法和语言学的研究,把这篇文献的内容确定为第二中间期(J. V. Seters, A Date for the 'Admonitions' in Second Intermediate Period, *JEA* 50 (1964), pp.13-23)。我国学者刘文鹏、周启迪等也持这种意见。综合各家意见,我们认为把该文献反映的历史时代定在第二中间期较为合理,它确实描绘了那个时代埃及混乱的局面,不是纯文学性质的作品。
② *AEL*, v.I, pp.153, 155.
③ *AEL*, v.I, p.156.
④ *ANET*, p.443.

地位。

2. 喜克索斯人的统治与塞特神祭司地位的提高

喜克索斯人统治埃及时期，塞特神①受到喜克索斯人的大力尊宠。如《萨里尔纸草 I》（Papyrus Sallier I）记载说："阿波斐斯国王——愿他长寿安康！——把塞特神作为主人，除了塞特神，他不服侍任何神。同时，在阿波斐斯国王——愿他长寿安康！——的王宫旁建造了一座精美的神庙。他每天制作祭品给塞特神。并且国王——愿他长寿安康！——的官员佩带上花环，就像在拉·哈拉克提神庙中做的那样。"②另外，在台奈斯发现的一个雕像铭文写道："善神，拉·阿肯涅尼（即阿波斐斯二世），太阳之子，阿培帕（Apepa），给予生命，塞特所爱"，然而塞特神的画像被放在了铭文的最开始,③说明对塞特神的崇奉。现存于开罗的阿波斐斯国王建造的一个祭坛，上面的题献是："他（阿波斐斯）制作它，作为他给他的父亲、阿发利斯之主苏太克的纪念物，当它（苏太克）使全国在他的脚下时。"④发现于布巴斯提斯的一个建筑铭文残片谈到了阿波斐斯国王为塞特神制作了许多顶端

---

① 塞特神是埃及最古老的神之一，其最早的祭礼中心在卢克索（Luxor）以北30公里处、尼罗河西岸的尼布特（Nebet）。很早以来，它就被作为上埃及的一个典型的神，蝎王权标头的浮雕表明塞特神的尊奉者还是蝎王的联盟者。埃及统一后，它成为上埃及的代表。可能由于其祭礼中心的东部是沙漠，塞特神逐渐被认为是沙漠之神。对于埃及人来说，周围的沙漠是荒凉的、无生气的、危险的，而作为沙漠之神的塞特神又逐渐被埃及人与一切可怕的东西联系起来，诸如风、雨、风暴、雷等（Barbara Watterson, *The Gods of Ancient Egypt*, London, 1984, pp. 112 – 114）。此外，在奥西里斯的神话传说中，塞特神杀害了其兄弟奥西里斯，被人们认为是一个恶神。也许正是因为塞特神的这种反叛特性，喜克索斯人选择了在三角洲早受崇拜的塞特，也称为苏太克（Sutekh）。

② *ANET*, p. 231.

③ W. M. F. Petrie, *A History of Egypt*, v. I, London, 1903, p. 242.

④ J. H. Breasted, *A History of Egypt*, New York, 1946, pp. 217 – 218.

用铜装饰的旗杆，并用这些迎风飞舞的旗帜装饰神庙前部，①这些均说明喜克索斯人对塞特神的尊宠，塞特神也因此成为喜克索斯人统治时期国家的主神。可以推断，塞特神祭司的地位应当是较高的，但由于直接的史料很少，因而无法确考其实际情况。

3. 第17王朝争取统一的斗争与阿蒙神祭司势力的再度崛起

中王国时，定都底比斯，底比斯的地方神阿蒙的祭司很可能利用这种有利条件，大力推崇阿蒙神，使其对王室发生影响。尤其是随着第12王朝的建立，阿蒙神逐渐成为国家的主神，新王朝的建立者阿蒙涅姆赫特的意思即是"阿蒙是至高无上的"，同时其继位者中有三个采用了这一名字，表示对阿蒙神的尊宠，并开始在底比斯给它建造神庙。可见当时阿蒙祭司势力一定有所发展。但随着统一王朝的瓦解，社会动乱的再次发生，宗教秩序遭到破坏，祭司地位因之下降。到第17王朝时，底比斯诸王在统一埃及的战争中，把阿蒙神看作是国王的保护神，阿蒙祭司随之又获得了较高的地位。所以，这里称为阿蒙祭司势力的再度崛起。关于阿蒙神的起源，至今也没有取得一致的看法。一种意见认为，阿蒙神是赫尔摩波里斯八神团（Ogdoad）成员之一，与科普托斯（Coptos）的明神有联系，吸收了明神的某些特征，后来来到了底比斯，在第12王朝时获得了主神的地位。如K.塞特说，阿蒙是来自于赫尔摩波里斯的一个重要的神；② N.格瑞迈尔也认为，"在与科普托斯的明神发生联系之前，阿蒙最初是赫尔摩波里斯诸神中的一员"③；B.瓦特森也说，阿蒙是赫尔摩波里斯八神团的成员之一，其意思是"隐形者"，它是空气之神，但接着又说，在第一中间

---

① J. H. Breasted, *A History of Egypt*, New York, 1946, p. 222.
② A. Gardiner, *Egypt of the Pharaohs*, Oxford, 1961, p. 126.
③ Nicolas Grimal, *A History of Ancient Egypt*, Blackwell, 1992, p. 150.

期末，上埃及的第4州出现了一个名叫阿蒙的神，"这个阿蒙与赫尔摩波里斯的阿蒙是否是同一个还不肯定"①。此外，J. 法干指出，阿蒙的起源不是很清楚，但它似乎至少具有科普托斯明神的某些特征；②还有人说，阿蒙起源于一个表现为空气和风的神，这两种物质在宇宙形成前的混沌中先创造了生命，后来阿蒙神又拥有了在科普托斯和潘诺波里斯（Panopolis）受到崇奉的明神的特性。③ 另一种意见认为，阿蒙神是底比斯的地方神，是"本土的"而非外来的。如 E. A. W. 布奇认为，阿蒙神原来是底比斯的一个地方神，其圣殿大约在第12王朝时建立或重建；④ J. H. 布列斯特德也认为，阿蒙是底比斯的古老的地方神，但同时又指出，其名字在诸如金字塔文的早期宗教文献中没有被发现；⑤ 摩赖也指出，金字塔文中没提到阿蒙，它是底比斯地方的一个神，但直到第12王朝建立，该地一直崇拜孟图神。⑥ 此外，G. A. 维瑞特也对阿蒙的起源作了探讨。⑦ 他首先驳斥了阿蒙起源于赫尔摩波里斯八神团的观点，并指出，阿蒙对于赫尔摩波里斯的八神团来说是一个侵入者，它是后来的一个神，其侵入的时间可能是第18王朝，当时赫尔摩波里斯的祭司们为了把其城市与帝国伟大的神阿蒙·拉联系起来而引进了它，但直到第26王朝时阿蒙才成为八神团的成员。至于阿蒙与明神的关系，G. A. 维瑞特指出，大约在第5王朝末，阿蒙已

---

① B. Watterson, *The Gods of Ancient Egypt*, London, 1984, p. 138.
② J. Finegan, *Archaeological History of the Ancient Middle East*, Westview Press, 1979, p. 233.
③ Alan W. Shorter, *The Egyptian Gods*, London, 1979, pp. 13 - 14.
④ E. A. Wallis Budge, *Egyptian Ideas of the Future Life*, London, 1908, p. 103.
⑤ J. H. Breasted, *Development of Religion and Thought in Ancient Egypt*, New York, 1959, p. 318.
⑥ A. Moret, *The Nile and Egyptian Civilization*, London, 1927, p. 244.
⑦ G. A. Wainwright, *The Origin of Amun*, JEA 49 (1963), pp. 21 - 23.

与明分开并发展成一个独立的神,此后科普托斯地区及其明神受到历代国王的尊宠,第8王朝时科普托斯的统治者变得非常有势力,当时有两个法老的名字中有"Min"字,科普托斯的一个名叫伊迪(Idy)的统治者还被任命为上埃及的长官,其管辖范围一定包括当时的底比斯。因此,G. A. 维瑞特认为,当时明神一定是假借阿蒙的形式而使自己安居在底比斯。另据艾伯特(Abbott)纸草的一个铭文记载,在安太夫一世时,他还给阿蒙神庙以巨大的瓶子,[1] 这说明在第11王朝初阿蒙神在底比斯已被崇奉。根据学者们的论证分析,我们觉得阿蒙神是底比斯古老的地方神可能更接近历史事实。但不管其起源于何处,直到第12王朝,它才兴旺起来,变成了底比斯国王们的保护神,并获得了国家主神的地位。但还未来得及发展,埃及就又陷入了分裂混乱的局面。后来,随着底比斯王朝对喜克索斯人的驱逐,阿蒙神又被推上了历史舞台。

埃及第17王朝建立以来,基本上与北方的喜克索斯王朝保持着和平共处的关系,但到该王朝末塞肯内拉(Sekenenre)统治时期,底比斯王朝开始了驱逐喜克索斯人的民族解放战争。随着第17王朝反击喜克索斯人斗争的深入,底比斯地方的阿蒙神不仅成为底比斯王朝在宗教领域与喜克索斯人苏太克神相对抗的神,而且阿蒙神也逐渐成为保护底比斯王、指引底比斯王取得斗争胜利的神。如喜克索斯王阿波斐斯(Apophis)的朝臣在分析南方底比斯的情况时说:"因此我们要看到这个神(即阿蒙·拉)的力量,它是底比斯王的保护者。除了神王阿蒙·拉,他在(全国)不崇拜任何神"[2],可见该神已有一定威力了。卡莫斯(Kmose)在向北方远征时说:"我向北方进发,去攻击亚

---

[1] *ARE*, v. I, §421.
[2] *ANET*, p. 231.

细亚人,因为我是(足够)强大的,在阿蒙神的指引下,通过最正确的忠告"①,阿蒙神逐渐成为埃及民族解放战争中的一面旗帜。随着底比斯王朝的最终胜利,阿蒙神最终确立了国家主神的地位,其祭司地位也随之上升,最终形成了新王国时期显赫的社会群体。

(四)奥西里斯崇拜

在第一中间期、中王国、第二中间期这长达600多年的时间里,从整体上来说,埃及祭司处于其发展的低潮,与古王国和新王国祭司的两大发展期无法相比。但这并不排除个别神及其祭司的发展,古老的奥西里斯崇拜就在这一历史时期焕发出生机,得到了迅速发展。

1. 奥西里斯神学

关于该神的起源不太清楚。最早提到奥西里斯的资料是金字塔铭文,其中有一符咒就是为了保护国王之墓,以防奥西里斯"可恶的到来"。②但该神在史前时代如何被崇拜以及他最早的祭礼中心在哪里却不知道。我们能够看到的奥西里斯的最早的神像出自第5王朝末期,已经破碎,戴有神的假发。他几乎总是以木乃伊的姿态出现,双脚紧紧并拢在一起,这反映了他的与葬礼相关的起源。在中王国及中王国以后时期,其形象略有改变,他头戴上埃及白色王冠,王冠两侧有红色的羽毛。他的肤色常为浅绿或者黑色,以象征植物或土壤。他的双臂交叉放在胸前,一手握有连枷,另一手拿着弯柄杖。③

然而在他出现在金字塔文中的那个时代,他已是一个发展成有自己神学和神话的神了。④作为"来世之王""永恒之主",似乎他起先

---

① *ANET*, p. 232.
② A. W. Shorter, *The Egyptian Gods*, London, 1979, p. 45.
③ 阴玺:《俄赛里斯——古埃及的冥神和丰产神》,《西北大学学报(哲学社会科学版)》1992年第3期,第71页。
④ Barbara Watterson, *The Gods of Ancient Egypt*, London, 1984, p. 72.

被神化为某种自然现象,被视为尼罗河的化身,等同于土壤及植物,被当作周而复始、永生不灭的自然繁殖力。随着时间的推移,那些原来与他无任何联系的神也与他有了联系:他自己被认为是史前时代统治埃及的一位仁慈的国王;塞特神变成了谋杀他的可恶的兄弟;三角洲的伊西斯女神变成了他忠实的伴侣,并通过魔力使奥西里斯得到了复活;荷鲁斯变成了他的儿子,并在战斗中击败了塞特,替父亲报了仇,最终登上了王位。这个神话在许多铭文典籍中都有记载,但大都残缺不全。刻于第 18 王朝阿蒙牲畜监督阿蒙摩斯(Amenmose)墓碑上的《奥西里斯大赞美诗》[①] 和保存在拉美西斯五世时期一份纸草上的《荷鲁斯与塞特的故事》[②] 中有较为详细的记载。但流传最广的则是公元 1 世纪古典作家普鲁塔克的《伊西斯和奥西里斯》[③],它生动地描绘了奥西里斯之死及其复活的过程,引人入胜。虽然奥西里斯得以复活,但他不再生活于人世,而是去了西天极乐世界,作了来世的国王。随着死后审判思想的发展,奥西里斯又成了来世审判的法官,死者只有通过这个审判,才能进入西方极乐世界。总之,奥西里斯是复活之神,他象征着强大的繁殖力和生命力,人们只要经过奥西里斯审判,就能像奥西里斯一样复活,达到永生。因此说,奥西里斯神学是一种来世信仰神学,适合各个阶层人们的需求。

2. 奥西里斯崇拜的流行

古埃及人对奥西里斯崇拜由来已久,起源于何时不太清楚,但形成于早王朝时期的赫里奥波里斯创世神学之中就有奥西里斯神。在古王国时代,虽然拉神及其祭司占据着主导地位,但奥西里斯也被吸纳

[①] *AEL*, v. II, pp. 81 – 85.
[②] *AEL*, v. II, pp. 214 – 223.
[③] Plutarch, vol. V, *Isis*, *Osiris*, Loeb Classical Library.

进了赫里奥波里斯太阳祭礼当中，他与塞特、伊西斯和涅菲悌丝一道成为赫里奥波里斯诸神中的第三代。古王国时代，只有死去的国王被认为是奥西里斯，并举行繁复的丧葬仪式。到中王国，经过社会的动乱，原来属于国王的这种特权逐渐下移，乃至普通人死后也能举行这种仪式，奥西里斯崇拜很快流行了起来。而据说是奥西里斯头的埋藏地的阿拜多斯逐渐成为该神最著名的崇奉中心，上自王公大臣，下到黎民百姓，都尽其可能地在阿拜多斯修建坟墓或立一石碑，以期得到奥西里斯神的保护。如第12王朝塞索斯特里斯一世时期的大臣安太夫在阿拜多斯建立了圣殿，并在石碑上铭刻了自己优良的品德，向奥西里斯神表达自己的慷慨、忠诚和公正等；①阿蒙涅姆赫特二世时的一位官员利用公职之便在阿拜多斯建立了一个纪念性石碑；②阿蒙涅姆赫特三世时的一位高官也在阿拜多斯建立了丧葬碑，③等等。此外，政府还经常派员去阿拜多斯修建奥西里斯神庙、重塑奥西里斯神像。如塞索斯特里斯一世时期的大臣孟图霍特普在叙述其在阿拜多斯的建筑使命时说："依照陛下的指示，我领导神庙中的工作，建造神殿，挖掘圣湖，加固水井"，"……祭品桌由天青石、青铜、金银合金和银制成；铜无限量，青铜无限量，拉环用真正的孔雀石做成，装饰品用贵重的石料制作"。④ 塞索斯特里斯三世还委派他的一位大臣埃克赫尔诺弗拉特（Ikhernofret）去阿拜多斯用从努比亚获得的金子装饰奥西里斯的神龛，并指导俗人祭司们的工作；⑤第二中间期的一位国王还亲自查阅有关奥

---

① *AEL*, v. I, pp. 120 – 123.
② *ARE*, v. I, §§608 – 613.
③ *AEL*, v. I, pp. 125 – 129.
④ *ARE*, v. I, §534.
⑤ *ARE*, v. I, §§665, 668.

西里斯的文献,并据此为其建造神庙,①等等,可见对该神的重视。

此外,为了纪念奥西里斯,还举办盛大的庆典,上演"奥西里斯节日剧"(Osirian Festival Drama),再现奥西里斯的受难、死亡、入葬及复活的过程。根据塞索斯特里斯三世时期的一位官员的描述,②这种"节日剧"至少包括八个情节:古老的丧葬神乌普瓦沃特走在队伍中,驱散奥西里斯的敌人,并为奥西里斯开路;信徒们击退敌人,奥西里斯进入圣船中;奥西里斯之死;托特神出现并发现了奥西里斯的尸体;奥西里斯的尸体入墓前的各种神圣仪式;奥西里斯入墓;在阿拜多斯附近奥西里斯之子荷鲁斯击败塞特及其同党;奥西里斯的复活。很明显,这些情节均出现在奥西里斯的神话传说中。这种"节日剧"的主要角色大都为祭司扮演,随着剧目的频繁演出,无疑促进了祭司势力的发展。

奥西里斯崇拜在新王国时期达到了高峰,去阿拜多斯旅行成为丧葬信仰中必不可少的部分。死者凭借祭司们编造的《亡灵书》③ 的魔

---

① *ARE*, v. I, §§753–765.
② *ARE*, v. I, §669.
③ 新王国时,为迎合人们死后升天的愿望,祭司们编写了大量的符咒,这些符咒汇集在一起便是所谓的《亡灵书》。《亡灵书》的第125章及一些描绘称心场面的插图使我们比较清楚完整地了解了为古埃及人所信奉的死后审判。在审判大厅里,奥西里斯身居王座,后面并立着伊西斯和奈芙蒂斯姊妹。图画的上部还坐有42位神,似乎是作为陪审员的。大厅中间放着巨大的天平。阿努比斯把死者引入大厅,调整天平,一端放上死者的心,另一端是代表公正、真理、秩序的玛特。智慧之神托特记录判决并宣布于众。如果死者顺利通过死后审判,记录结果的托特神会向奥西里斯汇报:"在此双重真理之厅的死者注意,他的心脏已在天平上称量,冥界众神皆在此处,其心脏验明合乎真理,没有凡间的不洁。审判法庭作出如下判决:他的心脏将回归其身,眼睛及其他部位同回其身,作为荷鲁斯的信徒,他的灵魂在天堂游荡,他的心脏在另一个世界流连,现将其身交于阿努比斯之手,让他在善神奥西里斯的面前接受坟墓的祭品,让他成为您的追随者与喜爱之人,让他的灵魂在其城邦的墓地等待,在九柱神之前,他的话语符合真理。"转引自[英]亚奇伯德·亨利·萨伊斯:《古埃及宗教十讲》,陈超、赵伟佳译,黄山书社,2009年版,第137–138页。

力，便可顺利进入奥西里斯的永恒王国，奥西里斯成为最受埃及人欢迎的神祇之一。

3. 奥西里斯崇拜昌盛的原因

奥西里斯作为"来世之王""永恒之主"，受到埃及人民的广泛崇拜。他们模仿奥西里斯的木乃伊形式把自己的尸体制作成木乃伊；他们步入自己的坟墓，相信自己的尸体将征服死亡，因为奥西里斯曾征服过；他们希望复活，得到永生，因为奥西里斯做到过。为此，他们对奥西里斯顶礼膜拜，使奥西里斯崇拜得以昌盛，究其原因，主要有以下几点。

其一，奥西里斯神学能使社会各阶层普遍接受。奥西里斯的复活和永生是所有埃及人普遍追求和向往的，那些奇迹般的金字塔、数不清的坟墓及其精美的装饰和大量的随葬铭文就是绝好的证明。古代埃及人认为，他们的人生只是为复活和来世做准备，今生是短暂的，只有来世才是永恒的，而奥西里斯神学恰好迎合了这种来世思想。正如J. H. 布列斯特德对比拉神和奥西里斯时所说，拉的至高无上是政治上的胜利，而奥西里斯的昌盛则是社会各阶层中普通信仰的胜利，即使是朝廷和显贵也不能抵抗得住。[1] 奥西里斯的复活和永生是所有埃及人普遍的向往和追求。

其二，古王国的社会动乱，使各种神秘典籍不再成为秘密，那些原先只有法老才能享有的宗教仪典，现在普通人也能享有。正如摩赖分析所言："革命以还，国王之拯救，已非国家宗教上之惟一问题。全体人民，以为彼等今世之生活，与来世之生活，均有考量之必要。俄神（即奥西里斯——引者注）既造福于人类，其死后之得救，乃人

---

[1] J. H. Breasted, *Development of Religion and Thought in Ancient Egypt*, New York, 1959, p. 285.

人所关心之事,永生权利,人人可以享得,惟须服从俄神审判,行为端正,始可享有永生之权利,如此则死后世界,乃人人平等之机会,因此人民与国王之关系,亦有转移,其变化可谓大矣。究其原因,不外乎革命之际,宫廷秘典,流落人间,魔咒之术,公开于世,平民攻入法院时,得习知符咒之方式,于是人人可以登仙。"① 于是,任何人都可以祈求获得永恒的生命,有机会获得奥西里斯的认同,社会的动荡和原有秩序的破坏更促使人们在宗教中寻找寄托。这样,奥西里斯崇拜的内容开始具有了伦理道德的因素,产生了"来世审判"思想。"来世审判"思想认为,人如果能在凡尘行善积德,死后就能通过奥西里斯的审判,获得永生,而那些恶者不能通过审判,将永世不得重生。这种思想使得来世对普通人来说也有希望,从而使奥西里斯的影响扩大。

其三,"奥西里斯节日剧"的公开上演,扩大了奥西里斯的影响。举行典礼之际,全体人民,均可热烈参加,欢呼致敬。据希罗多德记载,在布西里斯举行的伊西斯祭,"成千上万的全体男女群众在牺牲式结束后捶胸哀悼"②,这种庆典无疑推动了奥西里斯神的更广泛流行。

此外,人们为了能够通过奥西里斯的审判,争相购买《亡灵书》。由于其体积小,价格便宜,多数埃及人都能买得起。《亡灵书》的盛行对奥西里斯崇拜的发展也起到了推波助澜的作用。

4. 奥西里斯神祭司的独特之处

毫无疑问,随着奥西里斯崇拜的广泛流行,奥西里斯神祭司也相

---

① [法]摩赖:《尼罗河与埃及之文明》,刘麟生译,商务印书馆,1941年版,第146—147页。
② 希罗多德,II,61。

应得到了发展。他们不仅大力宣扬奥西里斯神学及其来世信仰，而且亲自在奥西里斯神话剧中扮演各种角色。虽然没有直接的材料证明，但可以肯定，随着奥西里斯来世信仰的深入民间，奥西里斯神祭司一定获得了人们普遍的尊敬和统治者的尊宠。但似乎奥西里斯神祭司并不像荷鲁斯神、普塔赫神、拉神、阿蒙神的祭司那样，在政治上抱有野心，他们没有刻意追求把自己所崇奉的神——奥西里斯作为国家主神，也没有刻意追求自己在国家政治、经济中的某种特权，而是满足于把奥西里斯神学思想作为大众的普通信仰。在古埃及历史上，荷鲁斯神、普塔赫神、拉神、阿蒙神都曾荣宠过，其祭司都在权力的舞台上扮演过重要角色或对王权产生过不同程度的影响，而奥西里斯神及其祭司却未曾扮演过这种角色。他们似乎疏于政治，也许正是因为这样，奥西里斯并不随着王朝的更迭、法老的兴替而发生变化，恰好相反，随着时光的流逝，当古老的赫里奥波里斯变成一个荒凉的城镇时，当富饶的底比斯仅剩下一片废墟时，奥西里斯和伊西斯的祭礼则变得比从前更广为流传了。从这个意义上来讲，不与政治相连，也是奥西里斯崇拜历久不衰的重要原因。

五、祭司势力的第二个大发展时期

随着第 17 王朝末王卡莫斯之弟阿赫摩斯领导埃及人民获得了民族解放战争的胜利，国家又重新统一，埃及步入了一个新的时代——新王国时期。这一时期，经过法老们的对外征伐，周边国家的财富源源不断地流入埃及，埃及进入了一个前所未有的繁荣时期。与此同时，法老们把对喜克索斯人的民族解放战争的胜利和对周边各国的征服战争的胜利归因于诸神的保佑，特别是底比斯的阿蒙神的保佑，于是，法老们把大量的战利品及其他财富又捐赠给大大小小的神庙，流入神庙的这些财富最终控制在了各级祭司的手中。祭司不仅掌握着大量的经济财富，而且还涉足世俗社会，充当政府高级官员，甚至影响王位继承，成为社会中举足轻重的力量。随着神庙规模的扩大，祭司人数也不断增多。在阿拜多斯墓地，中王国时代很少有祭司和神庙官员被葬在那里；但到了新王国，几乎有25%的墓埋的是祭司。[①]可见，此时期祭司不仅人数众多，而且一定也很富足。生活于图特摩斯四世时代的军队书吏坦涅尼在编制当时埃及的人口和牲畜表时把整个社会的人分成四大类，其中就有祭司，[②]说明埃及人已把祭司作为当时社会的一个独立群体了。我们认为，在新王国时代，祭司不仅是一个独立的社会群体，而且还是一个对当时社会产生极大影响的社会群体。从其自身来讲，新王国时期无疑是古代埃及祭司势力的第二个大发展时期。

（一）第18王朝前期阿蒙祭司势力的逐渐强大

阿赫摩斯重新统一了埃及后，定都底比斯，底比斯的地方神阿蒙随之又成为国家主神，阿蒙祭司迎来了前所未有的发展时期。

1. 阿蒙祭司介入法老继承斗争，逐渐成为左右王位继承的重要力量

只有得到阿蒙神的认可，法老才被认为是合法的。第18王朝女王哈特舍普舒特的神圣出生故事就说明了这一点。这个故事雕刻在戴尔·艾尔·巴哈里（Der el-Bahri）神庙的一系列浮雕上。在这一系列浮雕中，阿蒙与王后阿赫摩斯相对而坐，阿蒙交给王后象征生命的符号，其解释性铭文说："底比斯之主阿蒙·拉扮成（王后）丈夫（即图特摩斯一世）的形象，他发现她在宫中沉睡。神的芬芳之气使她苏

---

① Adolf Erman, *Life in Ancient Egypt*, New York, 1971, p. 293.
② *ARE*, v. II, p. 165, note a.

醒,他径直走向她,她唤醒他的激情。当他来到她面前时,他神圣的形象显现在她眼前,其美丽之状使她欢悦。他的爱传遍她的身体,整个王宫弥漫着神的芬芳,那是来自于蓬特地方的香气。"他们共浴爱河后,阿蒙对王后说:"克尼曼特·阿蒙·哈特舍普舒特将是我女儿的名字,我已把她放进了你的身体中,……她将在全国行使王权。我的灵魂是她的,我的恩惠是她的,我的王冠是她的,以便她可以统治全国……"①接下来的雕刻内容是创造之神克努姆按照阿蒙的指示在陶轮上制造婴儿以及婴儿在众女神的护佑下出生的过程。②婴儿出生后,被呈给阿蒙,阿蒙看到他的女儿,非常高兴,并对她说:"来自我身体的光荣的部分,统治全国的王,将永远坐在王位上。"③这些浮雕情景无非是为了说明,女王哈特舍普舒特作为阿蒙的女儿继承王位的神圣性、合法性。阿蒙祭司无疑是这些故事的策划者或赞同者。这在图特摩斯三世的加冕典礼铭文中表现得更淋漓尽致。铭文描绘了在一次神庙的节日上,神的行进队伍在经过神庙大厅时,神停在了当时是阿蒙祭司的图特摩斯三世④前,图特摩斯三世回忆说:"当神认出我时,他停下了,……我跪拜在神前。但神举起我,我被放在了'王座'(Station of the King)之上。"⑤据 J. H. 布列斯特德解释说,"王座"是圣殿中的一个地方,国王在那里主持规定的国家祭礼,图特摩斯王子被放在"王座"上是公开承认他为国王。⑥可以推想,图特摩斯

---

① *ARE*, v. II, §§195 – 198.
② *ARE*, v. II, §§199 – 207.
③ *ARE*, v. II, §208.
④ 图特摩斯二世死后,其子图特摩斯三世继承了王位,但年龄尚幼,哈特舍普舒特作为他的姑母或异母成了他的摄政王。后来,她又僭取了国王的标志、徽章,成为一位女法老,而图特摩斯三世则进入阿蒙神庙做了一个祭司。
⑤ *ARE*, v. II, §140.
⑥ *ARE*, v. II, p. 61, note b.

王子一定得到了阿蒙祭司的支持，这些情节很可能是他与阿蒙祭司精心安排的。历史事实证明，哈特舍普舒特与图特摩斯三世之间确实发生过争权斗争，为取得合法的王位继承，他们都寻求阿蒙祭司的支持，阿蒙祭司已成为当时社会中有影响的势力群体。

2. 阿蒙祭司经济实力的增强

阿蒙及其祭司对王权的神圣性、合法性的维护起着不可低估的作用，法老则通过伟大的建筑和豪华的祭品来对其表示酬谢。法老不仅重视神庙建设工程，而且给神庙以大量的土地、人口、牲畜等，使神庙形成一个庞大的经济实体。大约在图特摩斯三世在位的第 15－22 年（约 1490－1483 B. C.）的某个时候，图特摩斯三世对卡尔纳克神庙进行了一次修建，在其完工之后，他对朝臣发表演说，要用这座伟大的建筑物和大量的捐赠对阿蒙神选自己为法老继承人表示感谢。①铭文详细介绍了建筑的豪华：阿蒙圣殿用坚硬的沙岩所建，内部用金银合金装饰；三道大门也用金银合金装饰；在圣殿前建立了一个大塔门，一个大门是由新雪松制成，上面镶嵌着贵重的黑铜，等等。②同时还给阿蒙神大量的捐赠。铭文说：陛下命令给他的父亲阿蒙制作新的祭品，包括"30 坛……、100 捆蔬菜、3 坛酒、家禽、水果、白面包、1nd 香草和 1nd 椰枣"③。活的祭品包括公牛、牛犊、瞪羚等若干。④ "陛下还为他制作了一个新花园，以便给他提供蔬菜和各种美丽的花。陛下还另外给予他土地，2800 斯塔特作为神圣祭品的田地；许多在南方和北方的土地……。"⑤此外，陛下又献祭给阿蒙神许多精美的神庙器皿

---

① *ARE*, v. II, §131.
② *ARE*, v. II, §§153－155.
③ *ARE*, v. II, §159.
④ *ARE*, v. II, §160.
⑤ *ARE*, v. II, §161.

和用具，如一个7肘高的金银合金大花瓶，用金银合金装饰一新的祭品桌，两个大坛子，一个用银、金、天青石、孔雀石等贵重材料制成的美丽的竖琴及许多用金银合金和黑铜制成的圣所等。①图特摩斯三世从其统治的第23－42年对亚洲进行了17次远征，掳掠了大量的人口和财物，大都捐献给神庙，尤其是阿蒙神庙。如，他在第一次远征胜利后，赠给阿蒙神庙1578名叙利亚奴隶、4头奶牛、3座城市以及大量的贵重金属和宝石、家禽等。②这样，历代法老对神庙的捐赠使神庙聚积了大量的财富，阿蒙神庙逐渐发展成一个机构庞杂、种类齐全的经济中心。

从一些铭文资料可知，阿蒙神庙不仅有仓库、果园、牲畜、可耕地、金矿，③而且还有金匠、雕刻家、谷物会计等一大批工匠和管理人员。④对于阿蒙神庙财产的管理，此时也落入阿蒙祭司特别是高级祭司的手中。如图特摩斯三世时代阿蒙的高级祭司麦利就兼任阿蒙仓库的监督、阿蒙的管家、阿蒙的金银库监督、阿蒙的牲畜监督、阿蒙的可耕地监督。⑤一个铭文记载了麦利视察神庙牲畜和神庙作坊的事件，铭文说：阿蒙的第一预言家前往阿蒙神圣祭品的牲畜栏，视察努比亚贡来的长角牛、列腾努的长角牲畜以及沙漠中的猎物。……视察阿蒙神庙的作坊以及各种工艺的工作程序，原料是陛下献祭给阿蒙的银、金、天青石、绿松石、青铜、黑铜、生铜。⑥可以推想，阿蒙神庙经济实力的不断膨胀其最大受益者即是阿蒙祭司。

---

① *ARE*, v. II, §§164－165.
② *ARE*, v. II, §§555－559.
③ *EHR*, II, pp. 120－121, 176.
④ *EHR*, III, pp. 298, 322.
⑤ *EHR*, II, pp. 117－118.
⑥ *EHR*, III, p. 271.

此外，铭文还记载有祭司直接占有的土地，如一块题献给图特摩斯四世丧葬服务的界石上记述了国王把一块5阿鲁尔的低平可耕地赏赐给了阿蒙的低级祭司、工匠长卡恩特（Khant）;[1]另一块现存于牛津阿什莫尔博物馆（Ashmolean Museum）的界碑记载了一块属于第一预言家的土地，可惜不知是哪个神的第一预言家，铭文说："土地的东北边界，这块土地被赐予……的第一预言家，在皮尔瓦沃佳（Perwahwedja）地区的5阿鲁尔可耕地。"[2]但这类文献很少，因此我们很难知道祭司本身有多少土地、拥有多少奴仆，但从有这一时期众多的阿蒙祭司墓铭和雕像出土来看，[3]阿蒙祭司无疑是一个富裕的社会群体。

3. 阿蒙神庙祭司在宗教和世俗领域内取得了突破性的进展

法老政府对祭司实行管理的最重要的职位是"上下埃及预言家之监督"，据S.绍涅隆讲，类似的职位从古王国起就设立了，当时叫"所有宗教职位之长"，起先由国王授给王室成员，后来又给了维西尔。该职位旨在确保中央对祭司的控制。但到了古王国末，中央政权瓦解，国家分立割据，地方长官们形成独立王国。于是地方长官们逐渐控制了当地的祭礼，并拥有了"预言家之长"的衔号，神庙的管理则附属于这些地方长官们。埃及重新统一后，为适应全埃及祭礼的管理，又设立了"南北预言家之长"的职位。[4]这个职位也叫"上下埃及预言家之监督"。它起先由世俗贵族尤其是维西尔担任，以保证国王和中央政府对祭司的控制和监督。但到了女王哈特舍普舒特时代，

---

[1] *EHR*, III, p. 301.

[2] *EHR*, III, p. 322.

[3] 如阿蒙的第三预言家卡姆赫尔伊布森（Kaemheryibsen）的墓铭、阿蒙的低级祭司阿蒙霍特普和伊特胡（Ithu）的雕像等，参见 *EHR*, II, pp. 183, 184, 187.

[4] Serge Sauneron, *The Priests of Ancient Egypt*, New York and London, 1960, pp. 180-181.

女王的重臣哈普森涅布（Hapuseneb）第一次拥有了"阿蒙的高级祭司、南北预言家之长"的头衔。①自此以后，"南北预言家之长"（即"上下埃及预言家之监督"）的头衔不再由俗人担任，而改由高级祭司特别是阿蒙高级祭司兼任。如，阿蒙的高级祭司阿蒙涅姆赫特、麦利等都先后担任了这一职位。②这一变化实际上是祭司对世俗政权的一次胜利。阿蒙高级祭司成为整个埃及祭司的领导，以前那些孤立分散的各地祭司现在首次联合在阿蒙高级祭司之下。同时，各地的高级祭司职位也常常被底比斯阿蒙神的祭司成员所担任，如阿蒙的第一预言家同时也是孟斐斯的高级祭司，阿蒙的第二预言家成为赫里奥波里斯的高级祭司，甚至阿蒙神的牛群监督长也成了安霍尔（Anhor）的高级祭司。③

阿蒙祭司不仅成为祭司群体中地位较高者，而且他们还积极涉足世俗领域，尤其是阿蒙高级祭司往往在政府中担任要职。如，哈特舍普舒特女王时代的阿蒙高级祭司哈普森涅布，除了祭司职位外，还担任了维西尔，④第一次集宗教权和行政权于一身，成为权倾一时的人物。再如阿蒙霍特普三世时代的阿蒙高级祭司普塔赫摩斯，除了担任孟斐斯的高级祭司、上下埃及预言家之监督外，还占有维西尔的职位。⑤此外，阿蒙祭司还常常担任国王的掌玺官、王室书吏等职。⑥这样，阿蒙祭司不仅占有大量的物质财富，凌驾于其他地方祭司之上，主宰着神圣领域，更通过担任朝廷要职，成为当时社会中的显要群体。

---

① *ARE*, v.II, §388.
② *EHR*, II, pp. 117, 118.
③ Adolf Erman, *Life in Ancient Egypt*, New York, 1971, p. 295.
④ *ARE*, v.II, §389.
⑤ *EHR*, V, pp. 58－60.
⑥ *EHR*, II, pp. 118－164.

4. 本时期阿蒙祭司势力强大的原因

进入第 18 王朝后，阿蒙祭司逐渐强大，成为有影响的势力群体，并从众多的神的祭司中脱颖而出。我们认为，这主要有以下几方面的原因。

首先，国家的统一为埃及的社会发展提供了良好的环境。这一时期，埃及社会安定、经济繁荣，加之大规模的对外征服，使埃及拥有了大量的财富，法老们有能力去从事神庙建设活动，这是与那些内忧外患不断的动乱时期截然不同之处。

其次，第 18 王朝创建于底比斯，为阿蒙祭司势力的发展提供了良好的条件。底比斯的地方神随着国家的统一，从地方性的神上升为国家神，阿蒙神成为国王的保护神。阿蒙祭司牢牢抓住了这个机会，不断地完善自己的神学体系，以适应当时形势的发展。随着国家疆域的扩大，阿蒙祭司把太阳神的特点吸收到了阿蒙神中，使先前概念很窄的神变成一个普遍的神，它不仅是埃及自己的神，而且还是全人类的创造者，一首献给阿蒙的赞美诗写道："你是阿图姆，人类的创造者，你区分他们的种族，给予他们生命，你使他们肤色互不相同。"①阿蒙祭司不仅宣布阿蒙是宇宙的创造神，而且还宣布阿蒙无父无母，自己创造而生，底比斯是整个世界的出生地，在那里阿蒙神创造了年月，规定了白天黑夜，②阿蒙神从而成为宇宙的主宰。国王不仅在战斗中需要阿蒙的保护，③而且还向阿蒙神请求神谕。如，有一个铭文记载了这样一件事：一次，当图特摩斯四世正忙于底比斯神庙的典礼时，收到了一条瓦瓦特地方发生反叛的消息，第二天早上，国王单独前往阿蒙

---

① *ANET*, p. 366.
② Barbara Watterson, *The Gods of Ancient Egypt*, London, 1984, p. 141.
③ *ARE*, v. II, §425.

神庙向神询问，铭文写道：

> 国王给神献祭大量的祭品，看，陛下亲自恳求阿蒙神的出现，以便他能向他咨询将要发生的战事，……并且想知道结果如何。阿蒙神给他指出了一条好的路，……就像一个父亲对儿子讲的一样，……陛下从那里出来，心中充满喜悦……（因为）阿蒙送给他力量和胜利。①

铭文说，阿蒙预言国王平叛一定能成功。这当然是阿蒙祭司在操纵。

此外，阿蒙还能赐予法老以奇迹，如阿蒙霍特普三世在给阿蒙制作了精美的纪念物后，阿蒙表示感谢，他说：

> 我把脸转向南方，以便我能给你一个奇迹，使可恶的库什之长们背着贡物前来。我把脸转向北方，以便我能给你一个奇迹，使远至亚洲之北的国家们带着贡物前来，他们带着孩子们前来，乞求你给予他们生命。我把脸转向西方，以便我能给你一个奇迹，使你抓住田赫努（Tjehenu），不留一个，他们以陛下的名义建造堡垒，围着坚固的御墙，直达天空，并用努比亚首长们的孩子们去充实它。我把脸转向东方，以便我能给你一个奇迹，使蓬特国家的人们前来，带着他们国家每种令人愉快的植物，以便从你那里乞求和平和你给予他们以生命。②

这些话语无疑是阿蒙祭司所为，而法老也乐于接受这一切。法老是想通过阿蒙祭司神化王权，以达到巩固自己政权的目的，因而用大量的财物充实神庙，这使阿蒙祭司变成一个富足的社会群体；而阿蒙

---

① ARE, v.II, §827.
② EHR, IV, p.4.

祭司为了从法老那里获取更多的好处，也乐于承担这一切。但当阿蒙祭司确实发展起来时，必然与王权产生矛盾；同时，阿蒙祭司的发展及其威势必然引起其他地方特别是古老的赫里奥波里斯和孟斐斯祭司的不满和忌妒，尤其是阿蒙祭司凭借对赫里奥波里斯拉神的同化，使阿蒙神获得了诸神之王的地位而把拉神及其祭司撇在一边，使拉神祭司大为不满。这样，在阿蒙祭司势力逐渐强大的同时，它与法老以及其他祭司特别是拉神祭司的矛盾也日渐显露。

（二）拉神祭司与阿蒙祭司的矛盾以及法老对阿蒙祭司的抵制和打击

1. 拉神祭司与阿蒙祭司的矛盾

拉神祭司在古王国时代就获得了很高的地位，拉神自第 5 王朝就成为国家的主神。但自进入第 18 王朝以来，资历很浅的地方性的阿蒙神及其祭司倍受尊宠，尤其是阿蒙祭司在政治、经济等方面的突出地位一定引起了老资格的拉神祭司们的忌妒。更令拉神祭司不满的是，阿蒙祭司们利用拉神，把它纳入阿蒙神学体系当中，形成复合神阿蒙·拉，把阿蒙·拉变成诸神之王、世界之神，由此阿蒙神成功地取得了国家主神的地位，同时阿蒙神也成为王位的给予者。但阿蒙神毕竟不是拉神，王位的授予本来是拉神的事，法老本来是拉神之子和拉神在地上的体现，而这一切现在则被阿蒙神剥夺了。特别是自从阿蒙高级祭司担任了"上下埃及预言家之监督"以来，他成了全埃及所有祭司的领导，阿蒙祭司成员还担任其他各地方神的高级祭司。如，存于都灵博物馆的一个雕像铭文显示，阿蒙霍特普三世时的阿蒙第二预言家阿蒙阿能（Amenanen）就兼任了赫里奥波里斯拉神的高级祭司，①拉神祭司明显处于阿蒙高级祭司控制之下，由此拉神祭司对阿蒙祭司的不满是可想而知的。虽然我们没有双方直接交锋的文献资料，很难描述其详细情况。但有一个铭文可以从侧面说明拉神祭司力图恢复自己应有的地位，这就是斯芬克斯石碑。该石碑是图特摩斯四世的还愿石碑，碑铭描绘了图特摩斯四世还是王子时一次打猎的奇遇。一天中午，当他躺在伟大的斯芬克斯像下休息时，做了一个梦，梦见太阳神许诺：如果王子清扫去他的雕像（即斯芬克斯像）上的尘土的话，他则给予他王位。铭文这样说：

> 看着我，我的儿子图特摩斯。我是你的父亲 Harmakhis-Khepri-Re-Atum，我将给你我在地上的王国。你将戴上白冠和红冠。所有太阳能照射到的土地都是你的。上下埃及的食物是你的，所有国家的贡物是你的，你统治的时间很长。我的脸是你的，我的心向着你。你对于我是一个保护者。因为我正为我的身体烦恼……②沙漠的沙子已经够到了我；来到我这里，做我希望的事，要明白你是我的儿子，我的保护者；过来，看，我和你在一起，我是你的领导。③

当神讲完后，年轻的王子醒了。这个故事很可能是太阳神祭司编

---

① 见 Adolf Erman, *Life in Ancient Egypt*, New York, 1971, p.297 的插图。另，有的资料表明，该人是阿蒙霍特普三世王后泰伊的兄弟，其衔号为"阿蒙的第二预言家"、"拉·阿图姆的高级祭司"以及"属于卡尔纳克神庙的 Setem-priest"；在布鲁塞尔的一件雕像残片上他还被与阿蒙的其他预言家一起提到。详细参见 Cyril Aldred, The End of the El-Amarna Period, *JEA* 43（1957），p.32。
② 这里铭文残缺，联系上下文，文意可能是说自己身上即雕像上布满沙子，为此而感到烦恼，想让年轻的王子把它清扫掉。
③ *ARE*, v.II, §815.

造出来的，正如 J. H. 布列斯特德所说："很显然，祭司们正在力求通过这些故事来加强斯芬克斯的声望。"①其目的当然是祭司想通过太阳神声望的加强来提高自己的地位。生活在阿蒙霍特普三世时期的大官阿蒙霍特普则直接把国王说成是太阳神，是阿图姆的继承人。②另外，据我们查阅，在阿蒙霍特普二世以前，国王的衔号中从未有阿图姆，但从阿蒙霍特普二世开始，阿图姆在国王的衔号中屡见。如阿蒙霍特普二世的一个衔号为"Horus：Might Bull, Great of Strength；……Part of Atum"③，另一个为"Golden Horus：Seizing by his Might in all Lands, Good God, Likeness of Re, Splendid Emanation of Atum"④；在图特摩斯四世时更为频繁，如"Ending – in – kingship – like – Atum"⑤；"Live the Good God, son of Atum"⑥；"who praises Atum in the morning – barque"⑦ 等。阿蒙霍特普三世还把一次远征努比亚的胜利归因为阿蒙·阿图姆的领导，并按照阿蒙·阿图姆的命令屠杀了被俘者。⑧有学者认为，在这里阿图姆取得了与阿蒙同样重要的位置。⑨

总之，我们明显地感觉到太阳神祭司越来越不甘于所失去的地位和对王权的影响，他们进行着种种努力和尝试。与此同时，渐渐强大起来的阿蒙祭司愈来愈成为王权的威胁，为了巩固自己的统治，法老们采取了一系列政策，对阿蒙祭司进行了抵制和打击。

---

① *ARE*, v. II, §811.
② *ARE*, v. II, §917.
③ *ARE*, v. II, §782.
④ *ARE*, v. II, §804.
⑤ *ARE*, v. II, §812.
⑥ *ARE*, v. II, §812.
⑦ *ARE*, v. II, §832.
⑧ *ARE*, v. II, §853.
⑨ Arthur Weigall, *The Life and Times of Akhnaton, Pharaoh of Egypt*, London, 1922, p. 33.

2. 法老对阿蒙祭司的抵制和打击

古代埃及政治的显著特点,是王权与神权的紧密结合,代表王权的法老与代表神权的祭司往往结成联盟,相互利用。法老利用祭司来维护、神化王权,祭司则利用王权来为自己谋求政治、经济上的利益。在一定范围内,双方还能相安无事。但随着祭司队伍的扩大,经济实力的增强,以及参与世俗事务的频繁,他们渐渐危及王权。这时,双方则变成了相互损益的两极。第18王朝中后期的情况正是如此。这一时期,祭司特别是阿蒙神庙祭司经过帝国初年历代法老的赠赐,经济实力迅速膨胀,他们在政治上也不再甘心作为法老的附庸,正如J. H. 布列斯特德所说:"随着神庙财富的增加,祭司变成了专业职位,不再仅是一个由俗人占有的像古王国、中王国时期那样的临时职位,祭司在数量上增多了,获得了更多的政治权力。"[1]尤其是阿蒙神庙高级祭司,不仅攫取了"南北预言家之长"的职位,而且还常常担任维西尔,势大权重,严重威胁着君主专制统治。因此,法老们采取了一些措施来抑制阿蒙祭司的势力,以图能摆脱那"压在王位上的祭司们的手"。[2]

首先是在"上下埃及预言家"这一职位的人选上,尽量避免让阿蒙高级祭司担任。图特摩斯四世时这一职位被授予军队书吏霍连姆赫布,[3]阿蒙霍特普三世把它先后授予了普塔赫高级祭司图特摩斯和拉莫斯,[4]这无疑大大抑制了阿蒙祭司的势力。正如有的学者说,"这是减

---

[1] J. H. Breasted, *A History of Egypt*, New York, 1946, p. 247.
[2] 布列斯特德语,见J. H. Breasted, *A History of Egypt*, New York, 1946, p. 362。
[3] *EHR*, III, p. 290.
[4] *EHR*, V, p. 6.

小阿蒙祭司力量的一种努力"①。但详细情况不得而知,可能双方争夺得很激烈,因为霍连姆赫布之后,阿蒙高级祭司普塔赫摩斯又担任了这一职务,再后来才落入了图特摩斯和拉莫斯手中。

其次,对维西尔这一职位,自女王哈特舍普舒特重臣哈普森涅布以来,一直大都由阿蒙高级祭司担任,但在阿蒙霍特普三世统治晚期,发生了变化,等维西尔普塔赫摩斯(也是当时阿蒙的高级祭司)去世后,接替他的不再是阿蒙神庙的高级祭司了,而是前文所说的拉莫斯,铭文显示,他的衔号有"世袭王子、大公……;真理的执行者,欺骗的憎恨者,……掌玺官,各种纪念工程之长,南北预言家之长,维西尔,公正的法官;唯一王友,靠近国王者,两地之主喜欢他,因为他突出的特点,他进入王宫,出来的时候带着国王的恩惠,他是一个国王满意的人"等,②由此不难看出,拉莫斯深受国王的喜爱,是忠实于国王的人,因而得到重用。这对经常担任维西尔这个职位的阿蒙高级祭司无疑是一个打击。

以上这些措施可能暂时压制了阿蒙祭司的势力,但并没有摧毁其基础,阿蒙神庙依然繁荣,阿蒙神在思想领域仍占主导地位。为了彻底改变这种状况,必须从思想领域上动手,降低阿蒙神乃至清除阿蒙神的威信与势力,以使阿蒙祭司失去其赖以影响社会特别是王室的基础。正是基于这种考虑,第18王朝中后期,法老们在这个方面用力较多,不仅通过尊宠其他祭司特别是赫里奥波里斯祭司来对抗阿蒙祭司,而且还推出一个古老的神阿吞来取代阿蒙神,彻底与阿蒙祭司决裂,从而维护和巩固自己的王权。

---

① Davil O'connor and Eric H. Cline, ed., *Amenhotep III*: *perspectives on his reign*, University of Michigan Press, 1998, p. 211.
② *ARE*, v. II, §936.

3. 法老与阿蒙祭司的决裂——阿吞崇拜的兴盛

（1）阿蒙霍特普四世之前阿吞崇拜的兴起与发展

"Aten"（即"太阳圆盘"，译为阿吞）的起源，由于资料缺乏，现已无法确考，但这个词至少从中王国起即已被使用了。如在中王国著名的《辛努海的故事》（the Story of Sinuhe）中，有这样的句子：法老临终时被描写成"与太阳结合为一体"（being united with the sun）；辛努海在给法老的信中写道："太阳在您快乐时升起"（the sun rises at your pleasure）。在这两个例子中，用作"太阳"的这个词是"Aten"而非通常的"Re"。辛努海故事的主要材料，柏林纸草10499号，是把"Aten"这个词作为神的标记的第一个例子；另一个材料，在牛津阿什莫尔博物馆的一件岩片上，是把该词作为神的标记的第二个例子。因此，可以肯定，至少在中王国时代埃及就有了一个叫"Aten"的太阳神了[1]。

在新王国时代，大量的材料显示，18王朝早期的法老就已经与阿吞有了联系[2]。如在努比亚托姆波斯（Tombos）地方的图特摩斯一世（Thutmose I）的神庙中，他被画成戴着太阳圆盘的形象，旁边注着象形文字"神"的符号[3]。在哈特舍普舒特（Hatshepsut）女王时期的文献中，也屡见"阿吞"这个词。如她在卡尔纳克（Karnak）阿蒙神庙的方尖碑，碑身西边铭文说她为父亲阿蒙制作的这个纪念碑，用精美的金银合金制成，"它们像阿吞一样照亮了全国"；碑身南边铭文说："九联神抚育她成为阿吞光照之地的女主人"；碑基铭文说，方尖碑的

---

[1] 参见 Barbara Watterson, *The Gods of Ancient Egypt*, London, 1984, p. 151。
[2] 也有的学者认为，"阿吞作为一个太阳神，体现为国王最早出现于中王国时期"，参见 *EHR*, IV, p. 89, note 20。
[3] *British Museum Dictionary of Ancient Egypt*, British Museum Press, 1995, p. 44.

<<< 第二章 古代埃及祭司势力的演化和发展

上部由金银合金制成,在河的两岸都能看到,"当阿吞从天空升起,出现在它们之间时,它们的光普照全国"①。

图特摩斯四世时期,阿吞受到了王室的尊宠。如,此时期发行的一个圣甲虫铭文写道:"当孟·克赫普鲁·勒(即图特摩斯四世)从他的王宫中出来时,带着自己贡物的纳哈林(叙利亚的一个地方)王子们前去拜见他。他们倾听他犹如努特神(古代埃及的天神)之子一样的声音,他犹如苏神(古代埃及的空气神)的继承者之子一样,手持弓箭。如果他奋起战斗,有阿吞神在他前面指引,毁灭山岳,踏平外邦……"②,这可能是纪念图特摩斯四世一次远征叙利亚巴勒斯坦的胜利,法老把这次胜利归功于阿吞神的指引。

在阿蒙霍特普三世时期,阿吞更进一步受到王室的尊宠,这个词的使用也变得频繁起来。如在阿蒙霍特普三世的丧葬神庙石碑铭文中谈到,由于神庙制作精美,其光辉熠熠闪光,就像黎明升起的阿吞一样;谈到为其父阿蒙·拉制作的驳船时,由于制作精美,船在水中闪闪发光,也像阿吞在天空中升起时一样③。卡尔纳克的大圣甲虫铭文载,阿蒙霍特普三世向太阳神献完祭酒后,太阳神对他说:"你是我的儿子,我已给你生命、稳定与领土,以便你长久拥有,因为你是太阳圆盘(即阿吞)普照万物的主人。"④ 马哈塔(Mahatta)岩石铭文记载,阿蒙霍特普三世击杀亚洲人后,阿蒙对他说:"……我是你的父亲,你的父亲阿蒙·拉给你以力量,在天空中拉的权力是你的,你

---

① AEL, v. II, pp. 25 – 27.
② Alan W. Shorter, Historical Scarabs of Tutmosis IV and Amenophis III, JEA, v. 17 (1931), p. 23.
③ AEL, v. II, pp. 44 – 45.
④ EHR, IV, p. 44.

的寿命就像天空中的太阳圆盘一样"①等,均说明太阳圆盘(即阿吞)这个词使用之频繁。尤其是阿蒙霍特普三世本人,似乎对阿吞情有独钟。他自己的一个名字叫"泰肯·阿吞"(Tekhen - Aten)②;他的一个王宫叫"阿吞的光辉"③;他的一支军队叫"闪光的阿吞"④,他还与其王后泰伊(Tiye)乘一艘名为"阿吞的闪光"号驳船泛舟于"欢乐湖"上⑤;他还曾在底比斯修建了一座阿吞神庙⑥等。同时,阿吞神在当时的大臣中也颇受欢迎,被认为是太阳神可看得见的形式,如当时的阿蒙各种工程长苏提和霍尔两兄弟在其给太阳神的两首赞歌中写道:"啊,白天的阿吞,万物的创造者,……你使寒暑交替,你既能使人身体憔悴,亦能使其复原,全国都崇拜你"⑦,给了阿吞神一个突出的地位。

总之,这一时期,阿吞神以太阳神的一个形式慢慢崛起,阿吞崇拜逐渐兴盛,尤其受到王室特别是阿蒙霍特普三世的尊宠,但当时国家主神仍是阿蒙,阿吞神还未发展到足够取代阿蒙神的地步,不过,其趋势已非常明显,这个任务的最后完成则由阿蒙霍特普三世之子阿蒙霍特普四世来实现。

(2)阿蒙霍特普四世时期阿吞崇拜的独尊

阿吞通常被画成一个隼头人形、最上方是一个太阳圆盘的形状,类似于拉·哈拉赫提(Re-Harakhty,即太阳神),大概因为这个原因,阿蒙霍特普四世即位初,便提出崇拜太阳神拉·哈拉赫提,并自任该

---

① *EHR*, IV, p. 8.
② Barbara Watterson, *The Gods of Ancient Egypt*, London, 1984, p. 151.
③ 见西底比斯王宫监工 Nefer - Sekheru 的墓铭,*EHR*, V, p. 43。
④ 见旗手 Kamose 的小雕像铭文,*EHR*, V, p. 63。
⑤ 此见于阿蒙霍特普三世的一个纪念性圣甲虫铭文中,*ARE*, v. II, §869.
⑥ 周启迪《古代埃及史》,北京师范大学出版社,1994年版,第274页。
⑦ 见 Suti 和 Hor 兄弟石碑铭文,*EHR*, V, p. 72。

神的高级祭司。据塞勒塞拉（Silsileh）采石场铭文载，他还在底比斯为其建造了一座名为"Heat-Which-Is-In-Aton"的大圣殿①。后来，阿吞的形象又被描绘成一个太阳圆盘，射出许多光辉，每条光辉末端为一只手，并且手中举着象征给予生命的安柯（ankh）符号（♀）。维西尔拉莫斯（Ramose）墓中的一处浮雕表明，在首都底比斯，阿蒙霍特普四世还为阿吞神修建了一座名为"Aton-Is-Found-In-The-House-Of-Aton"的神庙②。卡尔纳克神庙的一份财产清单，还详细列出了阿吞神庙的财产，其中铭文 A 说：仆人约 6800 个，此外还有王室亚麻布（royal linen）、缠腰布（loincloths）、束腰外衣（tunics）等，因残缺，其数目已不可知；铭文 B 则谈到了阿吞神庙的羊群监工，还提到有蜂蜜（数目缺）、大白面包 26600 份、Sermet-Brew（一种甜饮料）290 罐，此外，还有鹅、小麦、银子、青铜等，但数目已残缺。说明阿吞神庙财力的增强。接着列举了可能是负责清点财产的官员及机构，其中官员有阿吞神庙的高级祭司、白山羊监工、祭品仓库书吏、财库监工，机构有仓库书吏办公室、农民监工办公室等，可见阿吞神庙机构之庞大。③

此后，阿蒙霍特普四世采取了断然措施，不仅宣布阿吞为诸神之长，而且还宣布它是唯一的神，不仅阿蒙神庙被关闭，其祭司职位被剥夺，其名字和雕像也被凿离纪念碑，而且"gods"这个词也被抹去了，还把自己的名字从阿蒙霍特普四世（意为阿蒙满意的）改为埃赫那吞（Akhenaten，意为阿吞的光辉）。为了与旧信仰彻底决裂，在其统治的第 6 年（即公元前 1374 年），埃赫那吞把首都迁往阿玛纳

---

① *ARE*, v. II, §§ 932-935.
② *ARE*, v. II, §§ 941-942.
③ *EHR*, VI, pp. 15-16.

(Tell El-Amarna)。这是一块大约3英里宽、5英里长的半圆形平原，位于现代开罗以南160英里、尼罗河东岸，在这个平原上，他建造了一座新都，叫埃赫塔吞（Akhetaten，意为阿吞的视界），同时表示自己要终身留在这里①。在这块纯洁、没有被其他神玷污的土地上，埃赫那吞致力于对阿吞的崇拜。至于对阿吞崇拜到何种程度，可以从当时朝臣们墓中的浮雕和铭文中反映出来。这些材料一方面说明阿吞崇拜影响臣民的范围之广，另一方面也说明阿吞崇拜确实对臣民们的期望和实践产生了深刻的影响。

关于前者，铭文记载较多，警察官员、后宫监工、法老侍从、主任医生、神庙官员等都是阿吞神的忠实追随者，并因此得到法老的恩宠②；同时，很可能阿吞崇拜得到了外邦的认可，据铭文载，在埃赫那吞统治的第12年（即公元前1368年），为求得和平和生存，所有外国诸长们来到埃赫塔吞呈献贡物于埃及法老③。

关于后者，臣民们不再向古老的丧葬神阿努毕斯（Anubis）祈求保护，也不再希望在奥西里斯（Osiris）前通过审判。他们热切期望能被赐予在埃赫塔吞的山上埋葬，他们称埃赫塔吞为"神圣之地"（the blessed place）④、"最喜爱的地方"（the place of the favorite）⑤。如埃伊（Eye）在墓铭中为自己祈祷说："赐予我长寿，赐予我一个好的埋葬，由国王命令埋在埃赫塔吞的山上，当你（指埃赫那吞——引者注）为你的父亲、活着的阿吞在圣殿中做仪式时，我可以听见你甜美的声

---

① 关于该城四至的划定过程，详见阿玛纳界标铭文，ARE, v. Ⅱ, §§949-968.
② EHR, Ⅵ, pp. 19-26.
③ 见 Meryre 和 Huya 的墓铭，EHR, Ⅵ, pp. 20, 21。
④ 见于 Ay 的墓铭，AEL, v. Ⅱ, p. 95。
⑤ 见于 Eye 及 Mai 的墓铭，ARE, v. Ⅱ, §§994, 1003。

音"①；在马伊（Mai）、阿赫摩斯（Ahmose）以及图图（Tutu）的墓铭中也有类似的记载②，这说明阿吞崇拜确实对他们的宗教实践产生了深刻影响，他们也从一定程度上抛弃了旧的传统信仰。

此外，图坦阿蒙（Tutankhamon）的石碑铭文也可以从侧面说明这个问题。铭文在叙述他继位前的状况说："从埃烈芳亭到三角洲的沼泽地（意即从南到北），诸神的神庙都已成废墟，其圣殿已塌坏，变成了碎石丘，长满杂草，好像圣殿从来不存在一样，它们的神庙变成了人行道，大地处于灾难之中，诸神抛弃了这块土地。如果军队被派往国外去扩展埃及的疆界，他们将不会成功；如果有人向神祈祷以求得好的建议给他，则诸神不会到来"③，可见，阿吞确实已取代了诸神，成了埃及国家的主神，阿吞崇拜达到了独尊。

4. 埃赫那吞宗教改革的失败与阿蒙祭司势力的恢复

埃赫那吞的宗教改革实质上是王权与阿蒙祭司矛盾激化的产物。虽然埃赫那吞通过行政命令和个人恩惠推行阿吞崇拜，特别是禁止阿蒙神的崇拜，独尊阿吞神，大大打击了阿蒙祭司的势力，但最终还是没能逃出失败的命运。究其原因主要有以下几方面。

首先，为了推行阿吞崇拜，除了建设新都，在新都建设豪华的阿吞神庙外，还在埃及各地兴建阿吞神庙，④甚至还在努比亚、叙利亚兴建，⑤这消耗了大量的人力和物力。同时，由于忙于国内事务而疏于对外征伐，大大减少了财富的来源，致使国库空虚，埃及从一个国际强

---

① *ARE*, v. II, §994.
② *ARE*, v. II, §§1003、1008, 1013.
③ *EHR*, VI, p.31.
④ 如在赫尔孟提斯（Hermonths）、赫里奥波里斯、赫尔摩波里斯、孟斐斯、法尤姆及三角洲等地均有阿吞神庙修建，参见 Arthur Weigall, *The Life and Times of Akhnaton, Pharaoh of Egypt*, London, 1922, pp.166–167。
⑤ J. H. Breasted, *A History of Egypt*, New York, 1946, p.364.

国的位子上掉了下来。法老的一心安于和平的政策，必然引起军队阶层的不满，而经济不振必然引起社会扰动。也有学者说，"在社会动荡不安的形势下，阿蒙集团的僧侣减少麦种的分配量，提高麦种价格，妨碍国家的粮食供应，扩大社会上的不满情绪，继而巧妙地利用忠实于阿蒙的人们发动了叛乱"①。

其次，改革不仅打击阿蒙祭司，而且后来还打击其他神的祭司，把他们推向了阿蒙祭司一方，使他们结成联盟，共同对付王权。有学者认为，由于祭司职位已不纯粹是一个宗教职位，它能给占有者带来好处，因而可能有许多阿蒙祭司改换门庭服务于阿吞。②这个情况可能是事实，因为当时有许多新建立的阿吞神庙需要人服务。但也不可否认，这仅仅是权宜之计，一旦时机成熟，他们便又会回到阿蒙祭司的行列。因此，从总体上来看，祭司不仅团结起来一致反对改革，而且阿吞一方也有阿蒙祭司潜在的同盟者。另外，对阿吞神的崇拜并未引起广大人民的兴趣，因为这个神对于他们是那么地遥远。正如 J. H. 布列斯特德所说，阿吞信仰实际上仅仅局限在朝廷的小圈子里，"它从未真正变成人民的宗教"③，广大人民向往的还是奥西里斯的神圣王国，因而，改革缺乏广泛的群众基础。由此看来，改革失败乃情势使然。

埃赫那吞死后不久，其共治者斯门卡拉（Smenkhare）也死去了。他的第二个继承者图坦阿吞（Tutankhaten）继承了王位，新的首都被放弃，国王宫廷迁回底比斯；国王改名为图坦阿蒙（Tutankhamon，意

---

① 酒井傅六译，王家の谷（O. Neubart，Tut-Ench-Amun），法政大学出版局，1983 年，第 163 页。转引自刘文鹏《古代埃及史》，商务印书馆，2000 年版，第 457 页。
② J. Tyldesley, *Nefertiti: Egypt's Sun Queen*, Viking, 1998, pp. 74–75.
③ J. H. Breasted, *A History of Egypt*, New York, 1946, p. 390.

为阿蒙的活雕像),公开承认自己是阿蒙神的皈依者,还为阿蒙神塑造金身,赠给阿蒙神庙大量黄金白银、男女奴隶。① 一石碑铭文详细记录了图坦阿蒙即位后采取果断措施,恢复旧神崇拜。铭文说:

> 他恢复了被荒废的神庙,废止了遍及全国的坏事(指对旧神崇拜的破坏——引者注),……为其父亲阿蒙塑造了真正的金银合金大雕像,并在抬圣殿的杆子上塑造了其父亲阿蒙的画像,神圣雕像精制而成;对于孟斐斯之主普塔赫亦如此对待。为诸神塑雕像、建圣殿,赠予其所需,增加其财富胜过其先辈们……扩大祭坛,用男女奴隶及陛下捕获的东西充实其仓库,用各种好东西装扮神庙……用黎巴嫩的新松木制造诸神驳船,并用王宫中的男女奴隶、歌者和舞者献祭,其酬资被记在王宫和国库的账上。②

在图坦阿蒙短暂的9年(1361－1352 B.C.)统治中,他一直致力于恢复整个埃及旧神的神庙,尤其是在底比斯的神庙。因而有学者称他是一个"花费其生命制作诸神雕像"的国王。③

后来在阿蒙祭司拥戴下登上王位的军队首脑霍连姆赫布(Harmhab),不仅彻底恢复了阿蒙神庙,恢复了阿蒙祭司先前的财富和权力,从一切纪念物上抹去了埃赫那吞及其几个继承者的名字,自认为自己是阿蒙霍特普三世的直接继承者,而且阿吞神庙亦被拆毁,其建筑材料被用去修建阿蒙神庙。其《加冕典礼铭文》详细叙述了他对旧神庙的恢复,铭文说:

> 陛下……恢复从三角洲到努比亚的神庙,他塑造雕像,在数

---

① *ANET*, pp. 251－252.
② *EHR*, Ⅵ, pp. 31－32.
③ Barbara Watterson, *The Gods of Ancient Egypt*, London, 1984, p. 156.

量上超过以前,增加其漂亮,当拉看到这些的时候,它欢呼,因为这些在早先已被破坏。他按其形状,并用精美石料塑造了100个雕像,在全国范围内为诸神划定辖区,为它们提供每天的祭品,神庙的所有器具都由金银制成,他给它们配备祭司、仪式祭司以及军队之精选者,他转让土地和牲畜以供应神庙。①

此外,霍连姆赫布把对外战争的胜利也归功于阿蒙神,并把战利品大量地献给阿蒙等旧神。②这样阿蒙祭司又恢复了它原来的地位。祭司们甚至不允许人们讲"埃赫那吞"这个名字。在霍连姆赫布统治末期,官方文件中埃赫那吞被视为"罪人"。③法老与祭司在这一轮的较量中,以阿蒙祭司的最终胜利而结束。

(三)拉美西斯时代祭司势力的发展

拉美西斯时代即古埃及史上的第19-20王朝,这一时期埃及祭司尤其是阿蒙祭司的发展取得了质的飞跃。他们通过对国家经济的控制,觊觎政治上更多的特权,逐渐控制了上埃及,形成以底比斯为中心的国中之国,阿蒙祭司最终达到了权力的巅峰。但法老们并不是一味地任由祭司特别是阿蒙祭司势力的发展,他们也采取了一系列措施。但由于拉美西斯三世以后法老们统治的软弱,终未能抵挡住阿蒙祭司的昌盛。

1. 第19王朝法老的"牵制战略"和非阿蒙神祭司地位的提高

经过了埃赫那吞的宗教改革,阿蒙祭司并没有削弱其影响。相反,改革遭到了失败的命运,王权仍然要求助于祭司,阿蒙祭司比以前更

---

① ARE, v. III, §31.
② ARE, v. III, §§34-44.
③ Arthur Weigall, The Life and Times of Akhnaton, Pharaoh of Egypt, London, 1922, p. 244.

为强大。埃赫那吞改革的经验昭示,如果以彻底割断与传统祭司的联系来达到加强王权的目的,那么王权不仅得不到加强,反而会遭到覆灭的命运。"前车之鉴,后事之师",第 19 王朝的法老们深刻地认识到了这一点。但他们又不甘心屈服于阿蒙祭司,为此,他们在恩惠底比斯阿蒙祭司的同时,又大力扶植赫里奥波里斯拉神、孟斐斯普塔赫神、阿拜多斯的奥西里斯神及三角洲的塞特神,提高其祭司的地位,使其互相牵制,特别是以对抗底比斯的阿蒙祭司,从而达到加强王权的目的,我们把这个政策称之为"牵制战略"。与此相应的是非阿蒙神的祭司地位在这一时期得到了很大提高。

第 18 王朝晚期,法老们疏于对外征伐,埃及国际地位日渐下降,北部边境常常遭到骚扰。第 19 王朝的法老们为了巩固北部边境,经常驻留在下埃及。如,为了对付利比亚人,塞提一世在其统治的整个第二年都待在三角洲。①拉美西斯二世则干脆在三角洲东部建了一座新都——培尔·拉美西斯(Per-Ramses),把它作为政府所在地,②自此以后,该地一直成为拉美西斯诸王的行政中心。N. 格瑞迈尔指出,拉美西斯二世把该地作为首都,不单纯是外交上的原因,更重要的是它可以使国王远离底比斯,并加强王族与赫里奥波里斯和孟斐斯的联系。③拉美西斯二世还毫不犹豫地安排他的两个儿子麦利图姆(Merytum)和卡姆阿斯特(Khamuast)分别担任拉神和普塔赫神的高级祭司。④他还任命阿拜多斯地区提尼斯地方战神奥努里斯(Onuris)和登德拉赫地方哈托尔女神第一预言家涅布涅弗(Nebunnef)为底比斯阿

---

① *ARE*, v. III, §82.2.
② J. H. Breasted, *A History of Egypt*, New York, 1946, pp. 442–443.
③ N. Grimal, *A History of Egypt*, Blackwell, 1992, p. 261.
④ Serge Saunerson, *The Priests of Ancient Egypt*, New York and London, 1960, p. 183.

蒙的第一预言家，尽管是在得到阿蒙的神谕的情况下才这么做的，①但这无疑是对阿蒙祭司的一种牵制。此外，法老们还在赫里奥波里斯和孟斐斯修建神庙以增强阿蒙祭司对手的实力。如，拉美西斯二世在孟斐斯给普塔赫建造了神庙，并配备了神庙基金。他说：

> 我已扩大在孟斐斯你（即普塔赫）的房子，用珍贵的石头制成。在北面我给你建造了前院……，它们的门像天空的地平线一样，甚至陌生人都赞扬它。我制作了你的雕像，放在圣殿中伟大的王座上。……它（即神庙）配备了祭司、预言家、农民·奴隶、土地和牲畜。（我）制作了包括各种东西的无数的祭品，按照你的要求，我已庆祝你伟大的节日。按你的愿望，各种祭品被带给你：公牛、牲畜无数。各种祭品的数目上百万；至于其高度，直达天空，天上的居住者已收到了它。②

可见，法老对古老的宗教中心也重视起来了。很可能孟斐斯的普塔赫祭司这时发展起来了，普塔赫神对王权产生了重大影响。如，拉美西斯二世现在是普塔赫与王后所生，是普塔赫赋予国王幸福、智慧、权力、各种财富及长寿与繁荣；③面对利比亚与海上民族的联合入侵，尽管法老麦尔涅普塔赫在出征前得到了阿蒙神的赞同，但在梦中是普塔赫给他勇力，并把剑伸给他说："消除你心中的害怕与恐惧"④，这样，普塔赫神分享了阿蒙神的某些权利，阿蒙祭司遇到了强劲的对手。他们都想对王权产生影响，都想从法老那里得到更多的利益，二者必然产生矛盾，这正是法老们想看到的。但因史料缺乏，无法作更进一

---

① A. Moret, *The Nile and Egyptian Civilization*, London, 1927, p.334.
② *ARE*, v.III, §§412–413.
③ *ARE*, v.III, §§400–408.
④ *ARE*, v.III, §§579–582.

第二章 古代埃及祭司势力的演化和发展

步了解。

　　除了对普塔赫的重视外，法老们还对三角洲的塞特神倍加青睐。拉美西斯家族发源于三角洲，对塞特神向来存有好感，拉美西斯一世、塞提一世在即位前都曾担任过塞特神的高级祭司，① 塞提一世的出生名为塞提麦尔涅普塔赫（Seti – Merneptah），意为"他是塞特神和普塔神的最爱"，塞特的名字开始成为法老名字的组成部分。② 拉美西斯二世定都培尔·拉美西斯后，塞特更成为王都的保护神。拉美西斯二世还命令他的一位官员制作了一块石碑树立在塔尼斯，碑上浮雕描绘了拉美西斯二世向塞特神献酒的图景。③他们的一支军队还以塞特命名，④可以想见，塞特神在当时一定很受王室的尊宠。但塞特神在埃及人的心目中一直名声不好，曾经侵入埃及的喜克索斯人把塞特作为其保护神，尤其是在传说中塞特是谋杀奥西里斯的凶手，所以，法老对塞特神的尊宠，一定会引起奥西里斯神祭司的不满。为避免这种事情的发生，塞提一世在阿拜多斯修建了一座美丽的神庙，把它献祭给埃及的诸神，其中给奥西里斯神的题献写道：

　　　　他制作（它）作为给居住在"门马拉之所"的奥西里斯的纪念物；为他建造一个神庙，高抵天空，他神圣的组合像天空中的星星；他的光辉像早上在地平线升起的太阳照在人们的脸上一样……。在诸神的雕像和图像前，给他建造一个大神庙、最纯洁

---

① Pierre Montet, *Everyday Life in Egypt in the days of Ramesses the Great*, London, 1958, p. 197.
② 就如同古王国时期的法老的名字：哈佛拉（Khafre）、孟考拉（Menkaure）、萨胡拉（Sahure）、尼斐利尔卡拉（Neferirkare）、舍普塞斯卡拉（Shepseskare）等，其中都包含有拉的名字一样，说明他们崇拜拉。
③ *ARE*, v. III, §§538–542.
④ *ARE*, v. III, §298.

之所、永居之位；……给他建造一个美丽、纯洁、精美的神庙……。①

该神庙在拉美西斯二世时继续修建，并配备各种祭品。②特别是还为奥西里斯制作了精美的神庙门和圣殿，③尤其重要的是拉美西斯二世还让阿拜多斯地区的一个祭司涅布涅弗充任底比斯阿蒙神的高级祭司，这些措施无疑消除了奥西里斯神祭司的不满。相反，法老们对塞特神的恩宠，对底比斯的阿蒙祭司来说是一个威胁，这个情况是奥西里斯祭司们愿意看到的。

总之，第19王朝的法老们采取提高非阿蒙神祭司地位的方法来牵制日益强大的阿蒙祭司，起到了一定的作用，致使王权不至于完全受阿蒙祭司的控制。但这毕竟是一条取薪救火之法。同时，法老从未停止过对阿蒙神庙的捐赠和建设，阿蒙祭司也从未放弃过对权力的攫取和蚕食，阿蒙祭司的强大已成不争的事实，其最终问鼎王权已是一个时间的问题了。

2. 阿蒙祭司实力的鼎盛

虽然第19王朝的法老们采取了一些抑制阿蒙祭司的政策，但并未阻挡住阿蒙祭司的发展。他们在经济上占有越来越多的财富；在政治上攫取越来越多的特权。同时，高级祭司职位也变成了世袭，阿蒙祭司的实力获得了前所未有的增强。

（1）阿蒙祭司控制的社会财富

祭司控制的社会财富主要来源于神庙，神庙财产的多少直接反映祭司的实力。对神庙的赏赐和捐赠成为法老国家的正常职能了，神庙

---

① ARE, v.Ⅲ, §§225-234.
② ARE, v.Ⅲ, §§251-281, 524-527.
③ ARE, v.Ⅲ, §§528-529.

已成为国家财富的贮藏库,特别是阿蒙神庙,积聚了巨大的财富。有一个材料说,王室所需食物的1/10来源于阿蒙神庙。①可见神庙财富之多。

神庙财富的来源主要是法老的赏赐和捐赠,包括土地、人口、牲畜、日常用品、各种祭品等,尤其是各种战利品。如底比斯卡尔纳克神庙的墙上浮雕详细描绘了塞提一世历次远征胜利后向阿蒙神敬献战利品的图景。国王把从列腾努(Retenu)、叙利亚、利比亚、赫梯等地方掠夺来的金、银、天青石、孔雀石等珍贵石头和俘虏献给阿蒙,归阿蒙所有。②卡尔纳克大厅北墙上的浮雕则详细描绘了拉美西斯二世在卡叠什之战胜利后向阿蒙敬献俘虏的情景,并把这些活俘充实到阿蒙的仓库中。③

《哈里斯大纸草》详细记录了拉美西斯三世统治31年间(1198–1167 B.C.)赠给底比斯、赫里奥波里斯、孟斐斯及其他小神庙的财富。④据这份纸草,列表如下:

神庙财产表⑤

	底比斯	赫里奥波里斯	孟斐斯	诸小神庙	总计
人口	86486	12364	3079	5686	107615
大小牲畜	421362	45544	10047	13433	490386

---

① A. H. Gardiner, *The Wilbour Papyrus*, v. II, Oxford, 1948, p. 203.
② *ARE*, v. III, §§80–156.
③ *ARE*, v. III, §§348–351.
④ *ARE*, v. IV, §§87–396.
⑤ *ARE*, v. IV, p. 97.

续表

	底比斯	赫里奥波里斯	孟斐斯	诸小神庙	总计
园圃和树林	433	64	5	11	513
土地	$864168\frac{1}{4}$ 斯塔特	$160084\frac{3}{4}$ 斯塔特	10154 斯塔特	36012 斯塔特	1070419 斯塔特
船只	83	3	2	无	88
手工作坊	46	$5\frac{1}{2}$	无	2	$53\frac{1}{2}$
埃及城镇	56	103	1	无	160
叙利亚和库什城镇	9	无	无	无	9
城镇总数	65	103	1	无	169

据 J. H. 布列斯特德推算，很可能全国每 50 个人中就有一个是神庙的奴隶，[①]而神庙的土地几乎占了国家的 15%[②]。很明显，这其中又以底比斯的神庙所占份额最大，它的人口是赫里奥波里斯的近 7 倍，是孟斐斯的 28 倍；而土地是赫里奥波里斯的 5 倍，是孟斐斯的 85 倍。再从神庙的收入来看，又以底比斯神庙为最多（见下表）。

拉美西斯三世 31 年间神庙收入表[③]

	底比斯	赫里奥波里斯	孟斐斯	小神庙	总计
金	569 德本 $6\frac{1}{2}$ 凯特	无	无	无	569 德本 $6\frac{1}{2}$ 凯特

---

① *ARE*, v.IV, §166.
② *ARE*, v.IV, §167.
③ *ARE*, v.IV, pp. 99-100.

续表

	底比斯	赫里奥波里斯	孟斐斯	小神庙	总计
银	10964 德本 9 凯特	586 德本 $3\frac{11}{12}$ 凯特	98 德本 $3\frac{11}{12}$ 凯特	无	11649 德本 $6\frac{5}{6}$ 凯特
铜	26320 德本	1260 德本	无	无	27580 德本
衣服	3722	1019	$133\frac{1}{2}$	无	$4874\frac{1}{2}$
纱	3795 德本	无	无	无	3795 德本
香、蜜、油	1047 坛	482 坛	无	无	1529 坛
石榴油和葡萄酒	25405 坛	2385 坛	390 坛	无	28180 坛
人们上缴给神庙的作为税的神圣祭品（折合成银）	3606 德本	456 德本 $3\frac{1}{2}$ 凯特	141 德本 $3\frac{1}{10}$ 凯特	无	4203 德本 $7\frac{3}{5}$ 凯特
谷物	309950 个单位	77100 个单位	37400 个单位	73250 个单位	497700 个单位
蔬菜	24650 捆	4800 捆	600 捆	3300 捆	33350 捆
亚麻	64000 包	4000 包	无	3000 包	71000 包
水禽	289530	37465	无	无	326995
牲畜	866 头	98 头	$15\frac{1}{2}$ 头	无	$979\frac{1}{2}$ 头
鹅	744 头	$540\frac{1}{2}$ 头	135 头	无	$1419\frac{1}{2}$ 头
船只	82	8	无	无	90
绿洲的产品	没有给出数字	没有给出数字	没有给出数字	无	没有给出数字

续表

	底比斯	赫里奥波里斯	孟斐斯	小神庙	总计
神的土地、叙利亚和库什的产品	包括在上面	包括在上面	没有给出数字	无	没有给出数字

1 德本 = 10 凯特 = 91 克

由上表可以看出，阿蒙神庙的收入远远超过其他神庙。据麦迪奈特·哈布的神庙日历显示，几乎每3天就有一个阿蒙的节日。①在这些节日里，国王都得向神庙捐赠基金和祭品。拉美西斯三世在谈到给该神庙的基金时说：

> 我用埃及土地上的物产充实它的财库：金、银、宝石无数。它的仓库堆满大麦和小麦；它的土地、牲畜多得像海滨上的沙子。我把上下埃及所征之税给它，努比亚人和叙利亚人也来了，带着他们的税贡。……我给他制作祭品桌，由金子制成；用银、铜制成的无数。我增加你神圣的祭品，（主要有）面包、啤酒、葡萄酒、肥鹅以及无数的牛、小公牛、小牛、奶牛、白羚和瞪羚。②

大量的王室捐赠流入了神庙，而其中的3/4又流进了阿蒙的财库。③在拉美西斯三世统治末期，国库已经穷得拿不出付给戴尔·艾尔·麦地那造墓工人的工资了，工人们好几个月领不到口粮，引起了工人的罢工和暴动。④而此时期阿蒙神庙则每年有106181个谷物单位

---

① ARE, v. IV, §144.
② ARE, v. IV, §190.
③ Adolf Erman, Life in Ancient Egypt, New York, 1971, p. 302.
④ Nicolas Grimal, A History of Egypt, Blackwell, 1992, p. 275; Adolf Erman, Life in Ancient Egypt, New York, 1971, pp. 124–126.

进账,①这与国库的空虚形成了鲜明的对照。阿蒙神庙已成为法老政府经济上的严重威胁。

《维勒布尔纸草》也反映出神庙所占土地的状况。这份纸草是拉美西斯五世统治的第4年对中部埃及从法尤姆（Fayum）至米雅赫（El-Minyah）止约140公里长的地区的土地测量记录,其中包括土地的所有者和佃耕者的姓名、身份、租地数量及应缴税额等。反映出当时神庙和王室在该地区占有土地的情况（见下表）。

神庙、王室所占土地表②

单位：阿鲁尔

	底比斯	赫里奥波里斯	孟斐斯	诸小神庙	王室	总计
第一部分	缺	缺	190（部分缺）	1818	685	2693
第二部分	2229	485	144	627	442	3927
第三部分	2220	663	670	1120	897	5570
第四部分	1640	770	187	1350	163	4110
总计	6089	1918	1191	4915	2187	16300
所占份额	37.36%	11.77%	7.3%	30.15%	13.42%	100%

1 阿鲁尔 =2/3 英亩

从上表可以看出,底比斯神庙占有的土地最多。这些土地主要由阿蒙的第一预言家、阿蒙的管家及其下属人员管理。

---

① *ARE*, v.Ⅳ, §174.
② 据《维勒布尔纸草》文献 A 所制。测量者把所测土地分成四部分共4次来测量,每次测量一部分。但第一部分的内容在纸草上已残缺,故表中底比斯和赫里奥波里斯神庙在第一部分所占土地份额无法统计,而孟斐斯也有部分残缺。但总体上还是可以看出它们所占土地份额的趋势。

祭司通过对神庙的控制掌握了大量的社会财富，而阿蒙神庙祭司无疑是最富者。尽管神庙要向国家交税，但据这个时期的文献显示，大税官与阿蒙的高级祭司有密切的联系。拉美西斯五世时期的阿蒙高级祭司拉美斯那赫特（Ramessenakhte）的父亲麦利巴尔舍（Merybarse）曾是国家的大税官；后来，其儿子乌塞马拉那赫特（Usimarenakhte）也成了国家的大税官，国家财政完全掌握在底比斯祭司家族手中了。①随着经济实力的增强，祭司们对政治权力的渴望越来越强烈了。

（2）阿蒙祭司的政治影响

阿蒙神是法老的保护者和力量的赋予者，阿蒙祭司也继续通过阿蒙神对王权产生影响。如在卡叠什大战中，陷入困境的拉美西斯二世首先向阿蒙求救，他先详细自白了自己给阿蒙的恩宠，他说：

> 我带给你所有的土地（上的收入）去充实你的祭坛，我献祭给你成千上万的牲畜，以及各种香草。……我给你建造了塔门，亲自为你树立了旗杆，我从耶布（Yebu）给你带回了方尖碑，正是我亲自取回石料。……我呼唤你，我的父亲阿蒙，我现在处在陌生人的包围之中；各国军队一致排开对付我，我是一个人，没有人和我在一起！我无数的军队抛弃了我，没有一辆战车寻找我；我不停地呼喊他们，但没人注意到。……我在这里听从你的命令。啊！我从没违背过你的命令！……现在虽然我在遥远的土地上祈祷，但我的声音回荡在底比斯，当我呼唤阿蒙时，我发现他来了；他给我他的手，我高兴极了。他从后边叫我，好像就在附近："向前，我和你在一起。我是你的父亲，我的手和你在一起。我

---

① A. H. Gardiner, *Wilbour Papyrus*, v. II, Oxford, 1948, p. 204.

胜过成千上万人。我是胜利之主,勇气所爱者!"我发现我的心坚定了,心中充满喜悦,我所做的一切都成功了,我像战神孟图一样。①

最后由于赫梯人不知道拉美西斯二世就在被包围者之中,因而未能全力以赴地去攻击他;再加上埃及援军的到来,使拉美西斯二世脱离了险境,取得了胜利。

祭司还直接参与国家的政治生活,如拉美西斯四世在一次答复外国使节前就被迫与生活之家的祭司们商量。②阿蒙祭司已不满于已有的权力,在拉美西斯九世第10年,阿蒙高级祭司第一次在神庙墙上取得了与国王同等的地位。当时的阿蒙高级祭司阿蒙霍特普被描绘成与法老一样高度的英雄形象,以至于给阿蒙霍特普脖子上挂金项圈的两个官员都够不着。③埃及在艺术上有一个原则,人物描绘的比例大小与被描绘人物的官衔和重要性应一致。④现在,阿蒙高级祭司被描绘成与国王同等大小,显然是阿蒙高级祭司对王权的一种挑战,想获得与国王同等的政治地位。

(3) 阿蒙高级祭司职位的世袭

高级祭司职位的世袭是对王权的又一次削弱。阿蒙高级祭司一般都由法老任命,法老也常常通过对高级祭司的选用来达到抑制祭司的目的。低级祭司职位在古王国已成世袭,父子相继,已成常事。但对于高级祭司职位的选任,法老与祭司一直存在着矛盾。大致王权兴盛时,国王对高级祭司的任免权大些,而在王权衰微时,高级祭司职位

---

① *AEL*, v. II, pp. 65 – 66.
② Pierre Montet, *Everyday Life in Egypt in the days Ramesses the Great*, London, 1958, p. 298.
③ *ARE*, v. IV, §§492 – 493.
④ A. H. Gardiner, *Egypt of Pharaohs*, Oxford, 1961, p. 299.

的世袭就变得可能了。

拉美西斯二世曾选用了阿拜多斯地区的一位祭司充当底比斯阿蒙高级祭司，但在任用前，是经过阿蒙神同意的。"国王把朝廷的所有官员、预言家及显贵的名字呈给阿蒙，但阿蒙一个也不满意。而当国王讲出涅布涅弗的名字时，神表示满意。"①在征得阿蒙神的同意后拉美西斯二世才宣布涅布涅弗为阿蒙高级祭司。正如 J. H. 布列斯特德所讲，"在这种情况下，阿蒙的高级祭司很容易使职位世袭"②。第 19 王朝麦尔涅普塔赫统治时期，阿蒙高级祭司职位已经世袭了③，阿蒙祭司再也不把王权看在眼里了。

总之，阿蒙祭司逐渐成为法老的强大威胁，尽管拉美西斯三世以后诸王软弱无能，但他们可能并不甘心，法老与祭司的矛盾在第 20 王朝末又进一步尖锐了。

3. 第 20 王朝末法老与阿蒙祭司矛盾的尖锐以及阿蒙祭司的最后胜利

第 20 王朝末阿蒙霍特普祭司家族掌握着阿蒙神庙的权力。拉美西斯九世统治的第 10 年，阿蒙高级祭司阿蒙霍特普在神庙墙上已把自己雕绘得与法老一样大小，④显然是要取得与法老同等的政治地位。虽然没有直接的材料反映二者的斗争状况，但有一些间接的材料说明当时阿蒙高级祭司阿蒙霍特普遭受到打击。

现藏于大英博物馆编号为 10052 的一份纸草提到了阿蒙高级祭司的战争。纸草讲述了一个名叫郝特努费尔（Howtenufer）的工人被一

---

① A. Moret, *The Nile and Egyptian Civilization*, London, 1927, p. 334.
② J. H. Breasted, *Development of Religion and Thought in Ancient Egypt*, New York, 1959, p. 364.
③ 关于阿蒙高级祭司职位世袭的论述，请参见本书第四章。
④ ARE, v. IV, §§492-493.

个名叫涅斯阿蒙（Nesamun）的祭司指控毁坏了神庙的小箱子，而这个工人证明自己清白的故事。故事的大意是：工人郝特努费尔被带来，他发誓不说假话。他说，当他负责他父亲的驴时，外国人来了并占领了神庙。一个外国人抓住了他并把他带给了另一个人，当时阿蒙的高级祭司阿蒙霍特普已被镇压了（suppressed）6个月了。在阿蒙高级祭司阿蒙霍特普被镇压整9个月后，他回来了，当时那个箱子就已经毁坏了。接着是对事件相关人员的对质。①从这个故事中，我们可以知道，阿蒙高级祭司阿蒙霍特普至少被镇压了9个月。大英博物馆编号为10053的一份纸草也提到该祭司战争的事实。纸草是底比斯的一个妇女穆特姆雅（Mutemuya）在证明其父亲房间一个盗窃发生的日期，她说："当阿蒙的高级祭司造反时，这个人偷走了我父亲的一些东西。"②说明高级祭司阿蒙霍特普时确实发生过与之有关的战争，且被镇压至少9个月的时间。但到底是与法老还是外国人（努比亚）抑或是与其他祭司发生的战争，目前还没有一致的意见。但拉美西斯十一世统治前期，阿蒙霍特普遭到了流放，③确实反映出法老与阿蒙高级祭司间矛盾的尖锐。

此外，第20王朝末许多文献记录了王室墓被盗的情况，盗墓者主要是神庙工匠、墓地工人、神庙农民，甚至还有神庙祭司。④反映出当时社会的动荡不安以及劳动者生活的艰难。但有的学者认为，当时埃

---

① 译文详见 T. Eric Peet, The Supposed Revolution of the High – Priest Amenhotep under Ramesses IX, *JEA* 12 (1926), pp. 254 – 255。
② 这里 J. H. 布列斯特德译为"当阿蒙的高级祭司造反（revolt）时"（*ARE*, v. IV, §486），而 T. E. 皮特译为"当阿蒙的高级祭司的战争（war）发生时"，见 The Supposed Revolution of the High – Priest Amenhotep under Ramesses IX, *JEA* 12 (1926), p. 257。
③ Nicolas Grimal, *A History of Egypt*, Blackwell, 1992, p. 291.
④ *ARE*, v. IV, §§499 – 556.

及笼罩着内战的阴霾，阿蒙的祭司和信徒与塞特的祭司和信徒互相敌对，在他们双方的战争期间，他们一定抢劫了那些王室墓，以保证对方得不到巨大的财富。①尽管这种说法不一定对，但不同祭司集团间的矛盾是存在的。不过阿蒙祭司现在已是一枝独秀，其他祭司只能望其项背而已。特别是到荷里霍尔（Hrihor）当上阿蒙高级祭司后，阿蒙祭司势力的发展取得了质的变化。

荷里霍尔原来是一名军官，其妻子是阿蒙霍特普寡妻的女儿，可能因此继阿蒙霍特普后当上了阿蒙高级祭司。②在卡尔纳克的孔苏神庙的铭文和浮雕情景反映出他由高级祭司直至篡夺王权的历史过程。③在神庙墙上，荷里霍尔不仅被描绘在显要位置上，而且其衔号也变得越来越丰富了。起先他仅是"阿蒙·拉的高级祭司、南北军队之长、领导者"，④后来又加上了"仓库监工""库什总督"的衔号，⑤使努比亚地区的金土地处于他直接控制之下。⑥到最后他则直接拥有了"上下埃及之王、两地之主"等法老的衔号，并把"阿蒙的高级祭司"的衔号放进了第一个王名圈中，⑦这样，他实际上就成了上埃及的国王了。至于这个时间，一般认为是拉美西斯十一世第19年，从这一年开始出现了一个新的编年体系，叫作"Repetition of Births"。⑧这个词经常被一个新王朝的建立者所使用，取"复兴"之意。它出现在这里，表明上

---

① Pierre Montet, *Everyday Life in Egypt in the Days of Ramesses the Great*, London, 1958, p. 266.
② A. H. Gardiner, *Egypt of Pharaohs*, Oxford, 1961, pp. 302 – 303.
③ *ARE*, v. IV, §§608 – 626.
④ *ARE*, v. IV, §609.
⑤ *ARE*, v. IV, §615.
⑥ 这一定发生在拉美西斯十一世第17年以后，因为该年国王还对当时的库什总督培涅斯（Paynehsi）发了一道命令。*ARE*, v. IV, §§595 – 600.
⑦ *ARE*, v. IV, §§621 – 624.
⑧ A. H. Gardiner, *Egypt of Pharaohs*, Oxford, 1961, p. 304.

埃及的阿蒙高级祭司已建立了一个新的政权，与王权公开决裂，阿蒙高级祭司终于走上了权力的巅峰。祭司王国的建立，标志着统一的中央政权的又一次瓦解，埃及历史进入了第三中间期。

（四）本时期祭司发展的特点

新王国时期是祭司这一社会群体继古王国之后又一大发展时期。从这一时期祭司发展的情况来看，它呈现出以下几个鲜明的特点。

1. 祭司统一组织体系开始出现

古代埃及祭司这一社会群体实际上是埃及各地祭司的松散的联合体，尽管各地祭司内部是一个严密的整体，有一套严格的等级制度，形成服务于自己地方神的祭司团体。但各地祭司团体间互不隶属，并无高低上下之别，其区别只是当某一地方神变为国家主神，其祭司多受些恩宠罢了，仅此而已。在中央则设置一个"上下埃及预言家之监督"的职位，由世俗贵族担任，总领全埃及祭司事宜。为了能得到法老的恩宠，各地祭司纷纷以其神影响王室，以求其神能获得法老的青睐而成为主神。各地祭司都想使自己的神受到法老的恩宠从而使自己受益，这必然引起各祭司团体间的矛盾。成为主神的祭司团体为了保持其优势地位，必然排斥其他地方祭司团体，而各地祭司团体对主神祭司团体的得宠必然产生忌妒，乃至不满，其矛盾是不言而喻的。但到了新王国哈特舍普舒特女王统治时代，这种祭司团体互不统属的局面发生了变化，女王的重臣（阿蒙的高级祭司）哈普森涅布第一次拥有了"南北预言家之长"的头衔，[①]阿蒙高级祭司成为整个埃及祭司群体的领导者，以前那种各地独立的祭司团体第一次联合在阿蒙高级祭司的领导之下，底比斯阿蒙神的祭司成员往往担任各地神的高级祭

---

① ARE, v.II, §388.

司，各地祭司团体与阿蒙祭司团体形成了隶属关系，这样，整个埃及祭司群体就形成了一个统一的组织体系。尽管后来这个职位有时旁落，尽管各祭司团体间尤其是各祭司团体与阿蒙祭司存在矛盾，但这毕竟是祭司第一次把整个祭司群体组织起来。对埃及祭司的发展来说，这无疑是一个里程碑。

2. 祭司独立群体意识已经形成

新王国时期，祭司人数显然增多。这个时期，随着神庙规模的扩大和数量的增多，兼职的俗人祭司渐渐少了，代替他们的是数量更多的专职祭司，"从新王国开始，祭司已变成了一个职业群体"[①]。不仅社会上把他们看成是一个独立的社会群体，[②]而且祭司自己在这一时期也意识到自己应该与其他人不同：他们担任着侍候神的工作，掌握着国家大量的财富，受到人们的羡慕和敬仰。所以除了他们的衔号与其他人群不同外，他们在衣着服饰上更注意与其他人群的不同，以显示其特殊地位。

古王国时期的祭司，通过衣服辨别不出来。所有的祭司，甚至孟斐斯和赫里奥波里斯的高级祭司，通常都是穿着与其他人一样的衣服。丧葬祭司甚至在司祭时也穿戴着平常的衣服、头饰。在中王国，祭司司祭时的穿着比其他人更古朴些。这种趋势在新王国更加明显。他们在私人生活甚至宴会上的穿着就能表现出他们的祭司身份。他们一般都穿着简朴的无花纹裙子（plain skirt）。根据衔号或穿者职责的不同，衣服的细节也有很大不同。一些祭司穿着像第4王朝初的窄短裙（narrow short skirt）；另一些穿着像中王国时期的长宽裙（long wide

---

① Herman te Velde, *Theology, Priests, and Worship in Ancient Egypt*, in Jack M. Sasson ed., *Civilization of the Ancient Near East*, v. III, New York, 1995, p. 1741.
② 如图特摩斯四世时代的人口、牲畜统计表，*ARE*, v. II, p. 165, note a.

skirt);一些在身体的上部围着披巾(scarf);一些则在裙子上围着直达臂下的奇特的披肩;一些如歌唱者用一个大斗篷(great cloak)裹着整个身体。赫里奥波里斯的高级祭司穿着饰有星星的豹皮,而孟斐斯的大祭司则在脖子上围着象征其职位的饰品。同时,剃头风俗在祭司中也很普遍,其他职业的男人理着短发,并戴头饰。而祭司甚至在室外也是光头。在宴会上他们不戴假发。但在古王国,甚至戴的假发的式样,祭司与俗人也没什么不同,他们戴着同样风格的头饰。①

总之,在新王国时期,祭司认识到了自己与其他人的不同,而且处于一种自觉状态。他们通过服饰等方面把自己与俗人分开,其独立群体意识已经形成。

3. 神庙祭司特别是阿蒙神庙祭司发展突出

神庙是新王国时期社会经济发展、对外战争、王权强化的最大受益者。在这一时期里,各个法老的赏赐与捐赠不仅使神庙财富激增,而且神庙机构越来越庞大。如底比斯的阿蒙神庙,除了管理神庙财产的中心署外,还有一些特殊的部,如财政部、农业部、谷仓部、牲畜部、农民部以及建筑部等。②为了神庙内和田地上的秩序,神庙还有警察、监狱。③神庙祭司因此也成为最有实力的群体之一,而这其中又以阿蒙神庙的祭司为最。阿蒙高级祭司不仅在组织上成为祭司群体之首,而且在其神学理论体系中也把阿蒙神放在首位。拉美西斯二世时代的一份纸草上有一首赞歌《致底比斯和它的神阿蒙》说:"底比斯比任何城市都圣洁。……伟大的神有三个:阿蒙、拉和普塔赫,但他

---

① 以上有关祭司衣着服饰的描述,转引自 Adolf Erman, *Life in Ancient Egypt*, New York, 1971, pp. 296-298。
② Adolf Erman, *Life in Ancient Egypt*, New York, 1971, p. 304.
③ Pierre Montet, *Everyday Life in Egypt in the days of Ramesses the Great*, London, 1958, p. 286.

113

们不平等。拉如人之首,普塔赫为人之身,阿蒙则为人之灵魂,不可得而见。它们在地上的城市是底比斯、赫里奥波里斯、孟斐斯。消息自天而降,赫里奥波里斯先闻之,孟斐斯借托特之助,书之成文,而解决方案则为底比斯,命令由那里发出。……万物之生死,皆系于底比斯。"[1]这样,经过阿蒙祭司的编造,底比斯阿蒙神就高于其他任何神,相应的阿蒙祭司也就得到更多的尊宠。事实也证明,新王国时期,正是阿蒙祭司威胁着法老的统治,正是阿蒙祭司一步步蚕食着王权,最后终于取王权而代之。

4. 祭司的发展一直伴随着矛盾尤其是法老与阿蒙祭司集团间的矛盾

可以说,一部埃及祭司发展史就是一部矛盾发展史。不仅有祭司与法老之间、祭司与地方官员之间的矛盾,也有祭司与祭司之间的矛盾。而在新王国时期,阿蒙祭司与法老的矛盾显得尤为突出。主要是阿蒙祭司集团已成为王权经济上、政治上的最大威胁了。法老在这场斗争中,主要采取了两种方法:一是与其他祭司联合,以抵制阿蒙祭司势力的发展,如阿蒙霍特普四世早期及第19王朝塞特一世、拉美西斯二世及麦尔涅普塔赫实行的政策;一是彻底与阿蒙祭司断绝,如埃赫那吞的宗教改革。不幸的是,两种方法都未能取得最后的成功,软弱无能的拉美西斯诸王终于被撇在一边,法老与阿蒙祭司的矛盾斗争最后以后者的胜利而告终。

5. 祭司性官员逐渐增多

这一时期,随着祭司经济实力的提高,其政治欲望越来越强。不仅担任宗教职务,而且积极参与世俗社会的管理,充任政府要员。如

---

[1] A. Moret, *The Nile and Egyptian Civilization*, London, 1927, pp. 330 – 331. 中译文参见刘麟生译《尼罗河与埃及之文明》,商务印书馆,1941年版,第192页。

图特摩斯三世时托特神的高级祭司伊姆努费尔（Iamnufer）就兼任赫尔摩波里斯的市长；[1]阿蒙的高级祭司蒙凯佩尔舍涅布（Menkheperreseneb）还兼任金银屋之监督、工匠监督长、司库等。[2]尤其是维西尔常常由高级祭司担任，如哈特舍普舒特女王时的哈普森涅布[3]，阿蒙霍特普三世时的普塔赫摩斯[4]等。这一时期，众多的官员既有宗教职位，又有世俗职位，很难分清他是官员兼祭司，还是祭司兼官员，但从历史发展结果来看，众多的兼职无疑是祭司向世俗社会的渗透，就是在这种不断的兼职中，君主政体最终被祭司政权所取代。

---

[1] *EHR*, II, p. 148.
[2] *ARE*, v. II, §§772–776.
[3] *ARE*, v. II, §389.
[4] *EHR*, V, pp. 58–60.

第三章 古代埃及祭司的构成和职能

祭司是古代埃及社会中的一个重要群体。在法老王朝漫长的岁月中，祭司由人数不多到人数众多、由俗人兼任到逐渐专职化、由封闭孤立到联合统一、由神化王权的工具到与王权相抗衡，逐渐发展成一个有影响的社会势力群体。他们不仅在宗教领域内，而且在世俗社会中都产生了深刻影响。那么这一群体的构成如何？有什么职能？本章即对这一问题作一探索。

一、祭司的构成

根据祭司的职业特点和活动范围，古代埃及的祭司大致可以分为神庙祭司和丧葬祭司两大类。顾名思义，前者是指与神庙有关的祭司；后者是指与丧葬事务有关的祭司。在这两类祭司中，主体部分应当是神庙祭司。在政治上发挥重要作用的是他们；在经济上最富有的是他们；在文化上起过重要作用的也是他们。

（一）神庙祭司

如前文所述，祭司势力的发展经历了一个漫长的演化过程，尤其是随着神庙规模的扩大和财富的不断增加，祭司内部逐渐专业化，形成不同的等级，出现了各种不同的衔号。第 19 王朝拉美西斯二世时代高级祭司伯克尼孔苏在其自传中说：

> 我度过了 4 年的孩提时代。我度过了 12 年的少年时期，那时，我作为孟马拉国王（Menmare，即塞提一世）的马厩长。我充当阿蒙的祭司（w'b）4 年。我充当阿蒙的神圣父亲 12 年。我充当阿蒙的第三预言家 15 年。我充当阿蒙的第二预言家 12 年。因为我宝贵的品质，他①恩宠我，使我突出。他任命我为阿蒙的高级祭司，我共当了 27 年。②

这就是说，伯克尼孔苏 16 岁时开始当阿蒙的祭司，4 年后升为神圣父亲，12 年后进入预言家行列，先充任阿蒙的第三预言家 15 年，接着又做阿蒙的第二预言家 12 年，59 岁时升为阿蒙的第一预言家。这样看来，神庙祭司其地位由高到低至少可以分为预言家、神圣父亲、低级祭司三个级别。

1. 预言家

"预言家"（prophets）或称为"神的仆人"（god's servants）③，是神庙祭司中的上层。其中又以第一预言家（the first prophet）地位最高。第一预言家又称为"神的第一仆人"（first god's servant）④、"神的第一父亲"（First god's father）⑤、"高级祭司"（high‑priest）⑥。其

---

① J. H. 布列斯特德注曰：这可能指国王或神，但更可能指神。ARE, v.Ⅲ, p.236, note b.
② ARE, v.Ⅲ, §565.
③ AEO, v.Ⅰ, p.47*.
④ B. G. Trigger, *Ancient Egypt: a social history*, the Cambridge University Press, 1983, p.306.
⑤ AEO, v.Ⅰ, p.48*.
⑥ AEO, v.Ⅰ, p.31*.

重要性与其服侍的神的重要性成正比。如古王国时期，普塔赫、拉神受到尊宠，则这二神的高级祭司亦倍受尊宠；新王国时期，阿蒙神成为国家主神，阿蒙的高级祭司也就成为社会中的重要人物。一些神的高级祭司还有特殊的称号，如赫里奥波里斯的高级祭司称为"He who is great in regarding"，"He who sees the secret of heaven"，"chief of the secrets of heaven"，[1]或"Great Seer"[2]；孟斐斯普塔赫神的高级祭司称为"great chief of the artisans"[3]，"The Chief of the Master – Craftsmen"[4]，"the great one who controls the craftsmen"[5]，或"great among craftsmen"[6]；赫尔摩波里斯托特神的高级祭司则称为"the Great one of the Five"[7]或"greatest among the Five"[8]。

　　高级祭司是神庙祭司中的最高长官，随着神庙赏赐的增多，高级祭司掌握了大量财富。尤其是新王国时期阿蒙神的高级祭司，随着其势力的增长，逐渐觊觎世俗权力。他们不仅担任政府的维西尔，而且还攫取了"上下埃及预言家之监督"的职位。此后，高级祭司职位世袭，他们成为上埃及的实际统治者。在第20王朝末阿蒙的高级祭司荷里霍尔达到了权力的最高峰（关于这个内容，请参见本书第二章，此处不再赘述）。在第25王朝时，阿蒙的高级祭司被剥夺了祭司的最高权力，代之而起的是底比斯王子、阿蒙的第四预言家、南北诸神预言

---

[1] Adolf Erman, *Life in Ancient Egypt*, New York, 1971, p. 290.
[2] *ARE*, v. III, §623; v. IV, §281.
[3] Serge Sauneron, *The Priests of Ancient Egypt*, New York and London, 1960, p. 61.
[4] *AEL*, v. III, p. 62.
[5] *EHR*, V, p. 60.
[6] Sergio Pernigotti, *The Egyptians*, Chicago, 1997, p. 138.
[7] *AEL*, v. III, p. 45.
[8] *EHR*, II, p. 148.

家之长孟特姆赫特（Mentemhet），他成为当时阿蒙祭司的最高长官。①

高级祭司之下是第二预言家、第三预言家和第四预言家，其具体职责不太清楚，可能是辅佐高级祭司进行一些管理工作。有学者认为，第二预言家着力于神庙的经济管理；②也有学者认为，他还监督神庙的艺术家。③据一块捐赠碑记载，第18王朝初阿蒙的第二预言家是阿赫摩斯国王的王后涅斐尔塔丽（Nefertari）。该石碑上部的浮雕描绘的是阿赫摩斯国王和他的妻子涅斐尔塔丽向其面前的阿蒙神献祭一块面包；一位名叫阿赫摩斯的小王子在他们夫妇二人之间。④铭文的内容为王后放弃阿蒙的第二预言家的职位，作为补偿的是捐赠给王后大量的金、银、铜、衣服以及谷物、田地和劳动力。铭文说王后可以把属于她的所有财产留传给她的继承人。为这个捐赠作证的有底比斯和王宫的高级官员们。⑤这个文献实质上是一份祭司职位的转让证书，是王后涅斐尔塔丽将她的阿蒙第二预言家的职位转让出去的证书。文献没有指明转让给谁，但很可能是转让给浮雕中参与献祭的小王子。因为有资料表明，阿赫摩斯统治的第22年之前，有一个名叫阿赫摩斯的阿蒙第二预言家被埋于底比斯墓地，⑥与这个小王子正好吻合。很可能这个小王子在阿蒙第二预言家的职位上没待多久就去世了。之后，阿蒙第二预言家的职位似乎就与王室没关系了。但到了阿蒙霍特普三世统治时，泰伊王后的兄弟阿能又充任了阿蒙第二预言家的职务。⑦也许是对传统的恢复。

---

① *ARE*, v. IV, §901.
② *British Museum Dictionary of Ancient Egypt*, British Museum Press, 1995, p. 228.
③ Adolf Erman, *Life in Ancient Egypt*, New York, 1971, p. 294.
④ Cyril Aldred, *Akhenaten: King of Egypt*, London, 1988, p. 137, fig. 15.
⑤ Cyril Aldred, *Akhenaten: King of Egypt*, London, 1988, p. 136.
⑥ Cyril Aldred, *Akhenaten: King of Egypt*, London, 1988, p. 136.
⑦ Cyril Aldred, The End of the El-Amarna Period, *JEA* 43 (1957), p. 32.

阿蒙神庙一般均设有这四个预言家，文献中也屡见。例如，阿蒙霍特普三世时一个神庙官员涅布涅菲尔（Nebnefer）在其铭文中记录了自己的升职事件。铭文提到出席其就职仪式的证人有：

阿蒙的高级祭司麦利普塔赫（Meriptah）；第二预言家伊能（Enen）；第三预言家阿蒙涅姆赫特；第四预言家西穆特（Simut）；国王书吏卡姆帕特（Khampet）；管家索贝克那赫特（Sebeknakht）。①

再如，在阿蒙霍特普四世时维西尔拉莫斯的墓铭中，提到参加其丧礼的人员有：

阿蒙的第一预言家；阿蒙的第二预言家；阿蒙的第三预言家；阿蒙的第四预言家塞阿蒙（Siamun）。②

第18王朝中叶，阿蒙高级祭司实际上控制了全埃及祭司的领导权，③从此以后，阿蒙祭司的低级别预言家可以兼任其他神的高级别预言家。如阿蒙霍特普三世时的阿蒙第二预言家阿能就兼任了赫里奥波里斯拉·阿图姆的高级祭司；④第22王朝阿蒙·拉的第四预言家杰德孔舍法恩赫还兼任天空女神穆特的第二预言家。⑤这四个预言家还有一定数量的随从供其驱使，如第一预言家的随从包括一个大管家、一个财务总管、一个内侍、一个寝室侍卫、一组书吏、一个海员长和一些奴仆，甚至第四预言家如果没有自己的随从跟随着他，自己觉得很

---

① *ARE*, v. II, §§928–931.
② *EHR*, V, p.6.
③ 这从哈特舍普舒特女王权臣哈普森涅布时开始，他拥有"阿蒙的高级祭司，南北预言家之长"的衔号，第一次把全埃及的祭司组织起来，使其在一个人的统一领导下。*ARE*, v. II, §388.
④ Cyril Aldred, The End of the el–Amarna Period, *JEA* 43 (1957), p.32.
⑤ *AEL*, v. III, p.14.

丢脸，会受到别人的蔑视。①总之，祭司的第一、二、三、四预言家是神庙祭司中的贵族，其中又以第一预言家即高级祭司地位最高。

在这四个有级别的预言家之下是普通的预言家，根据神庙的大小和重要性，普通预言家的数量不等。他们被组成组（phyle），一般分成四组，按月轮班，这样每组每年在神庙中服务仅3个月。这些预言家最上边设有一个"预言家监督"（overseer of the prophets，其管理职能如何，尚不清楚）。"预言家监督"有两个辅助者，一是"预言家之视察官"（inspector of the prophets），一是"增补预言家"（supplementary prophet）。同时，每组预言家设立一个领导者，称为"phylarch"。②如在第12王朝一个王室掌玺大臣塞赫特普·伊布·拉（Sehetp-Ib-re）的丧葬铭文中，他对神庙祭司和市民发表演讲时说：

> 啊，你们这些大公们，大祭司们，高级祭司们，仪式祭司们，神的掌玺者们，阿努比斯的祭司们；你们这些祭司们和祭司组之长们（chiefs of priestly phyles）；以及所有生活在这个城市的人，当经过这个纪念碑，看到这个碑文时，如果你们说："国王把1000份面包和啤酒、牛和家禽、膏油和衣服以及神喜欢的每件好东西提供给死去的大公、掌玺大臣、神庙监督、代理大掌玺者塞赫特普·伊布·拉"的话，那么，你们的孩子将使你昌盛……。③

在这里提到了"祭司组之长们"；后期埃及时期托特神的一个高级祭司皮特塞里斯在其长篇传记铭文中，介绍自己的衔号时说：

---

① Pierre Montet, *Everyday Life in Egypt in the Days of Ramesses the Great*, London, 1958, p.253.
② 以上转引自 Sergio Pernigotli, *The Egyptians*, Chicago, 1997, p.139.
③ *AEL*, v.I, p.127.

The Great one of the Five①，八神团的预言家，萨克赫曼特的祭司之长，第三和第四组祭司之领导（phylarch）；克努姆神庙中所有财产的王室书吏；赫尔沃尔（Herwer）之主克努姆·拉和尼弗鲁西之主哈托尔的第二预言家；赫尔沃尔和尼弗鲁西神庙中第二组祭司之领导，阿蒙·拉的预言家……。②

可见，皮特塞里斯曾经担任过神庙中第二、三、四组祭司的领导。他父亲塞苏（Sishu）也曾担任过赫尔沃尔和尼弗鲁西神庙中第二组祭司的领导。③这种分组的制度，在古王国时即已确立，除了在托勒密三世统治时增加了一个第 5 组外，一直没有改变。每组成员的数量，即使是小神庙，一般也在 20—31 人之间。④据一份中王国的纸草资料显示，在轮班中，上一组祭司在走之前要列出神庙财产的目录清单，并把它转交给下一组祭司，双方都要核对，将要当值的这组成员要把他们的名字附加在这份清单上，以表示它没有错误。⑤

2. 神圣父亲

"神圣父亲"或译为"神的父亲"，其职责不太清楚。A. H. 伽丁内尔认为，"神的父亲"是对较老祭司阶层的称呼。⑥在谈到与预言家的区别时，他又指出，只有"神的父亲"的最高级者才被称作"预言家"，阿蒙的第一预言家也被称作神的第一父亲，第二预言家被称为神的第二父亲。⑦而 A. M. 布兰克曼认为，"神的父亲"这个称号最初

---

① 赫尔摩波里斯托特神高级祭司的称号。
② *AEL*, v. III, p. 45.
③ *AEL*, v. III, p. 50.
④ Aylward M. Blackman, Priest, Priesthood (Egyptian), *GPM*, p. 128.
⑤ A. M. Blackman, Priest, Priesthood (Egyptian), *GPM*, p. 128.
⑥ A. H. Gardiner, *Egyptian Grammar*, Oxford, 1957, p. 555.
⑦ *AEO*, v. I, pp. 49*, 48*.

属于国王的岳父；作为一个祭司衔号，很可能意味着占有者有一个或更多的女儿在神的后宫中。①同时，他又指出，"神的父亲"与"预言家"属于同一阶层，只不过"预言家"这一衔号被应用于这一阶层地位较高的成员。②还有的学者认为，"神的父亲"是祭司中的一个阶层，这个衔号也被王室的家庭教师和王储们占有；这个职位的占有者通常是年长的、高头衔的朝臣官员，他们获得了国王的信任和友谊。③

从古代埃及铭文的资料来看，"神的父亲"这个衔号确实为两种人占有。一为朝廷的高官或国王宠爱之人，这在他们的衔号中有充分反映，如：

第5王朝的普塔赫霍特普的衔号：

　　王子、大公、神的父亲、神之所爱、国王之长子、市长和维西尔。④

图特摩斯三世时代的普艾姆拉的衔号：

　　世袭王子、大公、神圣父亲。⑤

图特摩斯四世时代的赫克拉苏（Hekreshu）的衔号：

　　图特摩斯四世的家庭教师；神的父亲。⑥

深受埃赫那吞喜爱的埃伊（Eye，他后来继图坦阿蒙当了国王）的衔号：

---

① A. M. Blackman, Priest, Priesthood (Egyptian), *GPM*, p. 124.
② A. M. Blackman, Priest, Priesthood (Egyptian), *GPM*, p. 127.
③ *EHR*, V, p. 96, note 164.
④ *AEL*, v. I, p. 63.
⑤ *ARE*, v. II, §383.
⑥ *EHR*, III, pp. 273, 276.

国王之右持扇者、陛下马匹总长、真正被爱之书吏、神圣父亲。①

另一类为祭司所占有，作为祭司的衔号。这种情况在文献中屡见不鲜，如：

《阿蒙高级祭司阿蒙涅姆赫特的自传铭文》说：

现在，陛下（指阿蒙霍特普二世）出来了，……他任命我（即阿蒙涅姆赫特）为神的父亲、卡尔纳克的首席发言人（the prime spokesman）……。②

阿蒙霍特普二世时代的《给阿蒙霍特普丧葬神庙的法令》说：

维西尔、财库监督、财产大监督、仓库监督、高级祭司们、神圣父亲们以及阿蒙神的高级祭司们，如果他们看到了这个给世袭王子、国王书吏阿蒙霍特普的丧葬神庙的法令，而他们对这个丧葬神庙不表示关心的话，那么，这个法令将分别触及他们（即给他们降灾——引者注）。③

《涅菲尔霍特普的墓铭》说：

阿蒙的神圣父亲涅菲尔霍特普被传唤过来，接受国王（指霍连姆赫布）亲自给予的礼物……。阿蒙的神圣父亲皮拉涅菲尔（Perennefer）也来了，接受国王的恩宠。④

《高级祭司罗伊的铭文》说：

---

① *ARE*, v. II, §989.
② *EHR*, II, p. 115.
③ *ARE*, v. II, §925.
④ *ARE*, v. III, §§71, 73.

>>> 第三章 古代埃及祭司的构成和职能

世袭王子、神圣父亲、两手纯洁者、天空和地上及地下世界秘密之主、阿蒙的［——］、国王坟墓的仪式祭司、在底比斯的拉·阿图姆的高级祭司、阿蒙的第三预言家、阿蒙的第二预言家、阿蒙高级祭司罗伊说：……。①

《培瑙日姆二世的埋葬记录》说：

第16年第2季4月20日，埋葬了奥西里斯②、诸神之王阿蒙·拉的高级祭司、底比斯市长和维西尔、王子和领导者［——］培瑙日姆，参加的人员有：阿蒙的神圣父亲、白屋之监督日孔舍尼赫（Zekhonsefonekh）；阿蒙的神圣父亲、维西尔的书吏、视察官尼苏皮克苏提（Nesupekeshuti）；阿蒙的［——］；阿蒙的神圣父亲温瑙弗尔（Wennofer）；底比斯墓地的国王书吏贝克（Bek）……。③

《塞勒塞拉采石场的建筑铭文》说：

这一天，……陛下④发布命令给诸神之王阿蒙·拉的神圣父亲、哈拉克提神庙秘事之主、两地之主的工程长哈拉姆萨弗（Haremsaf），让他领导塞勒塞拉采石场（的采石工作），给底比斯之主阿蒙·拉的神庙制作大纪念碑。⑤

《塞拉普姆（Serapeum）石碑铭文》说：

---

① ARE, v.III, §623.
② 古代埃及，人死后被称为奥西里斯，这里指培瑙日姆二世（Paynozem II）。
③ ARE, v.IV, §668.
④ 指第22王朝法老舍尚克一世（Sheshonk I）。
⑤ ARE, v.IV, §706.

上埃及之王塔哈卡（Taharka）①第 24 年，……该神②被世袭王子、仪式祭司、保管库之长、普塔赫的预言家、神圣父亲森比夫（Senbef）埋葬……。③

由以上的例子可以看出，"神的父亲"或"神圣父亲"确实是祭司中很普遍的一类。但它与预言家应该属于两种不同的祭司，因为文献中经常同时提到它们。如：

第 18 王朝《霍连姆赫布敕令》在谈到地方法庭时说：

陛下任命神圣父亲、神庙预言家、全国法庭官员以及诸神的祭司们，以便他们能在每个城市中执法判案。④

第 21 王朝阿蒙·拉的高级祭司培瑙日姆二世（Paynozem II）的妻子涅丝孔苏（Nesikhonsu）的埋葬铭文说：

第 5 年第 3 季第 4 月第 21 日，这是埋葬涅丝孔苏的日子，参加的人员有：阿蒙的神圣父亲、白屋监督日孔舍尼赫；诸神之王阿蒙·拉的预言家恩克霍弗阿蒙（Enkhofamon）；……阿蒙的神圣父亲、大司库尼苏皮克苏提……。⑤

再如第 26 王朝普萨姆提克一世（Psamtik I）的女儿尼特克丽丝（Nitocris）担任了卡尔纳克阿蒙的神圣配偶，铭文在谈到其就职盛况时写道：

大仪式祭司、神圣书吏、预言家、神圣父亲、祭司和陛下的

---

① 埃及第 25 王朝法老。
② 指孟斐斯的圣牛阿匹斯。
③ ARE, v. IV, §918.
④ ARE, v. III, §65.
⑤ ARE, v. IV, §689.

重要臣僚们，都是王后的随从。全国处在盛大的节日之中。①

在这些例子中，"预言家"与"神圣父亲"同时出现，显然说明"神圣父亲"与"预言家"有所不同。另据前面引用的拉美西斯二世时代高级祭司伯克尼孔苏的自传，他当了12年的神圣父亲才进入预言家的等级，②说明神圣父亲与预言家相比，属于较低等级，但其具体区别，由于材料缺乏，还不太清楚。

3. 低级别的祭司

他们属于神庙祭司群体的下层，扮演辅助角色，但承担着大量的神庙祭礼和神圣活动中的工作，诸如圣船的搬运、神庙的清扫等都属于他们的工作范围。其中最大的一群称为"wa'b - priest"，也写作"w'b"、"we'eb"，意思是"纯洁者"③。他们也像预言家一样，分成四组轮换工作。如第18王朝时期一个名叫涅塞尔苏（Nesersu）的人，其衔号为：

> 涅塞尔苏，亨克特·阿克（Henket - ankh）神庙④第一组祭司中的 wa'b - priest。⑤

说明涅塞尔苏属于图特摩斯三世丧葬神庙中第一组"纯洁者"中的成员。再如第26王朝普萨姆提克一世时期条让伊（Teuzoi）地方的一个中等神庙，其教职人员包括一个"神的仆人"和四组"纯洁者"，前者充任高级祭司，后者每组有20个成员。⑥这样，该神庙光"纯洁

---

① ARE, v. IV, §958D.
② ARE, v. III, §565.
③ A. M. Blackman, Priest, Priesthood (Egyptian), GPM, p.126.
④ 指图特摩斯三世的丧葬神庙。
⑤ EHR, V, p.70.
⑥ B. G. Trigger, Ancient Egypt: a social history, the Cambridge University Press, 1983, p.307.

者"至少就有80人。另外,每一组纯洁者有一个管理者,一般为预言家担任。①从事祭司职业,一般先从做"纯洁者"开始。②

此外,还有一些特殊的或具有某种专业知识的祭司,他们也是神庙祭司中不可缺少的一部分,主要有:

stolist:J. H. 布列斯特德译为"wtb – priest"③。S. 绍涅隆认为,这类祭司每天负责照料神像的身体、穿衣和装饰,并负责把神的珠宝、衣服以及祭礼的其他物品保存在神庙的相应房子中。他们在象形文字文献中没有特殊的名称。中王国有文献提到"chendjouty",意思是"秘密衣服的祭司"("the priest of the private clothing"),可能是一个stolist;但中王国以后这些祭司又被描述成"进入圣殿装扮神、照料神的人"("the men entrusted to the personal care of the god, who enter into the holy of holies to ornament the gods with their material belongings")。这就是说这个称号起先由一个"神的仆人"占有,后来又专指那些给神像装扮的人。④如第12王朝塞索斯特里斯三世的掌玺大臣、大司库埃克赫尔诺弗拉特在其铭文中谈到自己在阿拜多斯的工作时说:

> 我使俗人祭司知道如何履行他们的职责,……(我)指导圣船上的工作,我建造(它的)房子。我用天青石和孔雀石、金银合金和每一块珍贵的石料装饰阿拜多斯之主的身体。凭借我的秘事之主的职位和我作为(wtb –)priest 的职责,我给神穿上华丽

---

① Herman te Velde, *Theology, Priests, and Worship in Ancient Egypt*, in *Civilizations of the Ancient Near East*, vol. III, Jack M. Sasson ed., New York, 1995, p. 1734.
② 如伯克尼孔苏自传所述,*ARE*, v. III, §565.
③ 见第12王朝塞索斯特里斯三世的掌玺大臣、大司库埃克赫尔诺弗拉特(Ikhernofret)的铭文(*ARE*, v. III, §668.)。而 M. 李希泰姆把这个词译为"stolist"(*AEL*, v. I, p. 124.)。
④ Serge Sauneron, *The Priests of Ancient Egypt*, New York and London, 1960, pp. 62 – 63.

的服饰。在给神装扮中，我的手是纯洁的，我是一个手指纯洁的（仪式）祭司。①

由此可见，埃克赫尔诺弗拉特不仅担任朝廷官员，而且还是一个stolist、仪式祭司、秘事之主。"stolist"的职责就是给神装扮。

仪式祭司："仪式祭司"的原意为背着仪式书（或在仪式书之下）的人。②通常译为"lector – priest"或"ritual priest"，他们精通神事活动的各种仪式，特别是承担宗教仪式上诵读圣书的任务。因而在神庙或墓中，他们常被描绘成读纸草卷的形象；也常被描绘成"举着臂、诵读咒语"的情景。③古埃及人相信，魔力藏于这些古老的宗教文献中，因而仪式祭司通常也是魔术师，如《魏斯特卡尔纸草》中提到的雅雅玛克（Djadja – em – ankh）就是这么一位。纸草讲述了斯尼弗鲁法老时期的一个神奇故事。有一天，法老斯尼弗鲁心情郁闷，想找一件赏心乐事。大仪式祭司雅雅玛克便给他出主意，让国王带上后宫所有的美女去王宫御池，观赏这些美女们划船，国王的心情一定会好起来。果然，看到美女们荡桨的情景时，斯尼弗鲁非常高兴。但后来由于一个美女所戴的新孔雀石宝石掉进了水里，她停止了唱歌，不再荡桨，其他美女也停了下来，她要求国王找回她的宝石。国王便召来雅雅玛克。这位祭司便念起了咒语，把池子里一部分水连底放到另一部分上，找到了这颗宝石。然后，他又念咒语，池水便又被搬回了原处。④虽然这个故事有可能是虚构，但反映出仪式祭司有魔术师的功

---

① *ARE*, v. III, §668.
② *AEO*, v. I, p. 55 *.
③ *AEO*, v. I, p. 55 *.
④ 详见 *AEL*, v. I, pp. 216 – 217.

能。仪式祭司又分为普通仪式祭司和大仪式祭司。①普通仪式祭司的级别与"纯洁者"相似，同时也属于轮班性质；但大仪式祭司则是固定的。②据铭文资料显示，一些地方大公或朝廷大臣常常担任仪式祭司，这从他们的衔号中可以看出。如第5王朝克拉斯特斯山地州（Cerastes-Mountian）州长拉姆（Re-am）的衔号为"唯一王友、仪式祭司"③；第6王朝的高官哈克胡弗的衔号为"大公、南方之长、掌玺大臣、唯一王友、仪式祭司、商队领导者"④。

释梦者："释梦者"是一种被人们认为熟悉夜间各种幽灵的书吏，向好奇的人们解释梦境的涵义。⑤有学者从"magician"的起源上，证实了古埃及"生活之家书吏"含有"释梦者"的特殊意思。⑥

时刻祭司：他们负责确定每个祭礼程序应该开始的日子和时刻。⑦

星占祭司：他们被认为通晓神话中的日历，向人们解释一年中哪些是节日，哪些是哀悼日，并根据过去神话传说中每天发生的事来确定现在每天的好、坏或中性，以此向人们预测事情的顺利与否。⑧

神庙书吏：神庙，特别是一些重要的和大的神庙，有许多账目和档案。神庙书吏就是负责保存神庙的这些账目和档案，并制作神庙每

---

① 文献中还见到"第一仪式祭司"，如图特摩斯三世丧葬神庙中阿蒙高级祭司拉（Re）的兄弟阿蒙莱特普就是阿蒙的第一仪式祭司（见《阿蒙高级祭司拉的墓铭》，*EHR*，II，p. 152）。但"第一仪式祭司"与"大仪式祭司"有何区别或是否相同，尚不清楚。

② A. M. Blackman, Priest, Priesthood (Egyptian), *GPM*, pp. 138-139. 但罗斯认为，"这些祭司似乎没有被组成组（phyle）的体制"。参见 A. M. Roth, *Egyptian Phyles in the Old Kingdom*, Chicago, 1991, p. 84。

③ *ARE*, v. I, §§280-281.

④ *ARE*, v. I, §326.

⑤ Serge Sauneron, *The Priests of Ancient Egypt*, New York and London, 1960, pp. 71-72.

⑥ Battiscombe Gunn, *Interpreters of Dreams in Ancient Egypt*, *JEA* 4 (1917), p. 252.

⑦ Serge Sauneron, *The Priests of Ancient Egypt*, New York and London, 1960, p. 66.

⑧ Serge Sauneron, *The Priests of Ancient Egypt*, New York and London, 1960, p. 66.

天所有清单的祭司。①他们的地位一般不高,如第 12 王朝塞索斯特里斯一世时期喜乌特的乌普瓦沃特神庙中,神职人员分别为:高级预言家、宣告者(announcer)、秘事之主、衣库保管、仓库监督、大厅管理者、卡之屋的监督、神庙书吏、祭坛书吏、仪式祭司,②其中神庙书吏仅位列第八。但也有高官如掌玺大臣担任神庙书吏的,如《科普托斯法令》中提到的涅菲尔霍特普尔(Neferhotepur),他担任的职务有:"掌玺大臣、明神祭司、神庙书吏。"③ 新王国时期,随着神庙财产的增多,神庙书吏掌管大批财物,如在《哈里斯大纸草》中,谈到属于拉神的两个神庙时说:

The – House – of – Ramses – Ruler – of – Heliopolis, – L. – P. – H., – in – the –

House – of – Re – North – of – Heliopolis 神庙的财产和 2177 头人,在书吏、大视察官皮拉霍特普(Perehotep)的负责之下;……The [– –] – of – Ramses – Ruler – of –

Heliopolis, – L. – P. – H., – Sustaining – Alive – the – Two – Lands 神庙的 247 头人,在书吏、大视察官霍利的负责之下。④

由上可以看出,这两个神庙的 2177 和 247 头人分别在神庙书吏皮拉霍特普和霍利的掌管之下。伽丁内尔说,大神庙有许多神庙书吏,由一个长官领导。⑤

---

① A. M. Blackman, Priest, Priesthood (Egyptian), *GPM*, p.138.
② *ARE*, v.I, §550.
③ *ARE*, v.I, §776.
④ *ARE*, v.IV, §281.
⑤ *AEO*, v.I, p.58 *.

此外，神庙低级祭司还有神庙祭坛书吏①、神庙祭品书吏②、持香炉者③、圣书书吏、神庙看门人、屠宰献祭牲畜者等。④

除了这些祭司外，还有一些衔号也属于神庙祭司，但其具体意义和职责不太清楚，就我们见到的列举如下。

"his beloved son"：第 12 王朝塞索斯特里斯三世时期的掌玺大臣埃克赫尔诺弗拉特的石碑铭文写道："我充当西方之主奥西里斯的'his beloved son'，我给它配置巨大的驳船，我给它制作精巧的圣殿……"⑤。对于"his beloved son"，李希泰姆注曰：它是一个祭司职位，与服务于神的雕像的工作有关。⑥塞索斯特里斯三世时期的另一个掌玺大臣塞赫特普·伊布·拉的石碑铭文也提到了这一衔号，铭文说："我使这个纪念碑被献祭，……我与阿拜多斯的祭司签订契约支付其报酬。在阿拜多斯之主的神秘剧中……，我充当'his beloved son'。"⑦

"controller of the temple"：第 30 王朝时期赫尔摩波里斯的皮特塞里斯曾担任这一职务。其长篇传记铭文说："自从我出生以来，我就在克努姆之主的水上⑧，我把它的计划永记心中。它选择我去管理它

---

① 见前引乌普瓦沃特神庙的神职人员。*ARE*, v. I, §550.
② 如，伊姆努弗尔的铭文说，他曾是"王子和大公、野兔州之长、赫尔摩波里斯之主托特神的神圣祭品书吏"（*EHR*, II, p. 148）；阿蒙霍特普二世时培阿蒙（Payamun）的铭文说，他是"阿蒙的献祭者以及该神的神圣祭品的书吏和持香炉者"（*EHR*, II, p. 190）。
③ 如，祭司阿蒙霍特普的一个雕像铭文说："一份祭品贡献给持香炉者阿蒙霍特普之卡。"（*EHR*, II, p. 185）以及上引培阿蒙的铭文（*EHR*, II, p. 190）。
④ *AEO*, v. I, pp. 59*–65*.
⑤ *AEL*, v. I, p. 124.
⑥ *AEL*, v. I, p. 125, note 1.
⑦ *AEL*, v. I, p. 127. 后期埃及时期的索姆图特弗那赫特石碑（Stela of Somtutefnakht）也提到了这一衔号，见 *AEL*, v. III, p. 43。
⑧ 这里可能指神庙的初创地。

的神庙，因为它知道我从心底里崇拜它。我充当这个神的 controller，共计 7 年，管理它的基金，无任何失误。"①由此看来，拥有这个衔号的人可能负有管理神的基金的职责。

"controller of the Two Thrones"：第 18 王朝时期赫尔摩波里斯市长伊姆努费尔（Iamnufer）曾担任这一职务。其雕像铭文说："一份祭品献祭给王子和大公、controller of the Two Thrones、预言家之监督、托特神的高级祭司、w'ab priest、市长伊姆努弗尔。"② B. 库明认为这个称号自古王国以来是一个显贵的衔号，而在赫尔摩波里斯被用作祭司的衔号。③

"Pillar of his Mother"：也称伊乌姆特夫（Iunmutef）。④图特摩斯三世在其《加冕典礼铭文》中谈到自己的青年时代时说："在我成为预言家之前，我是神庙中的年轻人。（后来），我又成了'Pillar of his Mother'……。"⑤说明图特摩斯在做王子时曾担任过这一职位。J. H. 布列斯特德注说：它是荷鲁斯神的一个衔号，后来又用作祭司的衔号，能被高级祭司占有。⑥在另一个地方他直接指出："它是祭司衔号，与某个神话故事有关。"⑦到底是什么神话，他没有说。B. G. 戴维斯对此做了较为详细的说明。他说，"Pillar of his Mother" 是被用作祭司衔号的称号，虽然它更经常用来指年青的荷鲁斯。这个称号与一个神话传说有关：荷鲁斯得到了其母亲伊西斯精心的培养，同时他也帮助伊西

---

① *AEL*, v. III, p. 44.
② *EHR*, II, p. 148.
③ *EHR*, II, p. 148, note 1453. 16（a）.
④ *EHR*, IV, p. 39.
⑤ *ARE*, v. II, §138.
⑥ *ARE*, v. II, p. 60, note c.
⑦ J. H. Breasted, *Development of Religion and Thought in Ancient Egypt*, New York, 1959, p. 14, note 1.

斯找到了被塞特谋杀而死的其父亲奥西里斯的遗骸，从而使其父亲得到了再生。在丧葬仪式上，死者的长子或一个丧葬祭司经常穿着豹皮衣服，扮演年青荷鲁斯的角色，并在灵柩的行进队伍前燃香或洒洁净的水。① 女王哈特舍普舒特在进行加冕后的洁身礼时，"由大房子（Great House）中的'Pillar of his Mother'把女王引进供进行洁礼的大房中"②。第18王朝阿蒙霍特普三世的维西尔拉莫斯，在其铭文中谈到他兄弟的衔号时说："他的兄弟、盖伯白色圣殿中的世袭王子、Pillar of his Mother、……管家麦利普塔赫（Meryptah）"③，说明麦利普塔赫也曾担任过这一职务。

"dwellers in the place of the hand"：一个阿拜多斯石碑铭文记载了图特摩斯一世对祭司发表的演讲，铭文说："我对你们说，这个神庙的神圣父亲、纯洁者、仪式祭司、dwellers in the place of the hand 以及神庙的所有俗人祭司们，你们献祭我的墓，给我祭品桌呈献祭品，维护我的纪念碑，提到我的名字，记住我的衔号，表扬我的画像，……因为我是一个杰出的国王……。"④其中"dwellers in the place of the hand"，J. H. 布列斯特德注曰：是祭司的一个级别，但我们对它一无所知。⑤

"Scarf – wearer"：不知何意。后期埃及时期的索姆图特弗那赫特石碑铭文说："啊，服侍伟大的神、两地之王哈尔舍斐斯（Harsaphes）的每个祭司，……原始力量（the primeval force）拉姆（Ram）的高级祭司，拉姆的仆人，海滨之主的'Scarf – wearer'，两地之王的'his

---

① *EHR*, V, p. 90, note 31.
② *ARE*, v. II, §240.
③ *EHR*, V, p. 5.
④ *ARE*, v. II, §97.
⑤ *ARE*, v. II, p. 39, note f.

beloved son'，当你进入它的神庙，……"①。其中，"Scarf – wearer"，M. 李希泰姆注曰：是一个祭司衔号。②

古代埃及还有大量的女性充当神庙祭司，这个内容后文再单独详论。

（二）丧葬祭司

丧葬祭司负责死者的丧葬仪式和维持死者的丧葬祭礼，以使死者的"卡"③能继续生存，因此，丧葬祭司又称为"卡的仆人"（servant of the ka）、"灵魂祭司"（soul – priest）、"卡祭司"（ka – priest）等。④根据祭司们在丧葬服务中所承担的不同任务，丧葬祭司又可以分为"卡仆人"（ka – servant）、"涂尸者"（embalmer）、仪式祭司、大仪式祭司、神的司库（treasurer of the god）、sem – priest 及 Imy – khant 等。⑤

"涂尸者"负责对死者的尸体进行防腐处理等。他们经常出现在丧葬仪式的浮雕中，其工作的地方被称为"place of purification"、"good house"或"place of purification of the good house"。在麦尔（Meir）的培比昂克（Pepionkh）的墓铭显示，"涂尸者"似乎已形成一个组织或行会，他们在一个或几个视察官和一个监督的领导之下。然而，在伊拉翁（Illahun）的阿努比斯神庙中，每组祭司都包含一个涂尸者。在托勒密和罗马时期，涂尸者被称为"paraschistae"和"tar-

---

① *AEL*, v. III, p. 43.
② *AEL*, v. III, p. 44, note 13.
③ 古埃及人用来指精神实体的术语，它与人形一起存在，但处于独立状态。人死时被称为"走向他的卡"或"走向太空中他的卡"。只有不断地给卡贡献祭品，卡才能生存，死者才能最终达到复活的目的。所以，人死后，要委托被称为"卡祭司"的人员给其提供这项服务。
④ A. H. Gardiner, *Egyptian Grammar*, Oxford, 1957, pp. 453, 581.
⑤ A. M. Blackman, Priest, Priesthood (Egyptian), *GPM*, p. 139.

icheulae", 前者负责尸体的剖腹等,后者负责给尸体涂油和包裹尸体。①

"仪式祭司"和"大仪式祭司"负责指导丧葬礼仪及诵读各种圣文。他们也能担任神庙祭司中相应的职位。

"神的司库":拥有这个衔号的官员最早仅仅为法老的丧葬祭礼服务。他与一些珍贵的物品,诸如绿松石、毕布勒斯和蓬特的物产、哈玛马特采石场的石料以及来自苏丹的香等有密切联系。他在王室的葬礼中扮演重要角色,负责提供为国王涂尸和埋葬所需的各种物品。②后来,国王的丧葬仪式民间也能采用了,"神的司库"便成了所有那些负责为死者涂尸和埋葬所需的各种物品的祭司的称号了。

Sem-priest:孟斐斯普塔赫神高级祭司的一个衔号③,可能起源于王室赛德节上代表国王进行神圣仪式的官员。④其主要职责是主持"开嘴仪式"(Opening of the Mouth),这种仪式在神的祭礼雕像前和即将埋葬的木乃伊前进行,旨在赋予他们生命,保证祭礼雕像的生命特征。这种仪式定期举行,尤其在新年节。⑤《亡灵书》第23章记录了一段在开嘴仪式上所要诵读的咒语:"我的嘴被普塔赫打开,我嘴上的结由城市神解开。托特用咒语解开了我嘴上的结。阿图姆赋予我手,使其作为我的保卫者。我的嘴被给了我,普塔赫用金属凿子打开我的嘴。……至于任何不利于我的符咒,诸神将起来反击它们。"⑥由此可见,"开嘴仪式"还有某种保护死者的功能。

---

① A. M. Blackman, Priest, Priesthood (Egyptian), *GPM*, pp. 140–141.
② A. M. Blackman, Priest, Priesthood (Egyptian), *GPM*, p. 141.
③ *AEO*, v. I, p. 39 *.
④ *EHR*, V, p. 88, note 5.
⑤ Herman te Velde, *Theology, Priests, and Worship in Ancient Egypt*, in *Civilization of the Ancient Near East*, Jack M. Sasson ed., vol. III, New York, 1995, p. 1732.
⑥ *AEL*, v. II, p. 120.

Imy-khant：这类祭司通常出现在丧葬仪式的浮雕中，尤其是中王国和新王国时期。塞特（Sethe）认为，"Imy-khant"意思是"节日祭司"（festival priest）。①其具体职责，尚不清楚。

卡祭司：这是丧葬祭司中数量最多的一类，主要负责维持死者死后的丧葬服务，诸如每天或定期地给死者提供奠酒、燃香及各种祭品等，此外还要维护死者的墓室及其木乃伊的安全。为此，死者设立丧葬基金（通常是土地），委托给丧葬祭司，从基金的收入中支付将来的祭品。古王国时期这类丧葬基金很多，使丧葬祭司们积聚了大量的财富。卡祭司也被分成组的形式，如在第5王朝一位名叫舍涅热米布（Senezemib）的高官的墓铭中，其儿子记录了父亲死后国王给予的恩宠：

> 从南北方带来被作为神圣祭品的谷物，……陛下发布命令，……他任命基金的丧葬祭司，……被分成组……。②

虽然铭文较为残缺，但还是可以看出，国王不仅给这位官员设立了坟墓的丧葬基金，而且还为其委派了丧葬祭司，这些丧葬祭司被分成了组。

关于这些祭司的职责和权利下文将要论述，此处不赘述。

(三) 女祭司

希罗多德曾经指出，在埃及，"妇女不能担任男神或是女神的祭司，但男子则可以担任男神或是女神的祭司。"③但在另一个地方，他又说，埃及的两个女祭司曾被腓尼基人卖到了利比亚和希腊。④那么，

---

① A. M. Blackman, Priest, Priesthood (Egyptian), *GPM*, p. 142.
② *ARE*, v. I, §274.
③ Herodotus, II, 35.
④ Herodotus, II, 54.

古代埃及到底有没有女祭司？答案是肯定的。大量的证据表明，在古代埃及祭司群体中，不论是神庙祭司还是丧葬祭司，除了男性外，还有女性，她们也是祭司群体中不可缺少的一部分。布兰克曼曾对古埃及等级制度中女性的地位做了较为深入的研究，①下面，我们在充分吸收布兰克曼研究成果的基础上，对女祭司的种类、角色及相关问题作一阐述。

神庙中的女祭司一般从事唱歌、舞蹈的工作。至少从第4王朝起神庙中即有音乐家女祭司（musician - priestess）。在阿拜多斯的一个神庙浮雕上就雕刻了这样一位女祭司正拍手欢迎国王到来的情景。②古王国和中王国时代，妇女一般充任奥西里斯神庙和哈托尔神庙的女祭司。如第5王朝位于吉萨的一个马斯塔巴中的铭文在介绍墓主时说，她是"王室之女、哈托尔的女祭司"；③属于第6王朝的一位高官，在其萨卡拉的墓碑上介绍其妻子时说："他的妻子，他的所爱，王室光彩之人（Royal Ornament），哈托尔的女祭司塞皮（Sepi）。"④新王国时期，许多神都有女祭司，从保存下来的纪念铭文来看，许多住在底比斯或住在底比斯附近的妇女都曾充当音乐家女祭司。⑤这些女祭司的领导者称为"女音乐家之长"或"高级女祭司"，而且高级女祭司一职经常被高级祭司的妻子所占有。高级女祭司不仅仅是音乐家女祭司之首，在一些神庙中她还与其所服务的神有密切关系。在多数情况下直接被描绘成神，作为神的妻子。如在厄勒蕃廷，克努姆神的高级女

---

① A. M. Blackman, On the position of women in the ancient Egyptian hierarchy, *JEA* 7 (1921), pp. 8 - 30.
② A. M. Blackman, On the position of women in the ancient Egyptian hierarchy, *JEA* 7 (1921), p. 8, fig. 1. 以下凡引该文，皆略称布兰克曼文。
③ *AEL*, v. I, p. 16.
④ *AEL*, v. I, p. 18.
⑤ 布兰克曼文，第9页。

祭司拥有"萨特特"（Satet）的衔号，而克努姆的妻子正是萨特特女神；在埃德富，荷鲁斯的高级女祭司的衔号是"She who is upon the throne"，暗示出她是荷鲁斯王位的分享者，被认为是荷鲁斯的妻子哈托尔女神的化身。①音乐家女祭司们在神庙的宗教仪式上，主要是摇着一种叫 sistrum 的音乐礼器进行唱歌。②新王国时期众多的墓铭表明，许多妇女都是这种唱歌者。如：

图特摩斯三世时代的底比斯市长塞努费尔（Sennufer）的铭文在谈到其妻子和女儿时说：

> 他的"妹妹"③、他的所爱、阿蒙的女唱歌者麦丽特（Meryt）；他的女儿、阿蒙的女唱歌者穆特涅菲尔特（Mutnefert）。④

涅菲鲁西（Neferusy）市长伊姆努费尔的铭文在谈到其妻子时说：

> 他的妻子、他亲爱的、托特的女唱歌者、他的所爱、麦丽特女士。⑤

军队长官皮苏克赫尔（Pehsuher）的铭文，提到其妻子时说：

> 阿蒙的女唱歌者，两地之主的伟大护士，神表扬者，……奈特。⑥

阿蒙第三预言家卡姆赫尔伊布森的铭文，在谈到其妻子和女儿

---

① 布兰克曼文，第11页。
② Sistrum 是女祭司们经常使用的祭礼工具，其形制和使用方法请参见 Lise Manniche, *Music and Musicians in Ancient Egypt*, British Museum Press, 1991, pp. 62–64。
③ 古埃及人常用这个词指妻子。
④ *EHR*, II, pp. 131, 134.
⑤ *EHR*, II, p. 150.
⑥ *EHR*, II, p. 154.

时说：

> 他的"妹妹"，他的所爱，阿蒙的女唱歌者和神庙中的妇女赫努塔乌伊（Henuttaui）。……他的女儿，他的所爱，阿蒙的女唱歌者阿蒙涅瑙皮特（Amenenopet）……。①

国王内侍伊特胡的铭文谈到其妻子时说：

> 他的"妹妹"，阿蒙的女唱歌者赫努特维拉特（Henutweret）。②

土地检察官蒙那（Menna）的铭文在谈到其妻子时说：

> 他的"妹妹"，神庙妇女和阿蒙的女唱歌者赫努塔乌伊。③

阿蒙霍特普三世的铭文在谈到其岳母时说：

> 王后的母亲、阿蒙后宫中之伟大者，……阿蒙的音乐家，哈托尔赞扬者田乌（Tjewiu）。④

纯洁者纳赫特阿蒙（Nakhtamun）的铭文谈到其妻子时说：

> 他的妻子，他的所爱，阿蒙的音乐家，神庙妇女穆特涅菲拉特（Mutneferet）。⑤

可见其涉及阶层之广。有的女歌唱者还能得到土地的赏赐，如第22王朝阿蒙神庙的一个唱歌者凯罗麦（Kerome）的石碑铭文说：

> 上下埃及之王泰克朗特二世第25年；阿蒙的高级祭司奥索尔

---

① *EHR*, II, p. 183.
② *EHR*, II, p. 186.
③ *EHR*, III, p. 300.
④ *EHR*, V, p. 49.
⑤ *EHR*, V, p. 64.

>>> 第三章 古代埃及祭司的构成和职能

康。这一天，35斯塔特的市民土地（citizen-lands）被批准给予阿蒙神庙的唱歌者、国王之女凯罗麦。①

很可能，在古王国时代，女祭司不只是唱歌跳舞，她们还与男祭司一样承担神庙各种服务。如第5王朝时一位王宫管家涅孔涅赫（Nekonekh）在处理他作为哈托尔祭司的职位时，他把这个职位遗赠给了他所有的孩子（其中有一个女孩），每个孩子都得到了同样的神庙基金，并且女孩和男孩一样，每年在神庙服务1个月。②可见这个时期的女祭司享有与男祭司一样的权利和职能。在新王国时期，音乐家女祭司像男祭司一样，也被分成组（phyle）轮班服务，每组设立一个组长（phylarch）；与男祭司结婚的女祭司仍然属于她原先的那个祭司组。③

底比斯阿蒙神的高级女祭司也拥有"Divine Hand"④。或"Divine Votress""Divine Consort"⑤的称号。这个称号起先由王后或国王之女担任。如：

阿赫摩斯的王后阿赫摩斯·涅弗拉提丽（Ahmose-Nefretiri）的衔号为：

---

① *ARE*, v. IV, §755.
② *ARE*, v. I, §§216-219.
③ A. M. Blackman, Priest, Priesthood (Egyptian), *GPM*, p. 131.
④ 如，拉美西斯三世时代一个王室节日铭文说："拉美西斯三世第29年，第一次庆祝赛德节。陛下发布命令给底比斯市长、维西尔塔（Ta），让他落实赛德节各项事宜。……当国王来到底比斯时，他亲自迎接'Divine Hand'的驳船。"（*ARE*, v. IV, §414）布列斯特德对"Divine Hand"注曰，它与"Divine Votress"一样，是阿蒙的高级女祭司（*ARE*, v. IV, p. 207, note c）。
⑤ 如，在《尼特克丽丝的收养石碑铭文》中，普萨姆提克一世发表收养宣言说："我是他（即阿蒙）的儿子，……我把我的女儿给予他，作为'Divine Consort'，以便她可以保护国王……。看，我现在听说塔哈尔卡（Taharka）的女儿在那儿，拥有'Great Daughter'和'Divine Votress'的衔号。"（*ARE*, v. IV, §942）这里的"Divine Votress"、"Divine Consort"即为底比斯阿蒙神的高级女祭司。

141

世袭公主、国王之女、国王之妹、神圣配偶（Divine Consort）、国王之妻。①

阿赫摩斯的母亲阿赫霍特普（Ahhotep）王后的衔号为：

神圣配偶，伟大的国王之妻。②

哈特舍普舒特女王的大臣森穆特在其铭文中介绍自己说：

森穆特，国王之女、两地之统治者、神圣配偶尼弗鲁拉的家庭教师……。③

神庙是神在地上的宫殿，王后被认为是阿蒙神在地上的妻子，她与众多的音乐家女祭司组成阿蒙神的后宫。从第23王朝奥索尔康三世（Osorkon III）统治开始，一直到第26王朝结束为止这段时期（约720-525 B.C.），5个相继即位的阿蒙高级女祭司掌握了底比斯的实权。④她们控制了大量的财富，如第4个阿蒙高级女祭司尼特克丽丝继位后，每天收到2100德本面包，在11个州共有3300斯塔特土地。⑤不过，这时候，阿蒙高级女祭司不再是法老的妻子了，而是王朝统治者的女儿了。

不仅有神庙女祭司，而且还有丧葬女祭司。如前文提到过的第5王朝的王宫管家涅孔涅赫也把他作为赫努卡（Khenuka，孟考拉时代的一个贵族）丧葬祭司的职位遗赠给了他的13个孩子，其中就有一个

---

① *ARE*, v. II, §34.
② *ARE*, v. II, §110.
③ *ARE*, v. II, §364.
④ 这5个高级女祭司分别是：第23王朝国王奥索尔康三世的女儿舍培努皮特（Shepenupet）、第25王朝努比亚国王皮安希之女阿蒙尼尔迪丝（Amenirdis）和舍培努皮特二世、第26王朝普萨姆提克一世之女尼特克丽丝和普萨姆提克二世之女伊涅克赫涅丝涅弗丽布拉。见布兰克曼文，第18页。
⑤ *ARE*, v. IV, §957.

名叫赫日赫克努（Hezethekenu）的女孩。① 这个王宫管家的铭文说：

> 现在，正是我的这些孩子在 Wag 节、托特节和每一个节日给王友、赫努卡及其父母制作祭品。②

可见，女孩和男孩一样，都有权继承这个丧葬祭司职位，其职责是给赫努卡及其父母在各种节日制作丧葬祭品。此外，女祭司们还装扮成伊西斯和涅菲悌丝的样子参加丧葬仪式。③实际上是把死者比作奥西里斯，向其表示哀悼。文献中，经常见到把死者直接称为奥西里斯的例子。如：

《王室丧葬祭司德霍特摩斯（Dhoutmosi）的墓铭》中写道：

> 奥西里斯、阿克赫普鲁拉（Akheperure）④ 的纯洁者哈姆涅特尔（Khaemnter），被伟大的神、永恒之主证明是无过错的；
>
> 奥西里斯、阿克赫皮尔卡拉（Akheperkare）⑤ 的纯洁者那赫特（Nakht），被伟大的神证明是无过错的；
>
> 奥西里斯、阿克赫西乌（Akhes-iu）……被证明是无过错的；
>
> 奥西里斯、孟克赫普鲁拉（Menkheperure）⑥ 的侍从卡姆维舍特（Khaemweset），被伟大的神、永恒之主证明是无过错的；
>
> 奥西里斯、神庙妇女塔美尔特（Tamert），被证明是无罪的。⑦

---

① *ARE*, v.I, §218.
② *ARE*, v.I, §§220-222.
③ 布兰克曼文，第26页。
④ 即阿蒙霍特普二世。
⑤ 即图特摩斯一世。
⑥ 即图特摩斯四世。
⑦ *EHR*, III, pp. 325-326.

有一份纸草记录了装扮成伊西斯和涅菲悌丝女神的两个女祭司在底比斯阿蒙·拉的神庙中向奥西里斯吟唱道：

啊！地下世界之主，……你击退了灾难，赶走了恶事，使和平来到了我们中间。……你比其他任何神都高贵。你使死者复生、活者生存。啊，食物之主，你是绿色植物的王子；你是诸神祭品的给予者。你给死者以食物……。当你的遗骸被收集到一起时，我们欢呼。阿努比斯来了，伊西斯和涅菲悌丝来了。她们给你获得了美好的东西，她们把你的遗骸收集到一起，她们寻找你那散布在四方的肢体，并把它们放在一起。……你将被宣布为世界的继承人、唯一的神，你是诸神设计的完成者。所有的神都哀求你，来到你的神庙而不害怕。啊，奥西里斯，伊西斯和涅菲悌丝的最爱，你将永远安息在你的居所。①

这首歌再现了奥西里斯神话情节，由扮演成女神的两个女祭司吟唱，含有颂扬死者以及使死者安息之意。

总之，古代埃及不仅存在活跃于神庙服务和丧葬仪式中的女祭司，而且除了在宗教仪式中履行唱歌、舞蹈等辅助功能外，某些时候，她们也像男祭司一样，能履行实际的祭司职责。

二、祭司的职能

祭司在埃及古代社会中的职能主要表现在宗教和世俗两个方面。对于前者，主要表现为与神庙及丧葬有关的事务上，这与世界各国大致相似；对于后者，则主要表现为祭司对世俗社会的参与乃至干预上，

---

① 见《伊西斯和涅菲悌丝之歌》，转引自 E. A. W. Budge, *Egyptian Ideas of the Future Life*, London, 1908, pp. 82 – 83。

是埃及古代社会的一大特色。

（一）宗教职能

按照祭司的活动领域，祭司的宗教职能表现在神庙和丧葬两个方面。

1. 神庙方面的职能

神庙是诸神居住之所、休息之地。祭司作为神的仆人，不仅要负责神的饮食起居，而且还要为神创造一个良好的安居场所。

首先是对神庙的修建。神庙建造步骤繁复，不仅要勘察地形，还要举行一定的仪式。因为法老被认为是所有神的高级祭司，所以，神庙建筑，法老都要亲自主持奠基仪式。但法老不可能事事躬亲，所以祭司就代为履行。据《帕勒摩石碑铭文》记载，第 1 王朝王 V 的第 X+7 年时，女神塞沙特的祭司为号为"众神御座"的神庙拉引绳索。①第 12 王朝，塞索斯特里斯一世想要在赫里奥波里斯建造一座太阳神庙，在对神庙的土地进行通常的测量和立桩神圣仪式中，有大仪式祭司和圣书书吏拉展绳子。②再如第 30 王朝时期，赫尔摩波里斯的高级祭司皮特塞里斯在其自传中也说："我伸展绳子，……为拉建造神庙。我用上好的白石灰石去建它……。"③有些祭司本身就是建筑师、"国王各种工程之长"，这从他们的衔号中就可以看出。如，前文提到过的第 3 王朝乔赛尔国王时期的伊姆霍特普，其衔号为：

宰相、建筑师、牧师、星占家、魔术和医生。④

---

① *ARE*, v.I, §109. 日知认为，拉引绳索大概是建筑上的一种仪式，以绳索量地。见日知选译：《古代埃及与古代两河流域》，商务印书馆，1962 年版，第 4 页注 1。
② *ARE*, v.I, §506.
③ *AEL*, v.III, p.47.
④ 转引自［意］卡斯蒂格略尼著，北京医科大学医史教研室主译：《世界医学史》第一卷，商务印书馆，1986 年版，第 53 页。

再如，第 12 王朝塞索斯特里斯一世时期的孟图霍特普（Mentuhotep），其衔号为：

> 世袭王子、维西尔、大法官、真理女神玛特的预言家、……国王各种工程之长……。①

第 18 王朝阿蒙霍特普一世时期的伊涅尼（Ineni）的衔号为：

> 世袭王子、大公、卡尔纳克各种工程长；……阿蒙神庙所有契约之盖章者、阿蒙仓库之监督。②

第 20 王朝拉美西斯三世时期的拉美斯那赫特的衔号为：

> 阿蒙的第一预言家、各种工程之长。③

此外，祭司们还经常远征采石场获取建造神庙的石料。如孟考拉统治时期，普塔赫神的两个高级祭司就从特罗佳（Troja）押运建造神庙的石料。④神庙建好后，祭司们要使之经常保持清洁。肯热尔法老（Khenzer）统治时，维西尔还委派一位祭司去净化阿拜多斯的神庙，这个祭司出色地完成了这项工作，受到了法老很大的尊宠。⑤再如第 25 王朝时，因为不清洁的外国人侵入南方，阿蒙的第四预言家孟特姆赫特亲自去清洁被冒犯的神庙，使其洁净。⑥第 22 王朝泰克朗特二世（Takelot II）统治时，图特摩斯三世卡尔纳克神庙的一个名叫哈塞斯（Harsiese）的祭司还向上级要求其家族权利，其内容不很清楚，但据 J. H. 布列斯特德说："很可能他要求清扫神庙及其器皿或神的保管库

---

① *ARE*, v. I, §531.
② *ARE*, v. II, §43.
③ *ARE*, v. IV, §466.
④ *ARE*, v. I, §212.
⑤ *ARE*, v. I, §781.
⑥ *ARE*, v. IV, §905.

第三章 古代埃及祭司的构成和职能

的世袭权利。"①由此可见，清洁神庙是祭司们的重要职责和权利。

其次，祭司们还负责神庙财产的管理与经营。经过历代法老的捐赠，神庙积聚了大量的财富，这些财富都处在祭司，特别是高级祭司的直接控制之下。《哈里斯大纸草》就多次说到祭司负责管理的神庙财产。如：在谈到阿蒙的财产时说：

The House – of – Ramses – Ruler – of – Heliopolis，– L. – P. – H.，– Prossessed
– of – Joy – In – the – House – of – Amen 神庙（即南部卡尔纳克神庙）及其所有财物都在高级祭司掌管之下。②

在谈到拉神的财产时说：

The House – of – Ramses – Ruler – of – Heliopolis，– L. – P. – H.，– in – the – House
– of – Re 神庙及其1485头人等财产在高级祭司和其他官员管理之下。③

在谈到普塔赫神的财产时说：

他（即拉美西斯三世）给普塔赫神庙"South – of – His – Wall" 841头人，都在高级祭司及其官员管理之下。④

在谈到阿特里比斯（Athribis）的荷鲁斯神庙时说：

我（即拉美西斯三世）恢复该神庙的墙，使其变得崭新如初，……（我）加倍其每日的祭品……，我指派神庙的预言家和

---

① ARE，v. IV，§754.
② ARE，v. IV，§223.
③ ARE，v. IV，§281.
④ ARE，v. IV，§338.

视察官去管理它的奴隶·工人（serf-laborers），给它献祭祭品。①

《维勒布尔纸草》所记神庙土地，有很大一部分属于神庙直接经营地，它们都在祭司及其下属官员的管理之下。除了神庙直接经营地外，还有佃耕地，被出租给社会各阶层人士，其中有很多都是祭司。

祭司们最重要的职责就是进行日常奉神仪式。在各种圣殿中，这些仪式在细节和程度上有所不同。如在底比斯的神庙，祭司大约要做60种仪式；而在阿拜多斯的神庙，最多有36种。②这些仪式的目的无非是表示对神的虔诚以及营造神秘气氛。在每天的早、中、晚，祭司们都要进行繁复的奉神仪式，主要是给神像清洗、打扮、穿衣，及呈送一日三餐等。根据学者们的研究，祭司的日常奉神仪式大致如下。③

早晨的仪式最为繁复，主要有以下几个步骤。

①在黎明之前，当时刻祭司发出神圣服务即将开始的信号时，神庙工厂、仓库、面包烘房等忙了起来。炉子被点着；蛋糕和面包被准备好，放在盘子上；会计忙着记录各种祭品；祭司们用圣井的水清洗肉。随着时间的流逝，东方渐渐发白。

②接着，祭司们从自己的房子中出来，走向圣湖，用圣水清洗自

---

① *ARE*, v. IV, §360.
② Adolf Erman, *Life in Ancient Egypt*, New York, 1971, p. 273.
③ 以下所描述的关于神庙中祭司们的日常奉神仪式，详细请参见：Serge Sauneron, *The Priests of the Ancient Egypt*, New York and London, 1960, pp. 77 – 89; Herman te Velde, *Theology, Priests, and Worship in Ancient Egypt*, in *Civilization of the Ancient Near East*, J. M. Sasson ed., vol. III, New York, 1995, pp. 1741 – 1743; A. W. Shorter, *The Egyptian Gods*, London, 1979, pp. 23 – 25; Byrone Shafer, *Temples of Ancient Egypt*, New York, 1997, pp. 22 – 23 以及 The Daily Ritual in the Temple, *ANET*, pp. 325 – 326.

己的身体。①完毕后，向神庙方向行进。当到达神庙外墙时，祭司们在那里分开，进入各自的工作岗位。在做完各种洁礼后，东方渐渐变红。准备好的祭品也被带到了神庙。

③司祭者（一般为高级祭司）进入圣殿，点燃火把，伴随着晨起的颂诗，太阳刚好升起。

④司祭者登上神龛的台阶，开启封泥，打开神龛的门，并吟诵"天空之门被打开！地上之门被打开"的诗句，同时，揭开神像的面纱。退下台阶，匍匐在露出神像的神龛前，并吟颂赞美诗。

⑤给神呈献香、没药和象征秩序与公正的玛特神像，并吟诵赞美神圣秩序和公正的赞歌。

⑥从神龛中拿出神像，脱去神的衣服，用香、水清洁神像。

⑦给神先后穿上用精美亚麻布制成的四套衣服（颜色分别为白、蓝、绿和红色）②，并戴上手镯和脚镯；用化妆品给神装扮。

⑧清洁神龛，把装扮好的神像放入神龛中，呈献祭品；诵读祭品条目，把它们分别放在祭坛上，再点燃香炉上的香③，祭司们吟诵赞美诗。

⑨关闭神龛之门，并用封泥封好；食物被拿走，在祭司中间分配。

⑩拂去脚印，灭了火把，关闭圣殿。早晨仪式结束。

---

① 祭司们认为，圣水就像产生世界的原始水域，不仅能洁净身体，而且用它清洗的人能被赋予一个新的力量，从那里出来，就能走向诸神居住的永恒世界。所以，在进入神庙之前，祭司都要履行这一仪式。

② 关于神的衣服，除了每天都要换上这四套外，在重要的节日还有更精美的服装和装饰品。每个神庙都有一个被称为"宝库"（treasury）的小屋子，平时关闭着。里面保藏着珍贵的祭礼物品和种种神圣贡品，诸如胸饰、各种项链、小型头饰、铃鼓、手镯等。这些物品只有在最隆重的场合被拿出来装扮神。参见 Serge Sauneron, *The Priests of the Ancient Egypt*, New York and London, 1960, pp. 86–87。

③ 埃及人认为，食物的精华很可能通过燃香的烟传送给了神。

中午的仪式与隆重的早晨相比显得很简单。圣殿仍然关闭着，在日落之前诸神不会收到更多的祭品。中午的仪式主要是给次等诸神和神庙中供奉的被神化的国王的神殿前洒水和敬香。祭礼容器的净化、祭坛房子中圣水的更新以及奠酒和祭礼所需的各种香的更换都是中午仪式的一部分。

晚上仪式与早晨仪式相比仍然很简单。圣殿仍然关闭，各种仪式只在圣殿周围的小寝庙举行。在夜幕降临时，祭司们关闭了各个小寝庙和走廊的门，并退出神庙。神庙中的诸神就像人类一样很快进入了梦乡，而只有时刻祭司在屋顶上观测天象，确定精确的时间，迎接第二天黎明的到来。

在给诸神献祭的仪式中，代表国王的祭司还有一个特殊的称号。如图特摩斯一世的加冕典礼命令中就规定了代表国王向厄勒蕃廷诸神献祭的祭司的称号。[①]

再次，神庙祭司还承担着为神建造圣船的职责。圣船在神出行时使用，尤其是在盛大节日中，因而对其相当重视。圣船平常放在圣殿中，一些大神庙还配备有放置圣船的"船库"。圣船一般都很小，但一些大神庙有的船需要30多个祭司抬。[②]如第25王朝的祭司孟特姆赫特为阿蒙制作了一艘圣船，还详细介绍了其大小、质地："我制造阿蒙的圣船，长80肘，用最好的新雪松制作……。"[③]

除了神庙内的日常奉神职责外，神庙祭司还负责神的定期远行、出访与神庙重大节日的庆贺。每当这些时候，神的雕像被放置在圣船

[①] 这个称号是："Performance of the pleasing ceremonies on behalf of the King of Upper and Lower Egypt, Okheperkere, who is given life", *ARE*, v. II, §57 and p. 25 note c。

[②] Serge Sauneron, *The Priests of the Ancient Egypt*, New York and London, 1960, pp. 91–92.

[③] *ARE*, v. IV, §904.

上，由祭司们①抬出神庙在村子里行进。据 S. 绍涅隆讲，每隔 100 米就有圣船的一处"停靠点"（stations），这时，抬圣船的祭司休息一下，而另一些祭司则给神敬香、献祭各种祭品及诵读圣书经文等。到了晚上，神回到神庙或暂住在某个圣殿（chapel）以便第二天继续旅行。②不同的神庙有不同的节日，如在埃德富有"相聚节"（happy reunion）③、"新年节"④"胜利节"⑤；阿拜多斯有"奥西里斯节"⑥；底比斯有"奥帕特节"⑦ 等。⑧ 这些节日都公开举行，人们亲眼目睹这种隆重、神秘的仪式，尤其是节日中的神话角色经常由祭司扮演⑨，无疑扩大了神及其祭司的影响。

另外，祭司们为了使外界尤其是统治者们了解神、相信神的威力，很可能要对他们所奉侍的神进行一些宣传。诸如对神学体系的创立与发展以及上文提到的定期让神出访与远行、定期举行各种神圣节日等都属于这方面的工作。在这方面，拉神、荷鲁斯神、奥西里斯神、普

---

① 这些祭司被称为"carrier of the ship"，属于宗教职位中的较低等级。
② Serge Sauneron, *The Priests of the Ancient Egypt*, New York and London, 1960, p. 93.
③ 这个节日，登德拉赫（Dendreh）的哈托尔女神前往埃德富，与自己的丈夫隼神荷鲁斯团聚，大约在那里度过两周的时光。
④ 这个节日，举行隼神加冕典礼。
⑤ 这个节日上演荷鲁斯与塞特的神话剧。
⑥ 这个节日上演奥西里斯神秘剧，再现奥西里斯的受难、死亡、入葬及复活过程。据塞索斯特里斯三世时期一位官员的描述，该剧至少包括八个情节（ARE, v. I, §669）。而且祭司们经常在该剧中扮演各种角色（ARE, v. I, §§666, 763）。
⑦ 这个节日在新年举行，大约持续一个多月。主要内容是阿蒙神和他的妻子穆特（Mut）及儿子孔苏前往南部的卢克索神庙。
⑧ Herman te Velde, *Theology, Priests, and Worship in Ancient Egypt*, in *Civilization of the Ancient Near East*, J. M. Sasson ed., vol. III, New York, 1995, p. 1744.
⑨ 祭司除了在神话剧中扮演神外，在其他场合也经常见到。如，当国王在神庙中主持祭仪时，两个祭司戴着面具，装扮成荷鲁斯和塞特（或荷鲁斯和托特）给国王洒水以行洁身礼（A. M. Blackman, Priest, Priesthood (Egyptian), *GPM*, p. 123）；在底比斯阿蒙·拉的神庙中，两个女祭司装扮成伊西斯和涅菲悌丝，向奥西里斯吟唱（E. A. W. Budge, *Egyptian Ideas of the Future Life*, London, 1908, pp. 82–83）。

塔赫神，尤其是阿蒙神的祭司大概做了最多的工作，因而收到了很大的成效，使他们的神能得到统治者的赏识。像《阿吞颂诗》《尼罗河颂诗》等可能即为祭司们的作品。埃及的宗教没有教义，但有神的职责。谁给他们规定的职责？当然是祭司。祭司们正是通过对其所奉侍的神的宣传与推崇，使俗人尤其是统治者们对其深信不疑，从而使自己成为社会上有影响的势力群体。

总之，神庙祭司作为神的仆人，不仅要忠心地服侍神，而且还要维持神庙的日常运作和管理。有了神庙祭司，神和神庙才有了生气，从这个意义上说，古埃及人所谓的"一个神庙的财富是祭司"，[①]是有一定的道理的。

2. 丧葬方面的职能

古代埃及人为了使自己在来世能像生前一样生活，都非常注重丧葬礼仪，诸如木乃伊的制作、殡葬仪式、冥事法术以及陵墓的经营和管理。而这些事情都属于丧葬祭司的职能范围。

首先，人死后要举行一定的丧葬仪式。这些丧葬仪式都由丧葬祭司来主持。如在涂尸仪式中，由扮成阿努比斯的祭司"涂尸者"来主持。最重要的赋予死者以生命的"开嘴仪式"则由 sem‑priest 来主持。扮演成伊西斯和涅菲悌丝的女祭司则充当哀悼者的角色。[②]

但最重要的是丧葬祭司对丧葬服务的长期履行。祭司们要定期为死者制作丧葬祭品，[③]举行祭祀仪式，施用各种魔法以便死者能享用各类祭品。同时还要举行丧葬祈祷，为死者向神灵祈福。如第 26 王朝

[①] 见《安克舍索克的教谕》(the Instruction of Ankhsheshonq), *AEL*, v. III, p. 166。
[②] 关于丧礼的详细过程，请参见 P. Montet, *Everyday Life in Egypt in the Days of Ramesses the Great*, London, 1958, pp. 318-322。
[③] *ARE*, v. I, §§185, 222.

时，一个丧葬祈祷说："啊，承担神圣职责的每个祭司，奥西里斯将恩赐你，你为我朗诵丧葬祭品的祈祷"①，可能死者只有听到祭司的吟诵祭品的祈祷时，才能享受到献祭的美味。图特摩斯一世在阿拜多斯神庙完工后，对其丧葬祭司们说："供祭我的墓，安置我的祭品板，维护我的纪念碑，提到我的名字，记住我的衔号，赞美我的画像，表扬我的雕像"，②指出了祭司的种种丧葬职责。为此死者生前必须设立丧葬基金，托付给丧葬祭司，以换取丧葬祭司的种种服务。但一般情况下，基金捐赠者要与其丧葬祭司签订协议，订立合同，规定双方的权利与义务，最为典型的是第12王朝一个名叫赫普热斐的大公与祭司们签订的契约。③这位喜乌特的贵族，死前在他所居住城市的两个大神庙中树立了自己的雕像，一个是市中心的乌普瓦沃特神庙，一个是山崖脚下墓区边上的阿努比斯神庙。同时，他还在崖壁上建造了自己的坟墓，墓中放置自己的第3个雕像，由其丧葬祭司管理。首先，他对自己的丧葬祭司做出了明确的指示：

> 你将充当我的丧葬祭司，我赠给你我的田地、人民、牲畜、花园等一切东西，……以便你可以制作祭品给我，使我满意。你要管理我所有的财产。……这些东西将属于你最爱的儿子，他将充当我的丧葬祭司，……根据我给你的指示，不允许他在他的孩子中分割（我的财产）。④

除了让这个丧葬祭司去照管他的坟墓，并代表他去庆祝各种仪式外，他还召请两个神庙的祭司和墓地的一些官员在特定的时候帮助他

---

① ARE，v. IV，§1018.
② ARE，v. II，§97.
③ ARE，v. I，§§539-593。
④ ARE，v. I，§538.

的这个丧葬祭司。为此，他与这些祭司和官员们签订了 10 份契约，规定在自己死后，他们应该履行的各种服务以及他们应当获得的各种报酬（见下表）。

丧葬职权对照表①

契约	服务时节	提供服务者	提供的服务	接受者	服务者得到的报酬
第1份	乌普瓦沃特到阿努比斯神庙时	乌普瓦沃特神庙的每个俗人祭司	每人 1 份白面包	阿努比斯神庙中赫普热斐的雕像	赫普热斐作为乌普瓦沃特神庙高级预言家的收入
第2份	新年②	乌普瓦沃特神庙的每个俗人祭司	①每人 1 份白面包 ②到神庙的北角	由丧葬祭司负责的赫普热斐雕像	赫普热斐地产的 1 heket 谷物
第3份	Wag 节③	乌普瓦沃特神庙的正式职员	22 坛啤酒 2200 份扁面包 55 份白面包	赫普热斐	22 个神庙日
第4份	Wag 节	乌普瓦沃特神庙的每个俗人祭司	①每人 1 份白面包 ②随丧葬祭司赞美	赫普热斐	①每头牛 a khar of fuel、每只羊 an uhet of fuel ②22 坛啤酒 2200 份扁面包
第5份	①新年前夜 ②新年 ③wag 节	乌普瓦沃特神庙保管库的看管者	3 个火把	赫普热斐	3 个神庙日
第6份	每天的仪程	乌普瓦沃特的高级预言家	1 份烤肉 1 坛啤酒	赫普热斐	2 个神庙日

---

① 据中王国大公赫普热斐与祭司们签定的 10 个契约制成，ARE, v. I, §§539–593。
② 指古代埃及每年的第 1 季的第 1 月的第 1 天。
③ 指古代埃及每年的第 1 季的第 1 月的第 18 日。

续表

契约	服务时节	提供服务者	提供的服务	接受者	服务者得到的报酬
第7份	①新年前夜 ②新年 ③wag节前夜	阿努比斯的大祭司	3个火把	赫普热斐	1000单位的土地
第8份	①wag节前夜 ②wag节前夜 ③在阿努比斯神庙每日的献祭后	阿努比斯神庙的俗人祭司	①每人1份白面包 ②随丧葬祭司到达墓的台阶 ③XX份面包和1坛啤酒	①阿努比斯神庙中赫普热斐的雕像 ②同上 ③在墓的台上的赫普热斐的雕像	赫普热斐地产中每块田地第一次收获的谷物
第9份	①新年前夜和新年 ②新年	墓地监工（1个）、高地之长（1个）、山地人（8个） ②同上	①从阿努比神庙取2个火把 ②11坛啤酒550份扁面包、55份白面包	①赫普热斐 ②墓中赫普热斐的雕像	在山地上屠宰的每头牛的蹄子
第10份	Wag节前夜	高地监工	1坛啤酒、1块大面包、500份扁面包、10份白面包	墓中赫普热斐的雕像	1000个单位的土地、在高地上屠宰的每头牛的一条腿

从上表可以看出，契约对服务双方的权利与义务作了明确的规定。第4王朝有一个死者与其丧葬祭司达成的协议说："我永远不允许被授权的丧葬祭司把我给他的田地、人口以及与丧葬祭品有关的一切卖给任何人……"①；第5王朝一个祭司在其遗嘱中还明确指出，"如果丧葬祭司中的人不履行职责或从事其他职业，则我给予他们的所有东西（即丧葬基金）将归还给其所在的祭司团体"，"如果这些丧葬祭司中的任何人起诉其同伴，我给他的所有东西将被剥夺，然后给予那个被起诉的丧葬祭司"②。说明丧葬祭司在理论上应尽职尽责，不

---

① Sergio Donadoni, *The Egyptians*, Chicago, 1997, p. 268.
② *ARE*, v.I, §§234-235.

许从事其他职业。但实际上未必尽然，尤其是社会动荡之时，神庙荒废，基金被废，祭司被停成为普遍现象。

祭司们不仅在生前是宗教活动的主角，而且死后还能给神推荐生者，为他们向诸神说情。如第5王朝一个名叫霍特斐尔雅赫特（Hotephiryakhet）的祭司就在其墓上的铭文中郑重其事地说："……在这里，无论谁将给我制作祭品……，我将因此而推荐他们给诸神……"①，可能是使这些人免去来世中的灾难。再如第6王朝麦伦拉法老的一个仪式祭司哈克胡弗在其墓铭中陈述了自己的优秀品德后，说："活着的人，经过这座墓，不管是去上游还是下游，（如果）他将说：'给墓主1000份面包，1000坛啤酒'，看在它们的份上，我将为他们在下面的世界说情"，"至于进入这个墓地把其作为丧葬财产的任何人，我将像抓一只野兽一样抓他，他将因此被伟大的神审判"。②

（二）世俗职能

古代埃及祭司不但主宰着宗教世界，而且还直接介入到世俗社会诸多方面。

1. 担任政府各级行政官员

古代埃及祭司除了行使其宗教职能外，还在世俗社会中兼任各种职务。这似乎是古代埃及祭司的一大特色。但从古代埃及祭司的发展演化历史来看，这种兼职似乎也有一个变化。古王国、中王国时代，政府官员兼任祭司较多；到新王国时期，则祭司兼任政府官员较多。这种变化实际上是祭司对世俗社会的渗透，是祭司对世俗政权的蚕食。古代埃及祭司正是通过这种对世俗社会的不断渗透与蚕食而不断

---

① *ARE*, v. I, §252.
② *ARE*, v. I, §§329–330.

扩大其实力与影响，不仅与世俗的官僚贵族争夺权利，甚至还威胁到王权。维西尔首先是祭司们追逐的目标。新王国时期尤为突出，这从他们的衔号中就可以看出。如，女王哈特舍普舒特时代的哈普森涅布的衔号为：

> 世袭王子、大公、南方之主、赫里奥波里斯的仪式祭司、市长、维西尔、神庙监督。①

阿蒙霍特普三世时的普塔赫摩斯的衔号是：

> 首都监督、维西尔、上下埃及预言家之监督、下埃及之王的掌玺者、阿蒙的第一预言家。②

拉美西斯二世时代的塞提的衔号是：

> 世袭王子、首都之长、维西尔、国王之右持扇者、弓箭长、……国王书吏、马匹总长、孟德斯（Mendes）之主拉姆的大祭司、塞特的高级祭司、布陀·乌帕特·托沃（Buto - Upet - Towe）的仪式祭司、所有神的预言家之长。③

此外，中央其他要职也时有祭司兼任，如第6王朝哈克胡弗的衔号为"大公、南方之长、掌玺大臣、唯一王友、仪式祭司、商队管理者"④。第18王朝时阿蒙高级祭司阿蒙涅姆赫特兼任"国王的眼睛、下埃及王之掌玺者"⑤、麦利兼任"下埃及之王之掌玺者"⑥ 等。此外，祭司还担任地方行政官员，如第5王朝的一位仪式祭司就与其兄

---

① ARE, v.II, §389.
② EHR, V, p.59.
③ ARE, v.III, §542.
④ ARE, v.I, §326.
⑤ EHR, II, p.115.
⑥ EHR, II, p.117.

弟一起担当克拉斯特斯山地州的统治者。①利考波里特州（Lycoplite）的三个王子既是喜乌特之主，又是乌普瓦沃特的高级预言家。②第18王朝时托特的高级祭司伊姆努费尔还兼任赫尔摩波里斯的市长③等。总之，随着祭司实力的增强，祭司兼职世俗官员愈来愈普遍，虽然，我们有时很难辨清是官员兼祭司还是祭司兼官员，但可以肯定的是，祭司正是在这种不断的兼职中，最终攫取了世俗权力。

2. 跟随或代替国王远征

这类事例在文献中屡见。如第6王朝，乌尼率队远征，其下属成员有"大公、掌玺者、唯一王友、上下埃及各城镇之长们、王友们、通译们、上下埃及之大祭司们……"④。再如第6王朝国王各种工程长、大建筑师麦利普塔赫·奥涅克（Meriptah-Onekh）率队远征哈玛马特采石场，为培比一世的金字塔和萨卡拉的神庙获取坚硬的石料，随行人员有仪式祭司；⑤麦伦拉统治时期，仪式祭司哈克胡弗又被法老派去远征亚姆（Yam），发展与那里的贸易关系；⑥培比二世时期，一个厄勒蕃廷的贵族（亦为仪式祭司）被委以重任，领导了两次努比亚远征和一次北红海远征。⑦第12王朝，祭司安太夫跟随法老阿蒙涅姆赫特一世远征哈玛马特去寻找一块大石；⑧图特摩斯四世时奥努里斯的高级祭司阿蒙霍特普在其墓碑上记录了他跟随国王的远征，他说：

---

① ARE, v.I, §281.
② ARE, v.I, §391.
③ EHR, II, p.148.
④ AEL, v.I, p.20.
⑤ ARE, v.I, §298.
⑥ ARE, v.I, §§332-354.
⑦ ARE, v.I, §§358-360.
⑧ ARE, v.I, §§466-468.

"跟随陛下从纳哈林到卡罗伊";①拉美西斯四世统治时,阿蒙的高级祭司拉美斯那赫特按照国王的旨意率领庞大的远征队远征哈玛马特采石场,②等等。

3. 充当法官、审理案件

古代埃及可能有过神庙法庭或神判法,即由祭司通过神谕来为人们解决各种纠纷。这类事件在文献中屡见不鲜。如一位妇女,其父亲死后留给她两份铜和一份7个谷物单位的津贴。但他的母亲独自占有了铜,而且只留给她4个谷物单位的津贴,为此这个女儿请求阿蒙神的判决。③另一个例子谈到,一个工人自己用料给委托人(顾客)制作了一个石棺,材料费和劳力费总计31.5德本,但委托者只付给他24德本,为此他请求神的判决。④还有一个例子谈到一个工人为房子的所有权请求神的判决。⑤除了解决遗产纷争、劳资纠纷等案件外,最常见的就是阿蒙神对犯罪案件的解决。如,有一个阿蒙祭礼的高级官员被指控贪污财物,为了澄清事实,请来阿蒙。指控者写了两个不同的文本,一个说该人把丢失的财物藏了起来,另一个说该人的财产中没有任何被丢失的财物。当这两个文本被放在了神前时,神两次示意后一个,即认为该人是清白的。该人则立即被恢复了荣誉并得到了新的尊宠。⑥有时被指控者还反复请求阿蒙神谕。如大英博物馆编号为10335

---

① *ARE*, v. II, §818.
② *ARE*, v. IV, §§466–467.
③ Pierre Montet, *Everyday Life in Egypt in the Days of Ramesses the Great*, London, 1958, p. 284.
④ Pierre Montet, *Everyday Life in Egypt in the Days of Ramesses the Great*, London, 1958, p. 284.
⑤ Pierre Montet, *Everyday Life in Egypt in the Days of Ramesses the Great*, London, 1958, p. 284.
⑥ Pierre Montet, *Everyday Life in Egypt in the Days of Ramesses the Great*, London, 1958, pp. 284–285.

的纸草就记载了这么一个例子。①故事讲述了一个名叫阿姆涅姆雅（Amunemuia）的女仆丢了5件衣服，他请求底比斯帕·肯泰（Pe-Khenty）的阿蒙神帮助找出窃贼。神答应了，于是女仆向他诵读所有村民的名字，当叫到一个名叫帕赫阿门狄阿蒙（Pethauemdiamun）的村民时，神说："正是他偷的。"这个村民不相信，又到好几个地方的阿蒙神前验证，结果都说是他偷的，最后他只得承认，并允诺归还偷来的衣服。在判案过程中，神不仅能点头而且还能说这说那，无疑是服务他的阿蒙祭司在操纵。阿蒙祭司通过神谕和神判对社会生活的诸多方面产生影响，一方面反映了他们势力的增长；另一方面，这反过来又促进了阿蒙祭司势力的进一步增强。这种神谕在第21王朝以后则变得更为盛行了。②

同时，在国家法庭中也有祭司的席位。从祭司们的自传中经常可以看到他们对财产继承权的审理。如麦伦拉法老时的祭司哈克胡弗在其铭文中表白说："我从来不判决两兄弟中的任何一个被剥夺其继承父母财产的权利。"③另一个祭司培比·那赫特自述其优秀品德时亦说："我给饥者以面包，裸者以衣服，我从未判两兄弟中的任何一个被剥夺继承其父母财产的权利。"④再如，第19王朝的《霍连姆赫布敕令》中讲到国王的改革时说："至于任何官员或任何祭司，关于他们，被听说：'他坐着，执行判决在被任命的官员中'，那么，在那儿他犯了妨害公正罪"⑤；"陛下任命神庙的神圣父亲、预言家以及这片土地上

---

① Aylward M. Blackman, Oracles in Ancient Egypt, *JEA* 15 (1925), pp. 249-255.
② *ARE*, v. IV, §§650-658, 725-728, 795.
③ *ARE*, v. I, §331.
④ *ARE*, v. I, §357.
⑤ 根据上下文，这句话的意思是说，如果任何官员或任何祭司干涉已被任命的官员判案，那么，这些官员或祭司就犯了妨害公正罪。说明在当时社会中，官员或祭司干涉司法领域的现象很普遍，所以统治者才发布这样的敕令。

的法官和诸神的祭司们,他们组成了全体官员,他们将判决每个城市的市民"①。从正反两方面说明祭司已介入了司法领域。

4. 参与国王（或王后）的加冕仪式

祭司参与国王或王后的加冕仪式活动充分体现出王权与神权的紧密结合,也为二者的矛盾孕育了温床。但这似乎是法老合法的必经步骤。

哈特舍普舒特女王的加冕典礼铭文中说："陛下命令仪式祭司被带来,宣布她伟大的名字……"②,说明在国王的加冕典礼中,仪式祭司承担着宣布法老伟大名字的任务；而在女王进行洁身礼时,则由"Pillar of his Mother"把其领进洁身房之内。③这些说明,在法老的加冕仪式中,祭司是不可缺少的角色。第25王朝,塔努特阿蒙（Tanu-tamon）的石碑铭文记录了这个国王为征服北方、顺流而下来到底比斯,进入阿蒙·拉神庙,接受了祭司们给他的阿蒙的花冠,似在承认其法老的合法地位。④

5. 充当国王的使者或随国王出访

随着祭司地位的提高,祭司还活跃于外交舞台上。如第19王朝拉美西斯·塞普塔赫（Ramses－Siptah）统治的第1年,托特神的祭司、书吏涅菲霍尔（Neferhor）替法老给努比亚官员们传递信息,并带来库什新总督。⑤第23王朝皮安希（Piankhi）石碑记载努比亚皮安希王征服北方三角洲赛斯之主特夫那赫特（Tefnakhte）,当特夫那赫特发出臣服的信息时,皮安希王则派大仪式祭司皮底阿蒙伊斯托沃（Pedi-

---

① *ARE*, v. III, §§64–65.
② *ARE*, v. II, §239.
③ *ARE*, v. II, §240.
④ *ARE*, v. IV, §926.
⑤ *ARE*, v. III, §643.

amenesttowe）及军队之长普尔麦（Purme）前往接洽，商讨臣服事宜。①

此外，祭司还能随国王出访。如第 26 王朝普萨姆提克二世第 4 年，在远征完努比亚之后，法老想要访问亚洲。这个消息被发布给上下埃及的大神庙，说："法老将要去叙利亚的霍尔（Khor），让祭司们带着埃及诸神的礼物与法老一起去这个国家。"消息接着又被送往条德降伊（Teudjoi），说："让一个祭司带着阿蒙的礼物与法老一起去霍尔国。"祭司们随后集合起来一致对皮特塞斯说："只有你被选择与法老一起去；这个城中没有其他人能做这件事。你是生活之家的书吏。你能给询问你的人以一个满意的答案。而且你是阿蒙的预言家，正是埃及诸神的这些预言家将陪同法老（出访）。"②可能由于渊博的知识，祭司已成为法老得力的助手，一些国家大事都要向祭司咨询。③这无疑会大大助长祭司的势力。

6. 充当医生④

古代埃及的祭司精通医术。一个纯洁者，也是一个医生，判别献祭的牲畜是否纯洁也是他的一个主要职责。⑤布巴斯提斯的高级祭司就

---

① *ARE*, v. IV, §881; *AEL*, v. III, p. 79.
② Serge Sauneron, *The Priests of Ancient Egypt*, New York and London, 1960, p. 103.
③ 如，有文献记载，第 3 王朝的法老乔赛尔曾就国家长达 7 年的饥荒而向伊姆霍特普的一位祭司咨询（*AEL*, v. III, pp. 94 - 100）；再如，拉美西斯四世在一次答复外国使节前还与生活之家的祭司们商量（Pierre Montet, *Everyday Life in Egypt in the days Ramesses the Great*, London, 1958, p. 298）。
④ 有学者认为：在埃及有一个组织完善的医学阶层，"在更古的时代，此阶层大约依附于高级祭司，但是后来在医学校、在附设于庙内的休养所和在公共卫生机构中，逐渐取得了自主的地位"，"至于医生墓碑上有祭司头衔，并无多大意义，不能据此认为医生是祭司"（见［意］卡斯蒂格略尼著，北京医科大学医史教研室主译：《世界医学史》第一卷，商务印书馆，1986 年版，第 65 页）。但正如我们下文所述，在古代埃及，有些祭司负有医生的职能也是历史事实。
⑤ A. M. Blackman, Priest, Priesthood (Egyptian), *GPM*, p. 142.

<<< 第三章 古代埃及祭司的构成和职能

直接被称为"Great One of Physicians"①。有些祭司的衔号就表明其在某个医学领域的才能。如蝎子女神塞勒凯特（Selqit）的祭司就善于治愈因毒而导致的疾病。令人生畏的狮子女神塞克赫曼特（Sekhmet），她能使人生病，也能治愈它。她的高级祭司因医学知识而著名，尤其擅长动物疾病，有人认为他是一个兽医。②在麦尔有一处墓室浮雕描绘了塞克赫曼特和牲畜的图景，清楚地表明塞克赫曼特的祭司在判别这些牲畜是否适合于献祭。③医生似乎是祭司的一项正常职能。第5王朝的一个维西尔、大建筑师维斯普塔赫（Weshptah）在陪同法老视察其伟大建筑时，突然患病，法老就立即传唤仪式祭司和医生，让其诊断，但为时已晚，他们说维斯普塔赫的病是致命的。④

此外，还有一些专业祭司，如前文提到过的时刻祭司、星占祭司，他们具有测定天文历法的职能。如J. H. 布列斯特德提到了一个铭文说，在第12王朝第120年来自一位祭司的信通知他的属下太阳升起的日子将是8月15日。⑤

总之，古代埃及的祭司不仅把持着宗教世界，而且随着其实力的发展，在世俗社会的诸多领域也相当活跃，来自于埃德富神庙的一份圣书目录清单也许会使我们对古代埃及祭司的职能有一个更深刻的认识。

---

① B. Shafer, *Temples of Ancient Egypt*, New York, 1997, p. 11.
② Serge Sauneron, *The Priests of Ancient Egypt*, New York and London, 1960, pp. 161 - 162.
③ A. M. Blackman, Priest, Priesthood (Egyptian), *GPM*, p. 142.
④ *ARE*, v. I, §246.
⑤ *ARE*, v. I, p. 28.

埃德富神庙圣书目录清单①

能打击恶魔、驱逐鳄鱼、利于光阴、保护和开动船只的书；

安排国王行进的书；

指导祭礼的书；……

保护城市、房屋、白王冠和年景的书；……

抚慰塞克赫曼特的书；……

捕获狮子、赶走鳄鱼、……爬虫的书；

……

神庙财产目录的书；

捕获敌人的书；

所有战争文献的书；

神庙规则书；

神庙保卫书；

装饰墙的指导书；

保护身体的书；

保护宫中国王的书；

击退邪恶目光的书；

太阳和月亮周期性运转知识的书；

其他星星周期性运转控制的书；

列举所有神圣的地方以及有关那里知识的书；

关于神在节日中外出的所有仪式的书。

---

① Serge Sauneron, *The Priests of Ancient Egypt*, New York and London, 1960, p. 138.

第四章 古代埃及祭司的收入、特权和祭司职位的获取

古代埃及的祭司，作为神的仆人，其服务并不是免费的、义务的。祭司生活不仅意味着职责，而且更包含着相当多的收益。作为他们服务的报偿，祭司不仅可以获得丰厚的经济收入，而且还可以得到诸如免税、免除国家强制性劳动等特权。正因为如此，祭司便成为一个人们向往的职业，成为人们追逐的目标。那么，祭司到底有哪些收入？有什么特权？如何才能成为一个祭司？本章即对这些问题作一回答。

一、祭司的收入

（一）丧葬祭司的收入

丧葬祭司的收入主要来自于死者为维持其丧葬服务所设立的丧葬基金。如第5王朝的涅孔涅赫，他既是罗耶涅特（Royenet）地方哈托尔神庙的祭司，又是贵族赫努卡的丧葬祭司，由此他分别得到了60斯塔特的土地；后来，他又立下遗嘱，让他的13个子女共同充当这两个

职位的继承者，他的子女们因此则每人得到了 10 斯塔特的土地。①实际上是获得了这些土地上的收入。第 12 王朝赫普热斐大公在铭文中对其丧葬祭司说："你将充当我的丧葬祭司，我赠给你我的田地、人民、牲畜、花园等一切东西，……以便你可以制作祭品给我，使我满意"②。可见，丧葬祭司可以获得委托者给他的田地、人民、牲畜、花园等财产。

另外，献祭给死者的祭品除了祭祀外，也全部归丧葬祭司所有。如前文提到过的赫普热斐，在新年和 Wag 节前夜其墓中的雕像会分别收到如下祭品：

献给赫普热斐的祭品③

节日	献祭者	啤酒（坛）	扁面包（份）	白面包（份）
新年	墓地监工（1人）	2	100	10
新年	高地之主（1人）	1	50	5
新年	山地人（8人）	8	400	40
Wag 节前夜	高地监工（1人）	1	500	10

从上表可知，这两天共有 12 坛啤酒、1050 份扁面包和 65 份白面包献祭给赫普热斐，这些无疑都落入了他唯一的丧葬祭司手中。

---

① 因为涅孔涅赫共有 13 个子女，按照遗嘱，实际上有 11 个获得了 10 斯塔特，而其余 2 人分别得到了 5 斯塔特土地。ARE, v.I, §§213-214。
② ARE, v.I, §538。
③ 据赫普热斐的第 9 和第 10 份契约制。ARE, v.I, §§585, 590。

此外，必须指出的是，丧葬祭司获得这些收入是有一定条件的。如第 4 王朝一个死者与其丧葬祭司达成的协议说："我永远不允许被授权的丧葬祭司把我给他的田地、人口以及与丧葬祭品有关的一切卖给任何人……"[①]第 5 王朝一个祭司在其遗嘱中说："如果丧葬祭司中的任何一个不履行其职责或从事其他职业，则我给予他的所有东西（即丧葬基金）将归还给其所在的祭司团体"，"如果这些丧葬祭司中的任何人起诉其同伴，我给他的所有东西将被剥夺，然后给予那个被起诉的丧葬祭司"。[②]

以上说明，丧葬祭司只有认真履行其承担的丧葬义务，他才能永久地获得委托人设立的丧葬基金及其他一切财富；同时，丧葬祭司也不能把丧葬基金随便转卖给任何人。

（二）神庙祭司的收入

1. 基金收入

从前文引用过的《帕勒摩石碑铭文》和《哈里斯大纸草》可以看出，法老们捐赠给神庙大量的土地作为神庙基金，这些基金是神庙祭司收入的重要来源。祭司们或者得到一部分土地，或者收到一份土地上的收入作为其职位的报酬。如前文提到过的涅孔涅赫，他充当罗耶涅特地方哈托尔神庙的祭司，由此得到了 60 斯塔特土地。[③]再如在条让伊的阿蒙神庙的土地收入每年被平分成了 100 份，其中大预言家得到了 20 份，而在他之下的 80 个祭司每人则得到了 1 份。[④]由此可见，不同级别的祭司，他们从神庙获得的收入是不同的。就上面这个例子

---

① Sergio Donadoni, *The Egyptians*, Chicago, 1997, p. 268.
② *ARE*, v. I, §§234-235.
③ *ARE*, v. I, §213.
④ A. M. Blackman, Priest, Priesthood (Egyptian), *GPM*, p. 132.

而言，条让伊阿蒙神庙大预言家的收入是普通祭司的 20 倍。至于其他地方的神庙，由于没有相关的材料，情况尚不清楚。但很可能高级别的祭司占有相当多的财富，如第 26 王朝阿蒙的高级祭司尼特克丽丝占有的土地更高达 3300 斯塔特，具体为：

阿蒙高级祭司尼特克丽丝所占土地表①

单位：斯塔特

给予者	土地位置	土地数目
普萨姆提克一世	赫拉克列奥波里斯尤那州（Yuna）	300
	昂克瑞尼克斯（Oxyrhyncus）地区	300
	塞普（Sep）地区	[300]
	野兔州	600
	阿帕朗迪托波里斯（Aphroditopolis）地区	300
	[——]地区	200
底比斯预言家之长涅苏普塔赫（Nesuptah）	瓦瓦特（Wawat）地区	100
	舍易斯（Sais）地区	360
	比斯塔（Bista）地区	500
	底布（Thebu）地区	240
	赫里奥波里斯地区	200 + X
总计		3300

从上表可知，尼特克丽丝所占土地涉及埃及南部 7 州和北方 4 州。所以，祭司群体中不仅有等级划分，更有阶级差别，其上层在经济上富有，在政治上参与统治。在神权与王权的斗争以及祭司与世俗奴隶主的斗争中，其参与者主要是祭司的上层。

---

① 根据尼特克丽丝的财产目录清单制，ARE, v. IV, §§ 947-957.

2. 祭品

祭司的第二项重要收入是各类祭品。神庙每天都收到大量的祭品，节日还有额外的祭品。如，《帕勒摩石碑铭文》记载，第5王朝乌塞尔卡弗王第5年，他给：

赫里奥波里斯诸神灵，每一［……］和每一［……］节日，20份面包和酒；

［号为］塞普·拉（Sepre）的太阳庙诸神，……每日2头牛，2只鹅；

在南部圣宫的［女神］涅赫布特（Nekhbet），每日10份面包和酒；

在伯耳努（Pernu）的布陀，每日10份面包和酒；

在南部圣宫的诸神，每日48份面包和酒。①

萨胡拉王第5年，他给：

伯耳威尔（Perwer）的女神涅赫布特，每日800份面包和酒；

伯耳涅塞尔（Perneser）的女神布陀，每日4800份的面包和酒；

在塞努特（Senut）神庙的拉，每日138份面包和酒；

在南部圣宫的拉，每日40份面包和酒；

在特普·赫特（Tep-het）的拉，每日74份面包和酒；

在太阳庙塞克赫特·拉（Sekhet-Re）的哈托尔，每日4份面包和酒。②

再如，在西底比斯美迪奈特·哈布（Medinet Hebu）的大神庙的

---

① ARE, v.I, §§154-156.
② ARE, v.I, §159.

外墙上，保存有一份拉美西斯二世和三世给这个圣殿的祭品单的一部分。据阿道夫·埃尔曼统计，该神庙光祭品桌上每天就要收到大约3220只面包、24只蛋糕、144坛啤酒、32只鹅和好几坛葡萄酒，这还不说那些蜂蜜、花、香等小祭品。除了这些收入，在特殊的日子还有额外的祭品。如在每个月的第二、四、十、十五、二十九、三十天，该神庙则有83只面包、15坛啤酒、6只鸟、1坛葡萄酒进账；而在新月和每个月的第六天，祭品总计达到356只面包、14只蛋糕、34坛啤酒、1头牛、16只鸟以及23坛葡萄酒。① 在祭祀后，这些祭品无疑是在祭司和神庙人员中分配了。

卡尔纳克节日大厅南边外墙上图特摩斯三世的铭文就明确写道：

陛下命令把祭坛上的20份面包、1坛啤酒和4捆蔬菜……新的……被发给他的丧葬祭司，我的神庙祭司分配它们。②

尽管这段铭文很残缺，但还是可以看出，神庙每天收入的祭品在神享用完之后，很大一部分要在祭司中分配。

中王国贵族赫普热斐在他与乌普瓦沃特神庙祭司的契约中写道：

你们可以分每天进入神庙的一切东西，包括面包、啤酒和肉。

希罗多德在谈到埃及的祭司时说："他们既不消耗他们自己的物品，也不用花费自己的钱去买任何东西；每天他们都得到用谷物制作好的圣食，人们还分配给他们丰富的牛肉和鹅肉以及一份葡萄酒。"③ 第26王朝阿蒙的高级女祭司尼特克丽丝每天则收到2100德本面包、11hin葡萄酒、$2\frac{1}{6}$份蛋糕、$2\frac{2}{3}$捆蔬菜，每月收到3头牛、5只鹅、20

---

① Adolf Erman, *Life in Ancient Egypt*, New York, 1971, p. 277.
② *EHR*, I, p. 15.
③ 希罗多德, II, 37。

坛啤酒。①再如条让伊的一个女预言家，除了享有一份神庙基金的收入外，还从神庙田地和城镇得到了亚麻、香、油、面包、牛肉、鹅肉、葡萄酒、啤酒、灯、香草、牛奶等。②

3. 其他收入

神庙祭司有时也可以通过给死者的一些丧葬服务而得到一些报酬。如阿努比斯的大祭司通过在新年前夜、新年、wag节前夜给赫普热斐提供3个火把而得到了1000单位土地的报酬；③乌普瓦沃特神庙的俗人祭司们只要每人在wag节带着1份白面包、跟随赫普热斐的丧葬祭司给赫普热斐唱颂诗，他们将得到总计22坛啤酒、2200份扁面包。④至于祭司们为人们主持的各种礼仪，无疑也不是免费的。如在给患者驱魔治病时，进行溅水仪式的祭司会收到一部分赏金。⑤有时祭司还能得到国王的赏赐，如第18王朝时的一个界碑写道：

> （这是）供两地之主、上下埃及之王孟克霍普鲁拉（即图特摩斯四世）雕像的丧葬服务（的地产）的东南边界，（这块地产，即）5阿鲁尔的低洼可耕地和制作神圣祭品的坦特森乌（Tantshenau）的新地，作为国王的恩惠，它被给予了纯洁者、阿蒙的工匠长康特。⑥

这是祭司得到了土地的奖赏。

---

① *ARE*, v. IV, §§954, 957.
② A. M. Blackman, *On the Position of Women in the Ancient Egyptian Hierarchy*, *JEA* 7 (1921), p. 29.
③ *ARE*, v. I, §§572–575.
④ *ARE*, v. I, §§554–556.
⑤ Pierre Montet, *Everyday Life in Egypt in the days of Ramesses the Great*, London, 1958, pp. 282–283.
⑥ *EHR*, III, p. 301.

第19王朝一个名叫涅菲尔霍特普的祭司在其墓铭中详细记录了自己接受国王霍连姆赫布奖赏的情景，铭文写道：

霍连姆赫布第3年，看，陛下来了，……阿蒙的神圣父亲涅菲尔霍特普被召唤过来接受国王的奖赏：无数的银、金、衣服、膏油、面包、啤酒、肉和蛋糕……。①

再如，拉美西斯十一世一次就赏给一位高级祭司50德本银，相当于470个百姓一年的食物。②这些无疑是祭司的一项重要收入。

此外，高级祭司还能得到特殊的津贴。如在乌普瓦沃特神庙中，每杀一头牛，该神的高级预言家都能得到一份烤肉。③那帕达（Napata）的阿蒙高级女祭司的津贴，每天15份面包，每月15坛啤酒，每年3头牛；在节日期间还能收到额外的啤酒。④另外，据《坎诺普斯敕令》（Decree of Canopus），祭司的妻子每天能得到一份面包，而祭司的女儿从一出生就能获得一份神庙基金的收入。⑤

祭司们还能通过兼任多个宗教职位来获得更多的收入，因此文献中经常见到祭司们兼任不同神的祭司或担任不同种类的祭司。如第5王朝的霍特斐尔雅赫特，既是尼斐利尔卡拉王的祭司，又是纽塞拉太阳庙的祭司；⑥第6王朝培比二世时代的扎乌（Zau），既是布陀（Bu-

---

① *ARE*, v. III, §71.
② B. G. Trigger, *Ancient Egypt, a social history*, Combridge University Press, 1983, p. 226.
③ *ARE*, v. I, §568.
④ A. M. Blackman, On the Position of Women in the Ancient Egyptian Hierarchy, *JEA* 7 (1921), p. 29.
⑤ A. M. Blackman, On the Position of Women in the Ancient Egyptian Hierarchy, *JEA* 7 (1921), p. 30.
⑥ *ARE*, v. I, §251.

to）诸神的预言家，又是涅亨诸神的预言家；①第19王朝的罗伊，既是国王的丧葬祭司，又是底比斯拉·阿图姆神庙的大预言家、阿蒙神的高级祭司；②第22王朝的杰德孔舍法恩赫，除了担任阿蒙·拉的第四预言家外，还是天空女神穆特的第二预言家、贝涅恩特（Benent）地方孔斯（Khons）的预言家等。③有的祭司还担任世俗职务，其获取的收入则更多。④

另外，祭司们还通过租佃神庙土地来增加自己的收入。如，据A. H. 伽丁内尔统计，在《维勒布尔纸草》中，租佃土地者分布于社会的各个等级和各个职业，大约有50种不同的衔号。其中祭司占有相当大比重，提到的普通祭司（w'b）达112个，不同的预言家20个。⑤如：

26, 38　祭司普拉那赫特（Pranakhte）　.5.1, mc. $1\frac{2}{4}$⑥

26, 40　祭司肯尔塞特（Kenrset）　.5.1, mc. $1\frac{2}{4}$

26, 45　祭司普曼赫弗普涅布（Pmehefpnebie）　.5.1, mc. $1\frac{2}{4}$

---

① *ARE*, v. I, §348.
② *ARE*, v. III, §623.
③ *AEL*, v. III, p. 14.
④ 如中王国的赫普热斐既能得到作为"大公"的俸禄，又能得到作为乌普瓦沃特高级预言家的收入，*ARE*, v. I, §§535-536.
⑤ A. H. Gardiner, *Wilbour Papyrus*, v. II, Oxford, 1948, pp. 79, 84.
⑥ 这是土地丈量的书写格式，"祭司普拉那赫特"指土地租种者的身份、名字；".5.1"指"租种了5阿鲁尔面积的土地，其中1阿鲁尔应征税"；"mc. $1\frac{2}{4}$"指"每阿鲁尔土地应征$1\frac{2}{4}$个谷物标准（measure corn）"。

27，15　祭司哈姆努特（Phamnute）　.5. $\frac{1}{4}$, mc. 1 $\frac{2}{4}$

32，39　塞特神庙的祭司雅雅布（Djadjabu）　.3ar.. $\frac{1}{2}$, mc. 1 $\frac{2}{4}$①

34，50　祭司皮罗伊（Peroy）　.5. $\frac{1}{2}$, mc. 1 $\frac{2}{4}$

34，51　祭司塞特卡（Setkha），已死　.5. $\frac{1}{2}$, mc. 1 $\frac{2}{4}$

39，34　由预言家普拉姆哈布（Praemhab）耕种的土地　5, mc. 5, mc. 25②

39，41　由预言家温瑙弗拉（Wennofre）耕种的土地　20, mc. 5, mc. 100

45，1　祭司孔斯.3ar..1, [mc. 1 $\frac{2}{4}$]

48，16　祭司普克霍尔，已死，由其孩子耕种 .3ar..1, mc. 1 $\frac{2}{4}$③

以上例子说明，祭司们还通过租种神庙土地的办法，来增加自己的收入。

---

① 意思是这个祭司租种了3阿鲁尔土地，其中1/2阿鲁尔应征税，税率是1 $\frac{2}{4}$ 个谷物标准。
② 这些数字意思是，该预言家租种了5阿鲁尔土地，每阿鲁尔土地应征税5个谷物标准，5阿鲁尔土地共计征税25个谷物标准。
③ 以上例子均引自《维勒布尔纸草》文献 A，见 A. H. Gardiner, *The Wilbour Papyrus*, v. III, Oxford, 1948.

174

二、祭司的特权

在古代埃及，丧葬祭司是否有特权，我们尚不清楚。因为目前我们还未看到有关这方面的材料。但一些材料反映出神庙祭司是有一定特权的。

（一）免税和免除国家强制性劳动

古代埃及的神庙祭司是否免税仍是一个有争议的问题。一些古典作家作了肯定的回答。希罗多德曾说："在埃及人当中，除去祭司而外，武士是唯一拥有特权的人们，他们每个人都被赋予12阿鲁尔不上税的土地。"①言外之意是说祭司也是埃及人当中的特权者，也拥有不上税的土地。而戴奥多罗斯更明确指出："埃及的土地分成三部分。第一部分属于祭司等级，因为他们服侍神，在民众中享有最高的尊敬。……祭司被免于所有的税……。"②《圣经》中有一个故事说，约瑟为埃及宰相时，"为埃及地定下常例直到今日，法老必得五分之一，惟独祭司的地不归法老"③，也就是说祭司的土地免于征税。

埃及文献中也有关于神庙祭司免税的记载。如拉美西斯三世发布的《克努姆神庙基金条例》，铭文说：

> 法令在这一天的朝堂上发布给维西尔、王子们、王友们、法官们、市长们和所有的王室官员；王室地产的官员或任何被委任到这个田地的人都不得使这块田地上的居民进行强征劳动；他们的船不能被停下来进行任何巡查；他们的船，不能被派往这个田

---

① 希罗多德，II，168。
② Diodorus, I, 73. 在另一处他也说到埃及的祭司被免税和免除所有的公民义务，见 Diodorus, I, 28。
③ 《旧约全书·创世纪》47：26。

地的任何人依法占有，去执行给法老远送的任务。不能拿走任何属于他们的（财产）通过合法占有、抢劫、或［——］，（由委任到这个田地的）任何市长、任何视察官、任何官员。至于将要这样做的任何人，［——］他拿的东西将被从他收集——。

至于渔夫、捕野禽者、收集泡碱者、收集盐者以及所有为诸神之父（克努姆）神庙服务的人，任何人都不应该干涉他们的工作。

至于——任何收集蜜者、任何一个属于神庙的人，（如果）有人侵犯他，他将说："某个视察官或某某官员就是那个侵犯我的人"，他将务必弥补损失，把那些偷偷带出神庙的东西完好地归还给神。并且没有被收集——他们所有的东西，包括他们自己为自己耕作的东西，都应被拿走作为神圣祭品（即神庙收入）。

牲畜的任何监督、任何一个人都不应带走一头牲畜，把它给另一个人作为食物或通过抢劫——给［——］从他那里偷偷地［——］。并且将来的维西尔不向这些神庙的任何预言家征收银、金、皮革、衣服、膏油——但所有的人应停留和住在这些神庙，在那里进行他们的工作给诸神——。①

从这个神庙条例我们可以看出，克努姆神庙的土地、居民、产物一同免于王室征税，也不得被政府征用，其实质是拉美西斯三世发布给克努姆神庙的一个特许令。特别是最后一句，"将来的维西尔不向这些神庙的任何预言家征收银、金、皮革、衣服、膏油——"，说明克努姆神庙的预言家们此后将获得免税的权利。

古王国时期，经常发现法老发布这种特许令。如第 4 王朝初年，

---

① ARE, v. IV, §§147–150.

<<< 第四章 古代埃及祭司的收入、特权和祭司职位的获取

斯尼弗鲁王下令,他的金字塔二城永久免去力役及给朝廷的赋税,同时二城中之佃户,亦免于供养国王驿使等,并不得强迫其做农田凿石诸事,其土地、牲畜、树木亦在免税之列。两城还有特许状在王室办公室,规定其权利与义务。此特许状在第6王朝培比一世第21年,又重新颁布。在培比二世时代亦有不少类似的文件,以确保在神庙中给其自己固定的祭品服务。① 第5王朝尼斐利尔卡拉国王颁布的《阿拜多斯敕令》说:

> 我不允许任何人有权带走你②那个区的任何祭司去干其他事情(即国家徭役和这个地区的其他事情),他们只能为其所在的神庙的神服务,以及保养其所在的神庙,按照上下埃及之王尼斐利尔卡拉的命令,他们被永远免除(徭役),任何其他机关不得违反此敕令。我不允许任何人有权获得神庙地产上的任何劳动,按照上下埃及之王尼斐利尔卡拉的命令,他们被永远免除(徭役),任何其他机关不得违反此敕令。我不允许任何人有权带走任何神庙地产上的任何农奴,去从事徭役和这个地区的其他工作,按照上下埃及之王尼斐利尔卡拉的命令,他们被永远免除(徭役),任何其他机关不得违反此敕令。至于该区的任何人,为了徭役和该区任何其他工作而带走神庙地产上的任何祭司,那么你将把他交给神庙感化院(temple workhouse),让他自己去承担徭役或把他交给耕地之所……违背我敕令的任何官员或王室贵戚、农业官员,他们将被免职并转交给法庭,而其所拥有的住宅、田地、人口及一切东西将被没收,他自己则去承担徭役。③

---

① A. Monet, *The Nile and Egyptian Civilization*, London, 1927, pp. 204－205.
② 指阿拜多斯奥西里斯神庙的大预言家赫姆尔(Hem－ur)。
③ *ANET*, p. 212.

第6王朝初,特提王接到报告说,王室官吏已进入阿拜多斯神庙领地调查土田牲畜,并令人服役。特提王立即发布了一道命令,"此处土田祭司,都为神庙服役,不纳税于王家,官吏不得干涉"①。培比二世时代发现有保护明神庙及其祭司免受干涉及免于徭役的法令。②此外,一些丧葬神庙也拥有这种特许状,如第6王朝国王培比一世母亲伊普特丧葬神庙的特许状说:

> 陛下命令免除该庙及属于该庙的奴隶、大小牲畜的税,……至于任何长官向南执行使命时不得向该庙收任何旅费,陛下命令免除该庙给王室随员的供给,陛下不允许向该庙征税给王室。③

这些特许令的颁布,使一些神庙及其祭司获得了免税和免除国家强制性劳动的特权。这样,久而久之,国家田地和租税日渐减少,而神庙及其祭司则日渐富强,国王权威已不如往昔。曾经拥有至高权力的法老现在被描绘成被涅亨(Nekhen)鹰女神哺育的样子。更有甚者,第6王朝法老培比一世跪在一神前向其呈献祭品。④第5王朝尼斐利尔卡拉王一建筑师死后,国王悲痛欲绝,回到寝宫,在那里向拉神乞求、祷告。⑤国王不仅经济实力渐弱,而且其政治威势也日益下降。正如摩赖所言,"至第六朝之末年,法老徒拥祭司长之虚名,实际上埃及已成为祭司专政时代,国王则大权旁落,祭司则坐拥庙产,王国之末日已至,政权皆操于此辈封建式之教士手中而已"⑥。因而,这种

---

① A. Monet, *The Nile and Egyptian Civilization*, Lodon, 1927, p. 207.
② A. H. Gardiner, *Egypt of Pharaohs*, Oxford, 1961, p. 108.
③ *AEL*, v. I, p. 28.
④ Jill Kamil, *The Ancient Egyptians*, The American University in Cario Press, 1984, p. 65.
⑤ *ARE*, v. I, §242.
⑥ [法]摩赖:《尼罗河与埃及之文明》,刘麟生译,商务印书馆,1941年,第122页。

特权,不仅减少国家的税收,更重要的是它成为地方割据势力的温床,逐渐瓦解着中央集权的专制统治。正如 N. 格瑞迈尔所说,"这种原则(指丧葬基金享受免税特权)蕴含着国家毁灭的种子"①。虽然我们不能把古王国灭亡的原因完全归结于此,但它确实是重要原因之一。

值得指出的是,并不是所有的神庙及其祭司都享有这种权利。如第 6 王朝培比二世时代,远征努比亚的上埃及长官哈克胡弗收到了国王的亲笔信,让他赶快带回捕获的能跳舞的小矮人,同时国王还下达了一道命令:

> 给新城镇之长、王友和祭司们之监督命令,要求他们掌管下的每一个仓库和每一个没被豁免的神庙应给(远征人员)提供补给。②

这个例子说明,还有些没被豁免的神庙。

有一个材料,谈到了发生在第 18 王朝图特摩斯四世时期向神庙征税的一次诉讼,铭文这样写道:

[向法庭叙述案情的本质]

> [一天,当军官麦利同]宝库首长舍别克霍特普[一起出庭时]说:"至于[税的问题],即所说伊涅耳提(现代的格伯陵)的女统治者哈托尔女神的税的问题[关于它,某次会议]已早[得到了]申诉。"
>
> [申诉曾]在[法老图特摩斯(即图特摩斯三世)时][(根据)土地清册的(记录)]而检查过……从涅布别赫提尔(即阿赫摩斯一世)(长寿、健康、幸福)到现在,子子孙孙都[定期]

---

① N. Grimal, *A History of Ancient Egypt*, Oxford, 1992, p. 92.
② *AEL*, v. I, p. 27.

把税［付给了］女神。

［法庭的判决］

法庭说："至于长寿、健康、幸福的门赫别努尔（图特摩斯三世）统治时期检查过的给女神的这些税，——已免于向州长交纳，如同为了女神、他们的统治者而免于向南方的［长官］交纳一样。望依照法律，不要同他们打官司。宝库［首长］舍别克霍特普是正确的，而军官麦利是不正确的。"

［对控告者的惩罚］

当时，他（即军官麦利）被打了一百棍。①

这个例子说明即使那些已经得到豁免的神庙还遭受过控告。虽然最后以神庙的胜诉而结束，但侧面反映出并不是所有的神庙都享有豁免的权利。

谈到这里，也许有人会有这样的疑问：对神庙的豁免就是对祭司的豁免吗？我们认为，虽然二者不能等同，但从某种意义上来讲，这二者又是一致的。因为对神庙的豁免，无非是免除神庙财产（包括土地、牲畜等）的税以及免除神庙人员（神庙土地上的劳动者及各类祭司等）的强制劳动等；同时，又由于大量的神庙土地被祭司拥有，所以说，对神庙的豁免实质上就是对祭司的豁免。当然，祭司在享受豁免权利的同时，要认真履行其神职义务，这从上文我们所提到过的诸多特许令中都可以看到。同样的道理，神庙没有被豁免，其祭司无疑也不可能享受到豁免的权利。神庙交税即是祭司交税。正如 A. H. 伽

---

① 该铭文写在一份纸草上，现藏于缪亨博物馆（即所谓的莫克纸草）。转引自：北京师范大学历史系世界古代史教研室编《世界古代及中古史资料选集》，北京师范大学出版社，1999 年版，第 31 – 32 页。

丁内尔说:"埃及人总是认为这两者没有什么区分(即相同——引者注)。"①为了说明这一点,他举了一个例子:都灵税册中一个地方谈到从预言家们收到的谷物款项,与另一个地方从在伊斯那(Esna)的涅布(Nebu)和克努姆神庙收到的402袋的税明显是指对同一块土地征收的同一种税。②按照伽丁内尔的意见,《维勒布尔纸草》中所有土地中的税额,都是交给国王的。当然那些神庙土地的税也是交给国王的。

此外,也存在祭司从事国家强制性劳动的事实。如有一幅雕刻描绘了赫尔摩波里斯地方的一组祭司正在将图特霍普(Dhuthop)的巨大的雕像,从哈特努布(Hatnub)采石场拉运到指定的地方。③

以上事实说明,只有那些得到了特许令的神庙,其祭司才拥有免税和免除国家强制性劳动等特权。至于法老王朝之后,布兰克曼认为,在托勒密埃及晚期,祭司们似乎被免除所有的强制性国家服务。在罗马时代,他们逐渐失去了其古老的特权地位,有时甚至被强迫去为王室耕种土地。只有一些重要神庙的祭司才享有免除国家强制劳动的特权。而托勒密时期,大部分神庙地产都要交税,只有那些作为给神的赠礼的土地以及由祭司自己管理的土地才享有免税的特权。④

(二)其他特权

除了享有免税和免除国家强制劳动的特权外,神庙祭司还享有一些其他特权。如在《哈里斯大纸草》中,拉美西斯三世谈到自己给予诸神的善行时说:

> 我用一堆堆的大麦和小麦填满你们的仓库。我建造你们的神

---

① A. H. Gardiner, *Wilbour Papyrus*, v. II, Oxford, 1948, p. 203.
② A. H. Gardiner, *Wilbour Papyrus*, v. II, Oxford, 1948, p. 203.
③ A. M. Blackman, Priest, Priesthood (Egyptian), *GPM*, p. 133.
④ A. M. Blackman, Priest, Priesthood (Egyptian), *GPM*, pp. 133-134.

庙和圣殿，在上面雕刻着你们的名字，使其永存。我给你们提供农奴·工人（serf‐laborers），用大量的人口充实它。以前国王们对附属于神庙的人们征收的杂税，我则不征，我不征召他们成为步兵和战车兵。①

这就是说，拉美西斯三世曾下令免除神庙人员服军役。这种军役在拉美西斯三世之前曾执行，据伽丁内尔讲，是按神庙人员的1/10的比例征召。②另据布兰克曼讲，在托勒密时期，祭司免交人头税。而在罗马统治时期，每个神庙除了一些特殊的祭司，都必须交这种税。另外，在托勒密时期，所有神庙都拥有庇护权；而在罗马时期，这种权利被剥夺了。③

从上面的叙述可以看出，在古代埃及，神庙祭司是享有一定特权的，但并不像希罗多德和戴奥多罗斯讲得那么普遍，而且从某种意义上来看，他们的特权是有条件的。

三、祭司职位的获取

作为一个祭司，不仅有丰厚的收入，而且还享有一定的特权，所以，获取一个祭司职位就成了一件有利可图的事。那么，如何才能得到一个祭司职位呢？根据文献所见，获取祭司职位的途径主要有王室任命、继承、增选、购买等几种。

（一）丧葬祭司职位的获取

在古代埃及，丧葬祭司的职位一般是通过父子相继的方式来获取。古王国时期一个人就可以把其丧葬祭司职位像处理财产一样遗赠

---

① *ARE*, v. IV, §354.
② A. H. Gardiner, *Egypt of Pharaohs*, Oxford, 1961, p. 293.
③ A. M. Blackman, Priest, Priesthood（Egyptian）, *GPM*, p. 134.

给其子女，让他们来继承。如第 5 王朝乌塞尔卡弗法老的一个名叫涅孔涅赫的王宫管家，在其死时就把自己充当哈托尔祭司的职位和充当贵族赫努卡的丧葬祭司的职位遗赠给了他的 13 个子女，他的子女们便通过继承的方式得到了这两个祭司职位。①再如第 5 王朝一个名叫舍努涅赫（Senuonekh）的祭司在调整其丧葬祭司职位的遗嘱中说，"这个基金的丧葬祭司们，以及他们的孩子们和将来他们孩子们的孩子们，将永远承担——②我不允许他们把这个丧葬基金作为财产支付给任何人，但他们可以把它给他们的孩子们③……"④。中王国时期喜乌特的一位大公赫普热斐则直接对他的丧葬祭司说，"看，所有的这些东西都在你的管辖之下，……（关于）我所说的每句话，……让你的儿子听它，你的继承人，他将充当我的丧葬祭司。⑤ 看，我已赠给你土地、人民、牲畜、花园和一切东西，……"⑥。由此可见，丧葬祭司经常父子相继。

（二）神庙祭司职位的获取

1. 王室任命

从理论上来说，法老是埃及所有神的高级祭司，是唯一有权在神庙圣所内主持祭仪大典的人，神庙浮雕中一般都描绘着法老向诸神献祭的情景。但实际上，让法老去每个神庙履行其祭司职责是不可能的，

---

① *ARE*，v. I，§§212-219.
② 这里铭文残缺，据文意推测，可能指这些丧葬祭司世世代代都承担丧葬祭司的职责，同时也享有这个基金。
③ 据 J. H. 布列斯特德说，不是所有的孩子都能分享到一份，而只有那些充当丧葬祭司的才能得到。*ARE*，v. I，p. 92，note a.
④ *ARE*，v. I，§§232-233.
⑤ 这里指该丧葬祭司死后，要让他的儿子继承这个职位，继续充当赫普热斐大公的丧葬祭司。
⑥ *ARE*，v. I，§538.

因此，法老就通过任命代理者的方式解决这个问题。在神庙的日常仪式上，司祭的祭司经常讲的一句话就是"我是一个真正的祭司，正是国王派我来照看神的"①。

文献中经常见到法老任命祭司的例子。如第 6 王朝普塔赫高级祭司萨布的一个铭文说，"今天，国王在场，任命我独自作为孟斐斯的高级祭司，神庙 Ptah – South – of – his – Wall 的每个地方都在我的管辖之下……"②。第 12 王朝的地方大公克努姆霍特普二世在其自传中也说："……陛下任命我为世袭郡主、大公、东方山地之长、荷鲁斯的祭司和帕赫特（Pakht）的祭司……。"③有些时候，国王还提拔那些工作成绩突出、能使国王满意的祭司。如图特摩斯三世时代的祭司涅布瓦维在叙述自己的职业生涯时说：

> 我是一个仆人，（是一个）有益于我主陛下（的人），我热情地服务他，他给予我许多恩宠。我担任我父亲奥西里斯圣殿中的第一个职位；我是神庙中［──］之长。每天王室命令都发布给我［──］。这个时期直到第 3 年。我主、上下埃及之王孟克赫佩尔拉（Menkheperre，即图特摩斯三世）为此表扬了我。
>
> 我被任命为我的父亲奥西里斯的高级祭司；神庙的每个职位都在国王的仆人的掌管之下。一次，命令下达给我，要求我在节日中拉潘诺波里斯之主哈拉多特斯（Harendotes）的神像④，在那里我作为整个神庙中所有的预言家和工人的领导。这段时期一直到第 6 年，……我主陛下表扬我。⑤

---

① *ANET*, p. 326.
② *ARE*, v. I, §288.
③ *ARE*, v. I, §624.
④ 这里意思是在那里供职。
⑤ *ARE*, v. II, §§178 – 181.

第四章　古代埃及祭司的收入、特权和祭司职位的获取

由于涅布瓦维忠诚的服务，被图特摩斯三世提升为阿拜多斯奥西里斯神的高级祭司。

再如第18王朝阿蒙霍特普三世时，在其丧葬神庙完成后，他"任命孟斐斯贵族的子弟们为祭司和预言家，并给予田地、牲畜……神庙的每个职位，陛下都大量地充实它"①。第19王朝法老霍连姆赫布的雕像铭文写道：

> 陛下随哈拉凯提的雕像旅行到了北方。……他恢复从三角洲到努比亚诸神的神庙。……在土地的废墟中寻找神的区域②……。他重建它们，给它们提供神的祭品，……他让来自于军队中的精英们充当纯洁者和仪式祭司。他给神庙配备田地和牲畜……。③

这个铭文反映了埃赫那吞改革失败后，霍连姆赫布任命军队中的精英们充当神庙的祭司，以恢复对旧宗教的信仰。

但最常见的仍是法老对高级祭司的任命。如生活于第18王朝阿蒙霍特普三世时的普塔赫摩斯说："陛下命令我在好的职位上，他任命我为孟斐斯的高级祭司，……他使我自由地出入王宫。"④麦利尔一世的墓中浮雕也描绘了埃赫那吞法老任命高级祭司的情景：国王在阳台上宣布了他的任命，他说，"看，我任命你（即麦利尔）为埃赫塔吞阿吞神庙的高级祭司……我给你这个职位……"⑤。随着阿蒙神庙祭司实力的增强，阿蒙高级祭司成了一个显赫人物。有时为了削弱阿蒙祭司的势力，国王会任命非阿蒙系统的人物来充当阿蒙的高级祭司，拉

---

① *EHR*, V, p.9.
② 这里指神庙破落、荒凉，反映了埃赫那吞改革对旧神庙的破坏。
③ *EHR*, VI, p.69.
④ *EHR*, V, p.60.
⑤ *ARE*, v.II, §985.

美西斯二世时的涅布涅弗就是典型一例。涅布涅弗原来是阿拜多斯地区战神奥努里斯和哈托尔女神的高级祭司，后来被拉美西斯二世任命为阿蒙神的高级祭司。拉美西斯二世对他说："从今以后你就是阿蒙的高级祭司，它的财库和仓库都在你的掌管之下。你是它的神庙的领导，它的所有奴仆都听从你的指挥。"接着王室命令被发往全国，晓谕各地，阿蒙神庙及其所有财产和人民都转交给了涅布涅弗。①

国王不仅可以任命祭司，而且还可以剥夺祭司职位。如第13王朝努布克赫普鲁拉国王（Nubkheprure）统治时期，针对科普托斯明神庙中一个聚众谋反的神庙官员发布了一个法令。法令说："从我的父亲明神庙中罢黜他（即谋反者），把他从神庙职位中驱逐出去，世世代代，剥夺其面包、食物、肉（即其职位的收入——引者注）。他的名字将不被记在神庙中。……他的登记②将被从明神庙中、财库中及每个账册中删除。……他的亲戚，或父母家族中的任何人，都不能就任这个职位。这个职位将被给予掌玺大臣、王室财产监督麦涅姆赫特（Minemhet）。"③

总之，从理论上来说，所有神庙的祭司都应当由王室来任命，但由于神庙众多、祭司众多，法老不可能对所有的祭司亲自任命。一般来说，高级祭司由法老任命，而低级祭司则由高级祭司或其下属来任命。即使是对于高级祭司的任命，从上举文献来看，大致体现在两个方面：一是出于对工作成绩突出的人给予的恩宠，如图特摩斯三世时代的涅布瓦维例；一是出于政治目的，想要抑制势力强大的阿蒙祭司集团，如拉美西斯二世时代的涅布涅弗例。但随着祭司的专职化和祭

---

① Serge Sauneron, *The Priests of Ancient Egypt*, New York and London, 1960, pp. 46–47.
② J. H. 布列斯特德注曰，指支付其报酬的神庙登记册。*ARE*, v. I, p. 341, note c.
③ *ARE*, v. I, §§775–780.

司势力的不断发展，继承和世袭越来越成为获取祭司职位的主要途径了。

2. 继承和世袭

希罗多德在谈到埃及的祭司时曾说，"每个神都有一群祭司，而不是一个祭司来奉祀，这些祭司中间有一个人是祭司长。如果其中有谁死了的话，则这个人的儿子就被任命代替他的职务"①。虽然实际情况不完全是这样，但希罗多德确实指出了一条获取神庙祭司职位的基本途径。

在卡尔纳克的日常神庙仪式上，祭司不仅说："正是国王派我来的"，而且还说："我是一个预言家，一个预言家的儿子。"②中王国喜乌特大公（高级预言家）赫普热斐在与乌普瓦沃特的神庙祭司的签约中也说："我也是一个祭司的儿子，就像你们中的每一个一样。"③阿道夫·埃尔曼指出，"一个神的本身的祭司，即他的官员们，在神庙中形成了一个小的团体，成员资格是从父亲到儿子的继承"④。新王国时期，在丧葬墓碑上经常能看到这样的文字："啊，你们这些预言家、纯洁者、仪式祭司……，你们可以传你们的职位给你们的孩子们……"⑤；"啊，那些永远生活在世上的人们，纯洁者，仪式祭司，所有那些精通圣书的人，当他们进入我的墓，当他们经过我的墓，当他们从我的石碑诵读我的名字时……你的神表扬你，在你百年之后你

---

① 希罗多德，II，37。
② Herman te Velde, "Theology, Priests, and Worship in Ancient Egypt", in Jack M. Sasson ed., *Civilizations of the Ancient Near East*, vol. III, New York, 1995, p. 1735.
③ ARE, v. I, §552.
④ Adolf Erman, *Life in Ancient Egypt*, New York, 1971, p. 292.
⑤ EHR, II, p. 141.

可以遗赠你的职位给你的孩子们……"①;"啊,你们那些活在世间的人,预言家、书吏、仪式祭司、纯洁者以及丧葬祭司们,……你可以表扬你们的地方神,你可以看到它的美丽,在你百年之后遗赠你的职位给你的孩子们……"②,等等。这些都说明祭司职位的继承已很普遍了。

但高级祭司的职位,特别是大神庙的高级祭司,正如上文所说,一般都由法老任命,最起码也得经过法老的批准。这实际上是法老加强自己统治的一种手段,也体现了法老的权威。但随着祭司实力的膨胀,其政治野心愈来愈强,高级祭司的职位也变成了世袭,从而形成了一些实力强大的祭司家族。孟斐斯的高级祭司至少从阿蒙霍特普三世统治时即已控制在普塔赫摩斯家族之中。普塔赫摩斯的雕像铭文写道:

> 仪式祭司, the great one who controls the craftsmen③ 普塔赫摩斯。由第一预言家孟克赫佩尔［…］(Menkheper［…］)所生。
>
> 正是他的儿子 the great one who controls the craftsmen 帕赫姆涅特尔(Pahemneter)使他的名字永存。④

由上可见,普塔赫摩斯的父亲和儿子均是孟斐斯的高级祭司。而阿蒙高级祭司职位的世袭,最晚发生在第19王朝麦尔涅普塔赫统治时期。当时的高级祭司是罗伊,他的父亲罗麦在其铭文中说:"当我到达西天时,……我的儿子在我的位置上,我的职位在其手中,永远继

---

① *EHR*, II, p. 204.
② *EHR*, II, p. 300.
③ 孟斐斯普塔赫神高级祭司的一个称号。
④ *EHR*, V, p. 60.

承下去。"①说明罗伊是继承了他父亲的高级祭司职位。据布列斯特德分析，罗麦很可能在拉美西斯二世时继承了其父伯克尼孔苏的阿蒙高级祭司的职位，②由此看来，阿蒙高级祭司的职位很可能在拉美西斯二世时即已世袭了。

第20王朝拉美西斯九世时期的阿蒙高级祭司阿蒙霍特普在其建筑铭文中说：

> 阿蒙的高级祭司拉美斯那赫特的儿子、诸神之主阿蒙·拉的高级祭司阿蒙霍特普建造（它③）。④

这个铭文说明阿蒙霍特普的父亲拉美斯那赫特也是阿蒙的高级祭司。而这个拉美斯那赫特至少在拉美西斯四世第3年就成为阿蒙的高级祭司了，这一年他领导了一次声势浩大的远征。这个事件被记在哈玛马特采石场的一个石碑铭文中。铭文这样写道：

> 拉美西斯四世第3年，……陛下派阿蒙的第一预言家、工程长拉美斯那赫特执行使命，把它们带回埃及。⑤ 随行的人员有⑥……。⑦

在拉美西斯五世第4年，他仍是阿蒙高级祭司。⑧可见，从拉美西斯四世一直到拉美西斯九世，阿蒙高级祭司职位又被阿蒙霍特普家族

---

① *ARE*, v.III, §622.
② *ARE*, v.III, p.264, note c; *ARE*, v.III, §618.
③ 指与阿蒙的卡尔纳克神庙相连的阿蒙高级祭司的居所。
④ *ARE*, v.IV, §489.
⑤ 指远征哈玛马特采石场，以获取石料。
⑥ 据铭文记载，有国王管家、军队代理、军队书吏、采石工、石工、雕刻工、制图员等，总计8368人。*ARE*, v.IV, §466.
⑦ *ARE*, v.IV, §466.
⑧ A.H. Gardiner, *Wilbour Papyrus*, v.III, Oxford, 1948, p.22.

占有。据一个铭文显示，从公元前 955 年到前 630 年，赫里奥波里斯的高级祭司一直被帕特杰斐（Patjenfy）家族所占有，历 13 代共 300 多年。①属于公元前 4 世纪末、3 世纪初的皮特塞里斯（Petosiris）墓的 4 个铭文记载了这个家族的盛衰历史，铭文谈到了这个家族成员的衔号。

铭文 No.81：他②的可爱的儿子、他所有财产的主人、the Great one of the Five③……阿蒙·拉的预言家皮特塞里斯……。

铭文 No.116：the Great one of the Five、圣座之主④克努姆·拉的第二预言家……塞苏……。

铭文 No.127：the Great one of the Five、克努姆·拉的第二预言家塞苏，他是 the Great one of the Five 杰德托特法恩赫（Djedthothefankh）的儿子。

铭文 No.56：the Great one of the Five、圣座之主托特拉赫（Thothreth），他是 the Great one of the Five、圣座之主皮特塞里斯的儿子。⑤

从以上铭文可以看出，从杰德托特法恩赫、塞苏、皮特塞里斯到托特拉赫，皮特塞里斯家族一直占有赫尔摩波里斯托特神的高级祭司。布兰克曼指出，甚至在罗马时代，非祭司家庭出身的人，不能进入祭司这一职业。⑥总之，在古代埃及社会中，继承和世袭逐渐成为获取

---

① Lisa Montagno Leahy and Anthony Leahy, The Genealogy of a priestly Family from Heliopolis, *JEA* 72（1986），pp. 133 – 147.
② 指皮特塞里斯的父亲塞苏。*AEL*, v. III, p. 49, note 1.
③ 赫尔摩波里斯托特神高级祭司的称号。
④ 这里意思是坟墓之主。
⑤ *AEL*, v. III, pp. 44 – 53.
⑥ A. M. Blackman, Priest, Priesthood（Egyptian），*GPM*, p. 134.

祭司职位的一条主要途径了。

3. 增选和购买

通过增选也可以加入到神庙祭司的行列。由于神庙众多，需要大量的祭司，如果通过继承等方式还不能满足祭礼的需要的话，则可以通过增选来补充。一般来说，在职的祭司要组成一个委员会来商讨被提名者。如 Metron Demotic Papyri I 就记录了这么一个例子。铭文大致内容为：祭司被召集来关于商讨索克涅布提尼斯（Soknebtynis）的祭司的记录；他们一致说："我们同意帕匹斯（Paapis）的儿子帕克赫斯（Pakhes），他将成为索克涅布提尼斯的一个 wḏ 祭司。"接着是时间、参加的祭司人员，最后是记录者皮特塞里斯的签名。①这实际上是对一个神庙祭司新成员增选的记录，S. 格兰维勒认为，这是一个关于帕匹斯之子帕克赫斯被选入索克涅布提尼斯的神庙的祭司团体的正式文件，或者是给某个其他机关的备案申请，或是向其传达（此事）。②另外，据布兰克曼讲，祭司职位的买卖从很早就开始了，而在罗马时代祭司职位通常能从政府购买。③

（三）祭司的就职仪式

一个新的祭司还必须履行一定的就职仪式，才能成为真正的祭司。如约公元前850年，一个荷鲁斯的祭司在自传中描写其就职仪式时说：

> 当我是一个优秀的年轻人时来到了神的面前。我被引进神庙

---

① S. R. K. Glanville, The admission of a priest of Soknebtynis in the second century B. C., *JEA* 19（1933），p. 35.
② S. R. K. Glanville, The admission of a priest of Soknebtynis in the second century B. C., *JEA* 19（1933），p. 40.
③ A. M. Blackman, Priest, Priesthood (Egyptian), *GPM*, p. 136.

照看住在底比斯的神的雕像，用祭品去取悦他。我从努（即原始水域）出来后，摈弃了身上所有的邪恶，变邪恶为纯洁。我解开衣服，根据荷鲁斯和塞特的洁身礼而涂油。（一切完毕后），我充满敬畏地进入到圣殿。国王表扬我，他使我在我的位置上。他任命我继承我父亲的职位。①

第26王朝高级女祭司伊涅克赫涅斯涅弗里布拉（Enekhnesneferibre）石碑铭文详细描绘了她就职时的情景：

> 现在，国王之女、高级祭司伊涅克赫涅斯涅弗里布拉来到诸神之王阿蒙·拉的神庙；而阿蒙神庙的所有预言家、神圣父亲、纯洁者、仪式祭司和俗人祭司跟随其后，大人物们走在前边。由神圣书吏和9个纯洁者为她进行进入神庙成为阿蒙神圣配偶的所有惯常仪式。她加固各种护身符和神圣配偶的礼拜用品……。②

还有一个材料描绘了罗马时代一个名叫鲁西乌斯（Lucius）的人充当伊西斯女神祭司的就职仪式。他先在附近的池子中洁净自己，然后再接受溅水礼（sprinkling of purifying water），最后由年长的一位祭司把他领到女神脚下，给他某种启示。这是第一阶段。之后这个祭司候选者必须斋戒10日，重复以上步骤，并穿上亚麻长袍，被领进圣殿。在那儿他收到了最后的启示：

> 我接近了死亡边缘，我跨进了冥府的门槛，我升到了物质世界之外；在午夜，我看见光辉灿烂的太阳，我靠近诸神，我面对

---

① 转引自 Herman te Velde, *Theology, Priests, and Worship in Ancient Egypt*, in Jack M. Masson ed., *Civilizations of the Ancient Near East*, vol. III, New York, 1995, pp. 1740–1741。

② *ARE*, v. IV, §988H.

面地看到他们，我在近在手边崇拜他们。①

很可能这个祭司做了一次宇宙旅行，经历了一次生死体验。

综上所述，在古代埃及，丧葬祭司职位的获取，主要通过继承的方式来实现；神庙祭司职位的获取，除了继承和世袭外，还有王室任命、增选和购买等。同时，在成为一名正式的祭司前，还必须履行一定的就职仪式。

---

① Serge Sauneron, *The Priests of Ancient Egypt*, New York and London, 1960, p. 50.

结束语

祭司作为一个特殊的社会群体，对古代埃及社会的诸多方面产生了深刻影响。

在宗教方面，祭司充当神的仆人，创建各种神学理论体系，成为宗教领域的实际主宰者。埃及众神的互争雄长，实质上就是众神祭司的互争雄长。在埃及先后形成了孟斐斯普塔赫神学体系、赫里奥波里斯拉神神学体系、赫尔摩波里斯托特神神学体系及底比斯阿蒙神神学体系，其祭司极力推崇他们的神的至高无上的地位。正是在祭司们的这种相互斗争中，埃及众神在独立发展的同时，出现了许多复合神。可以这样说，在埃及宗教的发展过程中，打上了祭司的深深烙印。

在经济方面，祭司控制着国家大量的财富。大量的丧葬基金和神庙基金使祭司成为社会上一个较富裕的群体。他们不仅占有大量的土地、劳动力、牲畜以及其他财富，而且有时还获得免税和免除国家强制劳动的特权，这大大削弱了国家的财政收入。同时，这些财富大部分用于神庙的修建、祭礼的维持以及各种宗教节日的消费等，而没有应用到扩大再生产方面，因而不利于社会经济的发展。正因为这个原因，帝国前期经济的繁荣只是昙花一现，到帝国后期国家就陷入经济萧条、粮价飞涨、国库甚至没有东西去支付建墓工人工资的窘境。从某种意义上来说，祭司实际上抑制了古代埃及经济的正常发展。

在政治方面，主要表现在对王权的影响上。祭司与法老的关系贯穿于法老王朝的终始。从某种意义上来讲，法老王朝的历史实际上是法老与祭司的关系史。法老想要通过祭司的帮助来神化自己的王权，作为回报，祭司则会得到法老大量的赏赐。但随着祭司经济实力的膨胀，祭司越来越多地觊觎政治权力，他们与法老的矛盾越来越深，这时，祭司实际上就变成了中央政府的一支离心力量。古王国和新王国末埃及的两次分裂与此不无关系。此外，祭司对埃及政治中心的转移也起着重大作用。古王国时期，普塔赫和拉神祭司先后强大，埃及政治中心始终位于北方，而到了中王国，阿蒙神及其祭司崛起，政治中心逐渐转移到了底比斯。

在文化方面，主要表现在祭司对文化知识的掌握与控制上。由于种种原因，祭司对古代埃及的医学、数学、天文学等方面的发展起过一定作用，而且还保存了大量的文献典籍，使埃及文化得以传承；但另一方面，由于祭司的因循守旧，事事维护传统，盲目复古，使埃及的绘画、雕刻、建筑的自由创作遭到了遏制和禁锢，使医学、数学和天文学等科学的发展受到阻碍，因为，神庙虽然保存了古代埃及的许多文化成果，祭司学校对埃及文化的发展与传承起了一定的作用，但从整个历史发展的观点来看，祭司确实束缚了当时人们的自由思想。

在社会生活方面，祭司不仅推动丧葬之风和迷信之风的盛行，而且还制作木乃伊、丧葬文书等，直接影响埃及人民的生活。

总之，祭司对古代埃及社会的影响是多方面的、多层次的。之所以造成这种状况，一方面是由于祭司对宗教思想领域的控制；另一方面，也是更重要的方面，是其愈见强大的经济实力，这是造成其在埃及社会产生重大影响的最主要原因。

参考文献

缩略语对照表

AEL	Lichtheim, Miriam, *Ancient Egyptian Literature*, vol. I, II, III, University of California Press, 1973, 1976, 1986.
AEO	Gardiner, Alan H., *Ancient Egyptian Onamastica*, vol. I, II, Oxford University Press, 1947.
ANET	Pritchard, James B., ed., *Ancient Near Eastern Texts Relating to the Old Testament*, second edition, Princeton University Press, 1955.
ARE	Breasted, James Henry, *Ancient Records of Egypt*, 5vols, University of Chicago Press, 1906.
GPM	Blackman, Aylward M., *Gods, Priests and Men: studies in the religions of pharaonic Egypt*, compiled and edited by Alan B. Llyod, London and New York, 1998.
EHR	Cumming, Barbara, *Egyptian Historical Records of the*

Later Eighteenth Dynasty, Fascicle I, II, III, Aris & Phillps Ltd., England, 1982, 1984, 1984.

Davies, Benedict G., *Egyptian Historical Records of the Later Eighteenth Dynasty*, Fascicle IV, V, VI, Aris & Phillps Ltd., England, 1992, 1994, 1995.

JEA	*Journal of Egyptian Archaeology*, London, 1914 –
JNES	*Journal of Near Eastern Studies*, Chicago, 1942 –
Manetho	*Manetho*, with an English translated by W. G. Waddell, the Loeb Classical Library, London and Cambridge, 1956.

资料集

Breasted, James Henry, *Ancient Records of Egypt*, 5vols, University of Chicago Press, 1906.

Cumming, Barbara, *Egyptian Historical Records of the Later Eighteenth Dynasty*, Fascicle I, II, III, Aris & Phillps Ltd., England, 1982, 1984, 1984.

Davies, Benedict G., *Egyptian Historical Records of the Later Eighteenth Dynasty*, Fascicle IV, V, VI, Aris & Phillps Ltd., England, 1992, 1994, 1995.

Gardiner, Alan H., ed., *The Wilbour Papyrus*, vol. II Commentary and vol. III Translation, Oxford University Press, 1948.

Kitchen, K. A., *Ramesside Inscription translated and annotated*, vol. I, Ramesses I, Sethos I and Contemporaries, Blackwell Publishers Ltd., 1993.

Lichtheim, Miriam, *Ancient Egyptian Literature*, vol. I, II, III, University of California Press, 1973, 1976, 1986.

Pritchard, James B., ed., *Ancient Near Eastern Texts Relating to the Old Testament*, second edition, Princeton University Press, 1955.

北京师范大学历史系世界古代史教研室编：《世界古代及中古史资料选集》，北京师范大学出版社，1999年版。

北京师范大学历史系编：《史学选译》第11期，北京师大印刷厂，1985年版。

吉林师范大学、北京师范大学历史系世界古代及中世纪史教研室编：《世界古代史史料选辑》（上），北京师范大学大学出版社，1959年版。

林志纯主编：《世界通史资料选辑》（上古部分），商务印书馆，1974年版。

日知选译：《古代埃及与古代两河流域》，商务印书馆，1962年版。

论文/论著

Aldred, Cyril, *Akhenaten: King of Egypt*, Thames and Hudson, 1988.

Aldred, Cyril, *The Egyptians*, revised and enlarged edition, Thames and Hudson, 1987.

Aldred, Cyril, The End of the El-Amarna Period, *JEA* 43 (1957), pp. 30-41.

Barocas, Claudio, *Monument of Civilization*, Egypt, London, 1974.

Barta, Miroslav, The Title "Priest of Heket" in the Egyptian Old

Kingdom, *JNES* 58 no. 2 (1999), pp. 107 – 116.

Baumgartel, Elise J., *The Cultures of Prehistoric Egypt*, Oxford, 1955.

Baumgartel, Elise J., Some Remarks on the Origins of the Titles of the Archaic Egyptian Kings, *JEA* 61 (1975), pp. 28 – 32.

Bear, Mary & North, John, ed., *Pagan Priests: Religion and Power in the Ancient World*, Duckworth, London, 1990.

Blackman, Aylward M., *Gods, Priests and Men: studies in the religions of pharaonic Egypt*, compiled and edited by Alan B. Llyod, London and New York, 1998.

Blackman, Aylward M., On the Position of Women in the Ancient Egyptian Hierarchy, *JEA* 7 (1921), pp. 8 – 30.

Blackman, Aylward M., Oracles in Ancient Egypt, *JEA* 15 (1925), pp. 249 – 255.

Bowman, Alan K., *Egypt after the Pharaohs*, British Museum Publications, 1986.

Breasted, James Henry, *A History of Egypt: From the Earliest Times to the Persian Conquest*, the second edition, New York, 1946.

Breasted, James Henry, *Development of Religion and Thought in Ancient Egypt*, New York, 1959.

Breasted, James Henry, *Ancient Times: A History of the Early World*, Boston, 1935.

Breasted, James Henry, *A History of the Ancient Egyptians*, New York, 1908.

Brewer, Douglas J. & Emily Teeter, *Egypt and Egyptians*, Cambridge

University Press, 1999.

Brier, Bob, *Egyptian Mummies: Unraveling the Secret of an Ancient Art*, New York, 1994.

British Museum Dictionary of Ancient Egypt, British Museum Press, 1995.

Brovarski, Edward, Senenu, High Priest of Amun at Deir el-Bahri, *JEA* 62 (1976), pp. 57-73.

Budge, E. A. Wallis, *Egyptian Ideas of the Future Life*, the third edition, London, 1908.

Bunson, Margaret, *The Encyclopedia of Ancient Egypt*, New York and Oxford, 1991.

Diodorus, Siculus, *Diodorus On Egypt*, translated from the Ancient Greek by Edwin Murphy, McFarlard & Company, Inc., USA, 1985.

Donadoni, Sergio, ed., The Egyptians, Chicago, 1997.

Englund, Gertie, ed., *The Religion of Ancient Egyptian: Cognitive Structures and Popular Expressions*, Proceedings of Symposia in Uppsala and Bergen 1987 and 1988, Uppsala, 1989.

Erman, Adolf, *Life in Ancient Egypt*, translated by H. M. Tirard, New York, 1971.

Finegan, Jack, *Archaeological History of the Ancient Middle East*, Westiew Press, Colorado, 1979.

Gardiner, Alan H., *Ancient Egyptian Onamastica*, vol. I, II, Oxford University Press, 1947.

Gardiner, Alan H., *Egyptian Grammar: Being an Introduction to the Study of Hieroglyphs*, the third edition, Oxford University Press, 1957.

Gardiner, Alan H., *Egypt of the Pharaohs*, Oxford University Press, 1961.

Glanville, S. R. K., The Admission of a Priest of Soknebtynis in the Second Century B. C., *JEA* 19 (1933), pp. 34 – 41.

Grimal, Nicolas, *A History of Ancient Egypt*, translated by Ian Shaw, Oxford UK & Cambridge USA, 1994.

Gunn, Battiscombe, Interpreters of Dreams in Ancient Egypt, *JEA* 4 (1917), p. 252.

Hall, H. R., Objects Belonging to the Memphite High – Priest Ptahmase, *JEA* 17 (1931), pp. 48 – 49.

Harris, J. R., ed., *The Legacy of Egypt*, the second edition, Oxford, 1987.

Hayes, William, Writing Palette of the High Priest of Amun, Smendes, *JEA* 34 (1948), pp. 47 – 50.

Hoffman, Michael A., *Egypt before the Pharaohs: the Prehistoric Foundations of Egyptian Civilization*, London, 1980.

Janssen, J. J., *The Early State in Ancient Egypt*, ed. H. J. M. Claessen and P. Skalnik, *The Early State*, Hague, 1978.

Johnson, J. H., *The Role of the Egyptian Priesthood in Ptolemaic Egypt*, in L. H. Lesko ed., *Egyptological Studies in Honor of Richard A. Parker*, Hanover and London, 1986, pp. 70 – 84.

Kagan, Donald, The Religious Reform of Ikhnaton: the Great Man in History, *The Ancient Near East and Greece*, Section II, New York and London, 1990, pp. 36 – 68.

Kamil, Jill, *The Ancient Egyptians: A Popular Introduction to Life in the Pyramid Age*, the America University in Cairo Press, 1987.

Kamil, Jill, *The Ancient Egyptians: Life in the Old Kingdom*, the American University in Cairo Press, 1996.

Kemp, Barry J., *Ancient Egypt: Anatomy of a Civilization*, London and New York, 1989.

Leahy, L. M. and A. Leahy, The Genealogy of a Priestly Family from Heliopolis, *JEA* 72 (1986), pp. 133 – 147.

Lesko, Leonard H., ed., *Egyptological Studies in Honor of Richard A. Parker*, the Brown University Press, 1986.

Lesko, Leonard H., *The Ancient Egyptian Book of Two Ways*, the University of California Press, 1972.

Malek, Jaromir, *In the Shadow of the Pyramids: Egypt During the Old Kingdom*, the American University in Cairo Press, 1986.

Manetho, with an English translated by W. G. Waddell, the Loeb Classical Library, London and Cambridge, 1956.

Manniche, Lise, *Music and Musicians in Ancient Egypt*, British Museum Press, 1991.

Montet, Pierre, *Everyday Life in Egypt in the Days of Ramesses the Great*, translated by A. R. Maxwell – Hyslop and Margaret S. Drower, London, 1958.

Moret, Alexander, *The Nile and Egyptian Civilization*, London, 1927.

O' connor, Davi& Eric H. Cline, ed., *Amenhotep III: Perspectives on His Reign*, University of Michigan Press, 1998.

Parrinder, Geoffrey, ed., *World Religions: From Ancient History to the Present*, New York, 1971.

Peake, H. & H. J. Fleure, *Priests and Kings*, Oxford, 1927.

Peck, William H. , *An Image of Nebwenenef, High Priest of Amun*, in *Essays on Ancient Egypt in Honour of Herman te Velde*, ed. by Jacobus Van Dijk, Groningen, 1997, pp. 267 – 271.

Peet, T. Eric, The Supposed Revolution of the High – Priest Amenhotpe under Ramesses IX, *JEA* 12 (1926), pp. 254 – 259.

Petrie, W. M. F. , *A History of Egypt*, v. I, II, III, London, 1903, 1896, 1905.

Rawlinson, M. A. George, *Ancient Egypt*, London, 1886.

Rice, Michael, *Egypt's Legacy: the Archetypes of Western Civilization 3000 – 30 BC*, London and New York, 1997.

Roth, Ann Macy, *Egyptian Phyles in the Old Kingdom: the Evolution of a System of Social Organization*, Chicago, 1991.

Sauneron, Serge, *The Priests of Ancient Egypt*, New York and London, 1960.

Shafer, Byron E. , ed. , *Temples of Ancient Egypt*, Cornell University Press, New York, 1997.

Shafer, Byron E. , ed. , *Religion in Ancient Egypt: Gods, Myths, and Personal Practice*, Cornell University Press, 1991.

Shorter, Alan W. , *The Egyptian Gods*, London, Boston and Henley, 1979.

Shorter, Alan W. , Historical Scarabs of Tuthmosis IV and Amenophis III, *JEA* 17 (1931), pp. 23 – 25.

Thompson, D. J. , *The High Priests of Memphis under Ptolemaic rule*, *in Pagan Priests: Religion and Power in the Ancient World*, ed. by Mary Beard & John North, London, 1999, pp. 95 – 116.

Trigger, B. G., Kemp, B. J., O'connor D. and Lloyd, A. B., *Ancient Egypt: A Social History*, Cambridge University Press, 1983.

Tyldesley, J. A., *Nefertiti: Egypt's Sun Queen*, New York, 1998.

Velde, Herman te, *Theology, Priests, and Worship in Ancient Egypt*, in Jack M. Sasson ed., *Civilizations of the Ancient Near East*, vol. III, New York, 1995, pp. 1731 – 1749.

Wainwright, G. A., The Origin of Amun, *JEA* 49 (1963), pp. 21 – 23.

Watterson, Barbara, *The Gods of Ancient Egypt*, London, 1984.

Watterson, Barbara, *Women in Ancient Egypt*, St. Martin's Press, New York, 1991.

Watterson, Barbara, *The Egyptians*, Blackwell, USA, 1997.

Weigall, A. E., *The Life and Times of Akhenaten, Pharaoh of Egypt*, London, 1923.

White, Jon Manchip, *Everyday Life in Ancient Egypt*, London and New York, 1963.

Wilkinson, S. J. Gandner, *The Manners and Customs of the Ancient Egyptians*, v. I, London, 1878.

Wilson, John A., *The Culture of Ancient Egypt* (first published as *The Burden of Egypt*), the University of Chicago Press, 1971.

Winkeln, Karl Jansen, The Career of the Egyptian High Priest Bakenkhons, *JNES* 52 no. 2 (1993), pp. 221 – 225.

［埃及］阿·费克里著，高望之等译：《埃及古代史》，商务印书

馆，1973年版。

[苏] 阿甫基耶夫著，王以铸译：《古代东方史》，三联书店，1956年版。

[美] 爱德华·麦克诺尔·伯恩斯、菲利普·李·拉尔夫著，罗经国等译：《世界文明史》（第一卷），商务印书馆，1995年版。

[法] 巴勒卡斯·沃纳思著，姚功政译：《法老时代的埃及》，浙江教育出版社，1999年版。

[德] 汉尼希、朱威烈等著：《人类早期文明的"木乃伊"——古埃及文化求实》，浙江人民出版社，1994年版。

[英] 赫·乔·韦尔斯著，吴文藻、谢冰心、费孝通等译：《世界史纲：生物和人类的简明史》，人民出版社，1982年版。

金观涛、王军衔：《悲壮的衰落——古埃及社会的兴亡》，四川人民出版社，1986年版。

[意] 卡斯蒂格略尼著，北京医科大学医史教研室主译：《世界医学史》，第一卷，商务印书馆，1986年版。

李模：《游刃于宗教和世俗两个社会的神仆们——〈古代埃及文献〉中的祭司职能》，《阿拉伯世界》2001年第1期。

李模：刘文鹏《古代埃及史》（书评），《中国学术》，商务印书馆，2001年第1辑。

李政：《神秘的古代东方》，中国青年出版社，1999年版。

李永东编著：《埃及神话故事》，宗教文化出版社，1998年版。

刘文鹏：《埃及学文集》，内蒙古大学出版社，1996年版。

刘文鹏：《古代埃及史》，商务印书馆，2000年版。

刘文鹏：《古代埃及学的史料学评述》，《中西古典文明研究》，吉林人民出版社，1997年版，第17-37页。

刘家和、廖学盛主编：《世界古代文明史研究导论》（The Introduction to the Study in Ancient Civilizations in the World），高等教育出版社，2001年版。

刘英：《永恒的埃及》，湖南美术出版社，1999年版。

刘玉建：《中国古代龟卜文化》，广西师范大学出版社，1993年版。

［德］罗曼·赫尔佐克著，赵蓉恒译：《古代的国家——起源和统治形式》，北京大学出版社，1998年版。

［法］摩赖著，刘麟生译：《尼罗河与埃及之文明》，商务印书馆，1941年版。

G.莫赫塔尔主编：《非洲通史》第二卷《非洲古代文明》（中译本），中国对外翻译出版公司出版，1984年版。

沐涛、倪华强：《失落的文明：埃及》，华东师范大学出版社，1999年版。

［英］帕林德著，张治强译：《非洲传统宗教》，商务印书馆，1999年版。

W. M. F.皮特里编，倪罗译：《埃及古代故事》，作家出版社，1957年版。

［意］乔齐奥·利塞著，陈西中译：《埃及艺术鉴赏》，北京大学出版社，1992年版。

《世界上古史纲》编写组：《世界上古史纲》（上），人民出版社，1979年版。

施治生、刘欣如主编：《古代王权与专制主义》，中国社会科学出版社，1993年版。

苏联社科院编：《世界通史》（中译本）第二卷（上册），三联书店，1960年版。

［美］维尔·杜伦著，李一平等译：《东方的文明》（上），青海人民出版社，1998年版。

［韩国］文镛盛：《中国古代社会的巫觋》，华文出版社，1999年版。

［古希腊］希罗多德著，王以铸译：《历史》（上），商务印书馆，1997年版。

颜海英：《守望和谐：古埃及文明探秘》，云南人民出版社，1999年版。

颜海英：《希腊化时期埃及祭司集团的社会地位》，《中国博士后社科前沿问题论集》，经济科学出版社，1994年版。

张光直：《中国考古学论文集》，三联书店，1999年版。

周启迪：《古代埃及史》，北京师范大学出版社，1994年版。

周启迪：《关于埃赫那吞改革的若干问题》，《北京师范大学学报》1984年第4期。

附录一 古代埃及年表[1]

前王朝时期（约5000－2950BC）

巴达里文化　约5000－4000BC

涅伽达文化 I　约4000－3600BC

涅伽达文化 II　约3600－3200BC

涅伽达文化 III　约3200－2950BC

0 王朝（约3100－2950BC）

伊瑞·霍尔 Iri－Hor（?）

卡王 Ka（?）

蝎子王 Scorpion（?）

早王朝时期（约2950－2650BC）

第 1 王朝（约2950－2775BC）

---

[1] 本表转录自王海利：《法老与学者——埃及学的历史》，北京师范大学出版社，2010年版，第292－303页。

那尔迈 Narmer

阿哈 Aha

哲尔 Djer

杰特 Djet

登 Den

阿涅德吉布 Anedjib

塞麦尔凯特 Semerkhet

卡阿 Qaa

第 2 王朝（约 2750 – 2650BC）

亥特普塞海姆威 Hetepsekhemwy

尼布拉 Nebra

尼涅特捷尔 Ninetjer

温尼格 Weneg

塞尼德 Sened

帕里布森 Peribsen

哈塞海姆威 Khasekhemwy

古王国时期（约 2650 – 2125BC）

第 3 王朝（约 2650 – 2575）

乔塞 Djoser

塞凯姆凯特 Sekhemkhet

卡阿巴 Khaba

萨那卡特 Sanakht

胡尼 Huni

第 4 王朝（约 2575 – 2450BC）

斯尼弗鲁 Sneferu

胡夫 Khufu

拉杰德夫 Djedefra

哈夫拉 Khafra

孟考拉 Menkaura

舍普塞斯卡夫 Shepseskaf

第 5 王朝（约 2450 – 2325BC）

乌舍尔卡夫 Userkaf

萨胡拉 Sahura

尼斐利尔卡拉·卡凯 Neferikara Kakai

舍普塞斯卡拉·伊塞 Shepsekara Izi

尼斐勒弗拉 Neferefra

纽塞拉 Niuserre Ini

孟考霍尔 Menkauhor

杰德卡拉 Djedkara Isesi

乌纳斯 Unas

第 6 王朝（约 2325 – 2175BC）

特悌 Teti

乌塞尔卡拉 Userkara（？）

帕辟一世 Pepi I

麦然拉 Merenra

帕辟二世 Pepi II

第 7、8 王朝（约 2175 – 2125 BC）

第一中间期（约 2125 – 2010 BC）
第 9、10 王朝（约 2125 – 1975 BC）

凯提一世 Khety I

凯提二世 Khety II

美里卡拉 Merikara

伊提 Ity

第 11 王朝（约 2080 – 2010 BC）

安太夫一世 Intef I

安太夫二世 Intef II

安太夫三世 Intef III

中王国时期（约 2010 – 1630 BC）
（统一后的）第 11 王朝（约 2010 – 1938 BC）

孟图霍特普二世 Mentuhotep II（约 2010 – 1960 BC）

孟图霍特普三世 Mentuhotep III（约 1960 – 1948 BC）

孟图霍特普四世 Mentuhotep IV（约 1948 – 1938 BC）

第 12 王朝（约 1938 – 1755 BC）

阿蒙尼姆赫特一世 Amenemhat I（约 1938 – 1908 BC）

塞奴斯里特一世 Senusret I（约 1918 – 1875 BC）

阿蒙尼姆赫特二世 Amenemhat II（约 1876 – 1842BC）

塞奴斯里特二世 Senusret II（约 1842 – 1837BC）

塞奴斯里特三世 Senusret III（约 1836 – 1818BC）

阿蒙尼姆赫特三世 Amenemhat III（约 1818 – 1770BC）

索布克尼弗鲁女王 Sobekneferu（约 1760 – 1755BC）

第 13 王朝（约 1755 – 1630BC）

索布考特普一世 Sobekhotep I

阿蒙尼姆赫特五世 Amenemhat V

克茂 Qemau

塞霍奈杰特夫 Sihornedjeritef

索布考特普二世 Sobekhotep II

阿威布拉·荷尔 Awibra Hor

阿蒙尼姆赫特七世 Amenemhat VII

乌伽夫 Ugaf

肯杰尔 Khendjer

索布考特普三世 Sobekhotep III

奈斐尔霍特普一世 Neferhotep I

塞哈托尔 Sihathor

索布考特普四世 Sobekhotep IV

索布考特普五世 Sobekhotep V

美尔尼斐拉·埃伊一世 Merneferra Ay I

孟图伊姆萨夫 Montuemsaf

狄度摩斯 Dedumose

奈斐尔霍特普二世 Neferhotep II

第二中间期（约 1630 – 1539BC）

第 14 王朝

第 15 王朝（约 1630 – 1520BC）

萨里梯斯 Salitis

舍西 Sheshi

希安 Khyan

阿帕辟 Apepi（约 1570 – 1520BC）

卡穆底 Khamudi（约 1530 – 1520BC）

第 16 王朝

第 17 王朝（约 1630 – 1539BC）

安太夫五世 Intef V

安太夫六世 Intef VI

安太夫七世 Intef VII

索布凯姆塞夫二世 Sobekemsaf II

塔奥一世 Senakhtenra（Taa I）

塔奥二世 Seqenenra Taa II

卡摩斯 Kamose（约 1514 – 1539BC）

新王国时期（约 1539 – 1069BC）

第 18 王朝（约 1539 – 1292BC）

阿赫摩斯 Ahmose（约 1539 – 1514BC）

阿蒙霍特普一世 Amenhotep I（约 1514 – 1493BC）

图特摩斯一世 Thutmose I（约 1493 – 1481BC）

图特摩斯二世 Thutmose II（约 1481 – 1479BC）

图特摩斯三世 Thutmose III（约 1479 – 1425BC）

哈特舍普苏特 Hatschepsut（约 1473 – 1458BC）

阿蒙霍特普二世 Amenhotep II（约 1426 – 1400BC）

图特摩斯四世 Thutmose IV（约 1400 – 1390BC）

阿蒙霍特普三世 Amenhotep III（约 1390 – 1353BC）

阿蒙霍特普四世（埃赫那吞）Amenhotep IV（Akhenaten）（约 1353 – 1336BC）

斯门卡瑞 Smenkhkara（约 1336 – 1332BC）

图坦哈蒙 Tutankhamun（约 1332 – 1322BC）

阿伊 Ay（约 1322 – 1319BC）

赫伦希布 Horemheb（约 1319 – 1292BC）

第 19 王朝（约 1292 – 1190BC）

拉美西斯一世 Ramesses I（约 1292 – 1290BC）

塞提一世 Seti I（约 1290 – 1279BC）

拉美西斯二世 Ramesses II（约 1279 – 1213BC）

美楞普塔 Merenptah（约 1213 – 1204BC）

塞提二世 Seti II（约 1204 – 1198BC）

阿孟尼美斯 Amenmesse（约 1202 – 1200BC）

希普塔赫 Siptah（约 1198 – 1193BC）

塔沃斯瑞特女王 Tawasret（约 1198 – 1190BC）

第 20 王朝（约 1190 – 1069BC）

塞特那克特 Sethnakht（约 1190 – 1187BC）

拉美西斯三世 Ramesses III（约1187－1156BC）

拉美西斯四世 Ramesses IV（约1156－1150BC）

拉美西斯五世 Ramesses V（约1150－1145BC）

拉美西斯六世 Ramesses VI（约1145－1137BC）

拉美西斯七世 Ramesses VII（约1137－1129BC）

拉美西斯八世 Ramesses VIII（约1129－1126BC）

拉美西斯九世 Ramesses IX（约1126－1108BC）

拉美西斯十世 Ramesses X（约1108－1099BC）

拉美西斯十一世 Ramesses XI（约1099－1069BC）

第三中间期（约1069－664BC）

第21王朝（约1069－945BC）

斯门德斯 Smendes（约1069－1045BC）

阿蒙涅姆尼苏 Amenemnisu（约1045－1040BC）

普撒塞尼斯一世 Psusennes I（约1040－985BC）

阿蒙尼摩普 Amenemope（约985－975BC）

欧尚克一世 Osochor（Osorkon）（约975－970BC）

希阿蒙 Siamun（约970－950BC）

普撒塞尼斯二世 Psusennes II（约950－945BC）

第22王朝（约945－715BC）

舍尚克一世 Shoshenq I（约945－925BC）

奥索尔康一世 Osorkon I（约925－890BC）

舍尚克二世 Shoshenq II（约890BC）

塔克拉特一世 Takelot I（约890－875BC）

奥索尔康二世 Osorkon II（约875 – 835BC）

舍尚克三世 Shoshenq III（约835 – 795BC）

舍尚克四世 Shoshenq IV（约795 – 785BC）

帕米 Pimay（约785 – 775BC）

舍尚克五世 Shoshenq V（约775 – 735BC）

奥索尔康四世 Osorkon IV（约735 – 715BC）

第23王朝（约830 – 715BC）

塔克拉特二世 Takelot II（约840 – 815BC）

佩度巴斯提斯一世 Pedubast I（约825 – 800BC）

伊尤普特一世（Iuput I 约800BC）

舍尚克六世 Shoshenq VI（约800 – 780BC）

奥索尔康三世 OsorkonIII（约780 – 750BC）

塔克拉特三世 Takelot III（约750 – 735BC）

鲁达蒙 Rudamun（约755 – 735BC）

佩夫特贾威巴斯特 Peftjauawybast（约735 – 725BC）

舍尚克七世 Shoshenq VII（约725 – 715BC）

第24王朝（约730 – 715BC）

泰夫纳赫特 Tefnakht（约730 – 720BC）

巴肯瑞内夫 Bakenrenef（约720 – 715BC）

第25王朝（约800 – 657BC）

阿拉瑞 Alara（约800 – 770BC）

卡什塔 Kashta（约770 – 747BC）

皮耶 Piye（约747－715BC）

夏巴卡 Shabaqo（约715－702BC）

莎比特库 Shabitqo（约702－690BC）

塔哈卡 Taharqo（约690－664BC）

坦努塔马尼 Tanutamani（约664－657BC）

后埃及时期（664－332BC）

第26王朝（664－525BC）

尼科一世 Necho I（672－664BC）

普撒美提克一世 Psamtik I（664－610BC）

尼科二世 Necho II（610－595BC）

普撒美提克二世 Psamtik II（595－589BC）

阿普里斯 Aprise（589－570BC）

阿玛西斯 Amasis（570－526BC）

普撒美提克三世 Psamtik III（526－525BC）

第27王朝（第一波斯王朝）（约525－404BC）

冈比西斯 Cambyses（525－522BC）

大流士一世 Darius I（521－486BC）

薛西斯 Xerxes（486－466BC）

阿塔薛西斯一世 Artaxerxes I（465－424BC）

大流士二世 Darius II（424－404BC）

第28王朝（404－399BC）

阿米尔塔奥斯 Amyrtaeos（404－399BC）

第 29 王朝（399 – 380BC）

奈费里特斯一世 Nepherites I（399 – 393BC）

普萨姆提斯 Psammuthis（393BC）

哈寇尔 Hakor（393 – 380BC）

奈费里特斯二世 Nepherites II（380BC）

第 30 王朝（380 – 343BC）

奈克塔内博一世 Nectanebo I（380 – 362BC）

泰奥斯 Teos（365 – 360BC）

奈克塔内博二世 Nectanebo II（360 – 343BC）

第 31 王朝（第二波斯王朝）（343 – 332BC）

阿塔薛西斯三世 Artaxerxes III（343 – 338BC）

阿尔舍易斯 Arses（338 – 336BC）

大流士三世 Darius III（335 – 332BC）

希腊统治时期（332 – 30BC）

马其顿时期（332 – 309BC）

亚历山大大帝 Alexander the Great（332 – 323BC）

菲利普·阿黑大由斯 Philip Arrhidaeus（323 – 317BC）

亚历山大四世 Alexander IV（317 – 309BC）

托勒密时期（305 – 30BC）

托勒密一世 Ptolemy I（305 – 282BC）

托勒密二世 Ptolemy II（285 – 246BC）

托勒密三世 Ptolemy III（246 – 221BC）

托勒密四世 Ptolemy IV（221 – 205BC）

托勒密五世 Ptolemy V（205 – 180BC）

托勒密六世 Ptolemy VI（180 – 145BC）

托勒密八世 Ptolemy VIII、克里奥帕特拉二世 Cleopatra II（170 – 116BC）

托勒密九世 Ptolemy IX、克里奥帕特拉三世 Cleopatra III（116 – 101BC）

托勒密十世 Ptolemy X（107 – 88BC）

托勒密十一世 Ptolemy XI、贝瑞尼斯三世 Berenice III（80BC）

托勒密十二世 Ptolemy XII（80 – 58BC）

克里奥帕特拉六世 Cleopatra VI（58 – 57BC）、贝瑞尼斯四世 Berenice IV（58 – 55BC）

克里奥帕特拉七世 Cleopatra VII、托勒密十三世 Ptolemy XIII（51 – 47BC）

克里奥帕特拉七世 Cleopatra VII、托勒密十四世 Ptolemy XIV（47 – 44BC）

克里奥帕特拉七世 Cleopatra VII、托勒密十五世 Ptolemy XV（44 – 30BC）

罗马统治时期（30BC – 641 AD）

附录二　古代埃及重要祭司一览表

所处时代	名字	祭司职位	其他职位	重要事项	材料来源
那尔迈时期	泽特	高级祭司		发现于希拉康坡里斯那尔迈权标头上,也许是文物上见到的最早的祭司。	J. E. Quibell, *Hierakonopolis*, pt. I, London, 1900, p. 9.
第1王朝	无名氏	塞沙特女神的祭司		为号为"众神御座"的神庙拉引绳索,可能是文献上最早记录的祭司。	《帕勒摩石碑铭文》,*ARE*, v. I, §109。
第3王朝乔赛尔时期	伊姆霍特普	赫里奥波里斯的高级祭司	建筑师、维西尔、医生	受到乔赛尔国王的重用	Jill Kamil, *The Ancient Egyptians*, the American University in Cairo Press,1984, p. 47.
第4王朝末、第5王朝初	普塔赫舍普塞斯	孟斐斯的高级祭司	国王顾问	第4王朝舍普塞斯卡弗时,受宠于王室,与王女结婚。第5王朝乌塞尔卡弗时,成为孟斐斯的高级祭司。萨胡拉时,作为国王的私人顾问。尼斐利尔卡拉时,更受尊宠,允许其吻国王的脚。	《普塔赫舍普塞斯的自传铭文》,*ARE*, v. I, §§256-262。

<<<附录二　古代埃及重要祭司一览表

续表

所处时代	名字	祭司职位	其他职位	重要事项	材料来源
第5王朝乌塞尔卡弗时期	涅孔涅赫	哈托尔祭司、赫努卡的丧葬祭司	王宫管家、新城镇长官	把祭司职位遗赠给了他所有的孩子（其中有一个女孩）。说明女孩和男孩一样，都有权继承祭司职位，而且享有相同的权利和职能。	《涅孔涅赫的遗嘱铭文》，ARE, v.I, §§216-219.
第5王朝纽塞拉时期	霍特斐尔雅赫特	尼斐利尔卡拉国王的祭司、纽塞拉国王在阿布西尔太阳庙的祭司	法官	受到国王的尊宠，被赐予石棺	《霍特斐尔雅赫特的墓葬铭文》，ARE, v.I, §251.
第5王朝杰德卡拉时期	拉姆	仪式祭司	克拉斯特斯山地州州长、唯一王友		《肯库州长的墓葬铭文》，ARE, v.I, §§280-281.
第5王朝	尼塞捷凯	哈托尔的女祭司	王室之女		《王女尼塞捷凯铭文》，AEL, v.I, p.16.
第5王朝杰德卡拉时期	普塔赫霍特普	神圣父亲	王子、大公、市长、维西尔	现存最早的一篇智慧文学作品，反映了古埃及人的社会伦理观念。作品也反映出古埃及文化对周边民族的影响。	《普塔赫霍特普教谕》，AEL, v.I, p.63.
第5王朝末、第6王朝初	萨布，亦称伊贝比	孟斐斯普塔赫神的高级祭司	王廷成员	进入特提国王的私人寝宫；安排其他朝臣的职位。	《萨布铭文》，ARE, v.I, §§282-286.
第6王朝特提时期	萨布，亦称底提	孟斐斯普塔赫神的高级祭司		萨布以前孟斐斯总是有两个高级祭司，从他开始，则合二为一，祭司权力趋于集中。	《萨布铭文》，ARE, v.I, §288.

续表

所处时代	名字	祭司职位	其他职位	重要事项	材料来源
第6王朝麦伦拉、培比二世时期	哈克胡弗	仪式祭司	大公、南方之长、掌玺大臣、唯一王友、商队管理者	反映埃及古王国时期与南方努比亚贸易关系的重要文献。4次远征南方努比亚，曾得到培比二世的亲笔回信，受宠至极。	《哈克胡弗铭文》，ARE，v.I，§§326-336.
第6王朝培比二世时期	扎乌	布陀诸神的预言家、涅亨诸神的预言家、仪式祭司	世袭王子、金字塔城长官、大法官、维西尔、国王记录监督、掌玺大臣	扎乌是伊涅克赫涅丝-麦丽拉姐妹之弟。俩姐妹是培比一世的王后，还分别是麦伦拉国王、培比二世的母亲。	《两个伊涅克赫涅丝-麦丽拉王后石碑铭文》，ARE，v.I，§348.
第12王朝阿蒙涅姆赫特一世时期	安太夫	敏神预言家	世袭王子、大公、掌玺大臣、唯一王友	远征哈玛马特采石场	《安太夫哈玛马特采石场铭文》，ARE，v.I，§§466-468.
第12王朝塞索斯特里斯二世时期	克努姆霍特普二世	荷鲁斯的祭司	世袭王子、大公、东方山地之长	该铭文是研究第12王朝中央和地方关系的重要资料。	《克努姆霍特普二世铭文》，ARE，v.I，§624.
第12王朝塞索斯特里斯三世时期	埃克赫尔诺弗拉特	仪式祭司	世袭王子、掌玺大臣、大司库	详述了奥西里斯节日剧的具体过程，是中王国时代宗教信仰的珍贵史料。	《努比亚远征之埃克赫尔诺弗拉特铭文》，ARE，v.III，§§668-669.
第13王朝努布克赫普鲁拉时期	努布克赫普鲁拉	科普托斯明神祭司、神庙书吏	掌玺大臣、王室财产监督	祭司职位被剥夺实例	《科普托斯法令》，ARE，v.I，§§775-780.
第18王朝初阿赫摩斯时期	王后涅斐尔塔丽	阿蒙的第二预言家	世袭公主、国王之女、神圣配偶	一份祭司职位的转让证书。王后放弃阿蒙第二预言家的职位，作为补偿赠给其大量的金、银、铜、衣服以及谷物、田地和劳动力。	Cyril Aldred, Akhenaten: King of Egypt, London, 1988, pp.136, 137;《建筑铭文》，ARE，v.II，§§34-37.

续表

所处时代	名字	祭司职位	其他职位	重要事项	材料来源
第18王朝图特摩斯三世时期	涅布瓦维	阿拜多斯奥西里斯的高级祭司	司库	受到国王赏识而升职	《涅布瓦维自传铭文》，ARE, v.II, §§178-181.
第18王朝图特摩斯三世时期	普艾姆拉	神圣父亲	世袭王子、大公、掌玺大臣、建筑师	代表国王接收亚洲等地的贡物	《普艾姆拉墓葬铭文》，ARE, v.II, §383.
第18王朝哈特舍普舒特时期	哈普森涅布	阿蒙高级祭司、南北预言家之长	世袭王子、大公、南方之主、维西尔	第一次拥有了"阿蒙高级祭司、南北预言家之长"的头衔。此后，"南北预言家之长"的头衔不再由俗人担任，改由高级祭司特别是阿蒙高级祭司兼任。还担任维西尔，第一次集宗教和行政权于一身。	《哈普森涅布铭文》，ARE, v.II, §§388, 389.
第18王朝图特摩斯三世时期	蒙凯佩尔舍涅布	阿蒙高级祭司	金银屋之监督、工匠监督长、司库、阿蒙神庙大建筑师	负责卡尔纳克神庙图特摩斯三世的工程；作为司库，接收亚非国家的贡物。	《蒙凯佩尔舍涅布墓铭》，ARE, v.II, §§772-776.
第18王朝图特摩斯三世时期	麦利	阿蒙高级祭司	下埃及国王之掌玺者、上下埃及预言家之监督、阿蒙仓库之监督、阿蒙金银库监督、阿蒙牲畜监督	视察神庙牲畜和神庙作坊	《高级祭司麦利丧葬墓中的衔号》、《位于西底比斯的阿蒙高级祭司麦利墓铭》，EHR, II, pp.117-118, 271.
第18王朝图特摩斯三世时期	伊姆努费尔	托特神的高级祭司	赫尔摩波里斯市长		《赫尔摩波里斯市长伊姆努费尔坐像铭文》，EHR, II, p.148.

续表

所处时代	名字	祭司职位	其他职位	重要事项	材料来源
第18王朝阿蒙霍特普二世时期	阿蒙涅姆赫特	阿蒙高级祭司	王子、大公、下埃及国王之掌玺者、卡尔纳克的首席发言人		《阿蒙高级祭司阿蒙涅姆赫特在西底比斯的墓铭》，EHR，II，p.115.
第18王朝图特摩斯四世时期	赫克拉苏	神圣父亲	图特摩斯四世的家庭教师		《赫克尔尼赫在西底比斯的墓铭》，EHR，III，pp.273，276.
第18王朝图特摩斯四世时期	阿蒙霍特普	奥努里斯的高级祭司	国王随从	跟随国王远征	《阿蒙霍特普墓碑铭文》，ARE，v.II，§818.
第18王朝图特摩斯四世时期	卡恩特	阿蒙的低级祭司	工匠长	获得5阿鲁尔土地的赏赐	《题献给图特摩斯四世丧葬服务的界石》，EHR，III，p.301.
第18王朝阿蒙霍特普三世时期	普塔赫摩斯	阿蒙高级祭司、孟斐斯高级祭司、上下埃及预言家之监督	维西尔、下埃及王之掌玺者、首都监督	孟斐斯的高级祭司至少从阿蒙霍特普三世统治时即已控制在普塔赫摩斯家族之中	《孟斐斯高级祭司普塔赫摩斯雕像铭文》，EHR，V，pp.58-60.
第18王朝阿蒙霍特普三世时期	阿蒙阿能	阿蒙第二预言家、赫里奥波里斯拉神高级祭司	阿蒙霍特普三世王后泰伊的兄弟	拉神祭司明显处于阿蒙高级祭司控制之下	Adolf Erman, Life in Ancient Egypt, New York, 1971, p.297; Cyril Aldred, The End of the El-Amarna Period, JEA 43 (1957), p.32.

224

续表

所处时代	名字	祭司职位	其他职位	重要事项	材料来源
第18王朝埃赫那吞时期	拉莫斯	普塔赫高级祭司、上下埃及预言家监督	世袭王子、大公、掌玺官、各种纪念工程长、维西尔、公正的法官、唯一王友	抑制阿蒙祭司势力	《维西尔拉莫斯在西底比斯的墓铭》，EHR, V, pp.1-6; 《维西尔拉莫斯墓铭》，ARE, v.II, §936.
第18王朝埃赫那吞时期	麦利尔一世	埃赫塔吞阿吞神庙的高级祭司		描述了麦利尔在阿玛纳被任命为阿吞神庙高级祭司的详细过程，是阿吞崇拜的珍贵资料。	《麦利尔一世墓铭》，ARE, v.II, §§983-987; 《高级祭司麦利尔在阿玛纳的墓铭》，EHR, VI, p.21.
第18王朝埃赫那吞时期	埃伊	神圣父亲	国王之右持扇者、陛下马匹总长	他后来继图坦阿蒙当了国王	《埃伊墓铭》，ARE, v.II, §989.
第18王朝霍连姆赫布时期	涅菲尔霍特普	阿蒙的神圣父亲、仪式祭司		受到国王的亲自赏赐	《涅菲尔霍特普墓铭》，ARE, v.III, §§71-73.
第19王朝拉美西斯二世时期	伯克尼孔苏	阿蒙高级祭司	塞提一世的马厩长	该铭文是有关祭司等级划分的重要资料。	《伯克尼孔苏自传铭文》，ARE, v.III, §§563-568.
第19王朝拉美西斯二世时期	塞提	拉姆的大祭司、塞特的高级祭司	世袭王子、首都之长、维西尔、国王之右持扇者、弓箭长、国王书吏、马匹总长	有关塞特崇拜的重要资料	《400年石碑铭文》，ARE, v.III, §542.

续表

所处时代	名字	祭司职位	其他职位	重要事项	材料来源
第19王朝麦尔涅普塔赫时期	罗伊	阿蒙高级祭司，底比斯拉·阿图姆神庙的大预言家，国王的丧葬祭司	世袭王子	阿蒙高级祭司职位世袭的资料	《阿蒙高级祭司罗伊铭文》，ARE, v. III, §§ 623-626.
第19王朝拉美西斯二世时期	麦利图姆	拉神高级祭司	拉美西斯二世之子	牵制阿蒙祭司势力	S. Saunerson, The Priests of Ancient Egypt, New York and London, 1960, p. 183.
第19王朝拉美西斯二世时期	卡姆阿斯特	普塔赫神的高级祭司	拉美西斯二世之子	牵制阿蒙祭司势力	S. aunerson, The Priests of Ancient Egypt, New York and London, 1960, p. 183.
第19王朝拉美西斯二世时期	涅布涅弗	阿拜多斯战神奥努里斯和登德拉赫哈托尔女神高级祭司、底比斯阿蒙高级祭司		非阿蒙系统的人充任阿蒙高级祭司，以牵制阿蒙祭司势力。	S. Sauneron, The Priests of Ancient Egypt, New York and London, 1960, pp. 46-47; A. Moret, The Nile and Egyptian Civilization, London, 1927, p. 334.
第20王朝	麦利巴尔舍	阿蒙高级祭司	大税官	祖孙三人相继担任大税官，国家财政完全掌握在底比斯祭司家族手中	A. H. Gardiner, Wilbour Papyrus, v. II, Oxford, 1948, p. 204; 《哈玛马特石碑铭文》，ARE, v. IV, §466.
第20王朝	拉美斯那赫特	阿蒙高级祭司	大税官、各种工程之长		
第20王朝	乌塞马拉那赫特	阿蒙高级祭司	大税官		

续表

所处时代	名字	祭司职位	其他职位	重要事项	材料来源
第20王朝拉美西斯九世时期	阿蒙霍特普	阿蒙高级祭司	世袭王子、大公	第一次在神庙墙上被描绘成与国王同等大小，是阿蒙高级祭司对王权的一种挑战。	《阿蒙高级祭司阿蒙霍特普铭文》，ARE, v. IV, §§492–498.
第20王朝拉美西斯十一世时期	荷里霍尔	阿蒙·拉的高级祭司	南北军队之长、仓库监工、库什总督	由阿蒙高级祭司到"上下埃及之王、两地之主"（即篡夺王权）的重要资料。	《孔苏神庙铭文》，ARE, v. IV, §§609–626.
第22王朝舍尚克一世时期	哈拉姆萨弗	阿蒙·拉的神圣父亲	两地之主的工程长	领导塞勒塞拉采石场的采石工作，为阿蒙·拉的神庙制作大纪念碑。	《塞勒塞拉采石场建筑铭文》，ARE, v. IV, §706.
第22王朝	杰德孔舍法恩赫	阿蒙·拉的第四预言家、穆特女神的第二预言家		反映第22王朝初年王室与底比斯祭司间的关系。	《杰德孔舍法恩赫雕像铭文》，AEL, v. III, p. 14.
第25王朝塔哈卡时期	孟特姆赫特	阿蒙的第四预言家	底比斯王子、南北诸神预言家之长	阿蒙高级祭司被剥夺了南北诸神预言家之长的职位。	《孟特姆赫特铭文》，ARE, v. IV, §§901–916.
第25王朝塔哈卡时期	森比夫	普塔赫的预言家、神圣父亲	世袭王子、保管库之长	有关阿匹斯圣牛的重要资料。	《塞拉普姆石碑铭文》，ARE, v. IV, §918.
第26王朝普萨姆提克一世时期	尼特克丽丝	阿蒙高级祭司	普萨姆提克一世之女	通过收养，普萨姆提克家族获得了对底比斯财富和权力的合法控制。	《尼特克丽丝收养石碑铭文》，ARE, v. IV, §§947–957.
第26王朝阿普里斯时期	伊涅克赫涅涅斯涅弗里布拉	阿蒙高级祭司	普萨姆提克二世之女	被阿蒙高级祭司尼特克丽丝收养。是有关普萨姆提克家族的重要资料。	《神圣配偶伊涅克赫涅涅斯涅弗里布拉石碑铭文》，ARE, v. IV, §§988C–988J.

227

续表

所处时代	名字	祭司职位	其他职位	重要事项	材料来源
从公元前955年到前630年	帕特杰斐家族	赫里奥波里斯高级祭司		历13代共300多年	L. M. Leahy and A. Leahy, The Genealogy of a priestly Family from Heliopolis, *JEA* 72 (1986), pp. 133–147.
公元前4世纪末、3世纪初	皮特塞里斯	赫尔摩波里斯托特神的高级祭司	王室书吏	皮特塞里斯家族共五代占据赫尔摩波里斯托特神的高级祭司职位。	《皮特塞里斯自传铭文》,*AEL*, v. III, pp. 45–48.

附录三　译名对照表[①]

Abu Ghurob　阿布·古罗布

Abusir　阿布西尔

Abydos　阿拜多斯

Ahhotep　阿赫霍特普

Ahmose　阿赫摩斯

Ahmose – Nefretiri　阿赫摩斯·涅弗拉提丽

Akhenaton　埃赫那吞

Akheperkare　阿克赫皮尔卡拉

Akheperure　阿克赫普鲁拉

Akhes – iu　阿克赫西乌

Akhetaton　埃赫塔吞

Amarna　阿玛纳

Amen　阿蒙

Amenanen　阿蒙阿能

Amenemhet　阿蒙涅姆赫特

---

① 本表仅收本书所见之古代埃及人名、地名、神名和专用术语。

Amenenopet　阿蒙涅瑙皮特

Amenhotep　阿蒙霍特普

Amenirdis　阿蒙尼尔迪丝

Amenmose　阿蒙摩斯

Amunemuia　阿姆涅姆雅

Anhor　安霍尔

Ankhsheshonq　安克舍索克

Ankhu　安虎

Anubis　阿努比斯

Apepa　阿培帕

Aphroditopolis　阿帕朗迪托波里斯

Apis　阿匹斯

Apophis　阿波斐斯

Aroura　阿鲁尔

Athribis　阿特里比斯

Aton　阿吞

Atum　阿图姆

Avaris　阿发里斯

Ba　巴

Baefre　鲍富拉

Baket-Aten　巴克特·阿吞

Bek　贝克

Beknekhonsu　伯克尼孔苏

Benben Stone　奔奔石头

Benent　贝涅恩特

Bista　比斯塔

Bubastis　布巴斯提斯

Buto　布陀

Buto‑Upet‑Towe　布陀·乌帕特·托沃

Byblos　毕布勒斯

Canopus　坎诺普斯

Carouche　王名圈

Cerastes　克拉斯特斯

Coptos　科普托斯

Cubit　肘

Cynopolis　西诺波里斯

Deben　德本

Dendreh　登德拉赫

Der el‑Bahri　戴尔·艾尔·巴哈里

Dhoutmosi　德霍特摩斯

Dhuthop　图特霍普

Djadjabu　雅雅布

Djadja‑em‑ankh　雅雅玛克

Djedefre　杰德夫拉

Djedi　杰狄

Djedkare　杰德卡拉

Djedkhonsefankh　杰德孔舍法恩赫

Djedthothefankh　杰德托特法恩赫

Djet　捷特

Djoser　乔赛尔

Edfu　埃德富

Elephantine　厄勒蕃廷

Enekhnesneferibre　伊涅克赫涅丝涅弗丽布拉

Enen　伊能

Enkhofamon　恩克霍弗阿蒙

Ennead　九神团

Esna　伊斯那

Eye　埃伊

Fayum　法尤姆

Geb　盖伯

Gebelen　格柏林

Giza　吉萨

Hammamat　哈玛马特

Hap　哈匹

Hapuseneb　哈普森涅布

Harakhte　哈拉克提

Harakhty　哈拉凯俤

Haremsaf　哈拉姆萨弗

Harendotes　哈拉多特斯

Harkhuf　哈克胡弗

Harmhab　霍连姆赫布

Harsaphes　哈尔舍斐斯

Harsiese　哈塞斯

Harwa　哈尔瓦

Hat　哈特

Hatnub　哈特努布

Hatshepsut　哈特舍普苏特

Heb‐Sed　赫布·赛德

Hekreshu　赫克拉苏

Heliopolis　赫里奥波里斯

Hem‐ur　赫姆尔

Henket‐ankh　亨克特·阿克

Henu　赫努

Henuttaui　赫努塔马伊

Henutweret　赫努特维拉特

Hepute　赫普特

Hepzefi　赫普热斐

Heqt　赫克特

Herakleopolis　赫拉克列奥波里斯

Hermopolis　赫尔摩波里斯

Herwer　赫尔沃尔

Hezethekenu　赫日赫克努

Hierakonpolis　希拉康波里斯

Hor　霍尔

Hori　霍利

Horus　荷鲁斯

Hotephiryakhet　霍特斐尔雅赫特

Howtenufer　郝特努弗尔

Hrihor　荷里霍尔

Huy　胡伊

Hyksos　喜克索斯

Iamnufer　伊姆努费尔

Idy　伊迪

Ikhernofret　埃克赫尔诺弗拉特

Illahn　伊拉翁

Imhotep　伊姆霍特普

Ineni　伊涅尼

Intef　安太夫

Iput　伊普特

Ipuwer　伊普味

Isis　伊西斯

Ithu　伊特胡

Iunmtef　伊乌姆特夫

Ka　卡

Kaemheryibsen　卡姆赫尔伊布森

Kahun　卡呼恩

Kamose　卡莫斯

Karoy　卡洛伊

Kenrset　肯尔塞特

Kerome　凯罗麦

Khaemneter　哈姆涅特尔

Khaemweset　卡姆维舍特

Khafre　哈佛拉

Khamaat　卡玛特

Khampet　卡姆帕特

Khamuast　卡姆阿斯特

Khant　卡恩特

Khaut　康特

Khentemsemeti　亨特姆舍曼提

Khentkawes　肯特卡维丝

Khenuka　赫努卡

Khenzer　肯热尔

Khepri　凯普利

Kheti　克赫提

Khnum　克努姆

Khnumhotep　克努姆霍特普

Khons　孔斯

Khonsu　孔苏

Khor　霍尔

Khufu　胡夫

Kidet　凯特

235

Lahun　拉宏

Lucius　鲁西乌斯

Luxor　卢克索

Lycoplite 利考波里特

Maat　玛特

Mahatta　马哈塔

Mastaba　马斯塔巴

Medinet Habu　美迪奈特·哈布

Meir　麦尔

Memphis　孟斐斯

Mendes　孟德斯

Menkheperre　孟克赫佩尔拉

Menkheperreseneb　蒙凯佩尔舍涅布

Menkheperure　孟克赫普鲁拉

Menkaure　孟考拉

Menmare　孟马拉

Menna　蒙那

Mentemhet　孟特姆赫特

Mentuhotep　孟图霍特普

Merier　麦利尔

Merikare　美里卡拉

Meriptah　麦利普塔赫

Meriptah – Onekh　麦利普塔赫·奥涅克

Merit – Aten　美瑞特·阿吞

Merneptah　麦尔涅普塔赫

Mernere　麦伦拉

Mery　麦利

Merybarse　麦利巴尔舍

Meryptah　麦利普塔赫

Meryt　麦丽特

Merytum　麦利图姆

Min　明

Minemhet　麦涅姆赫特

Minyah　米雅赫

Mnevis　穆涅维斯

Montu　孟图

Mortuary Temple　葬祭庙

Mut　穆特

Mutemuya　穆特姆雅

Mutneferet　穆特涅菲拉特

Mutnefert　穆特涅菲尔特

Naharin　纳哈林

Nakht　那赫特

Nakhtamun　那赫特阿蒙

Napata　那帕达

Narmer Macehead　那尔迈权标头

Nebet　尼布特

Nebnefer　涅布涅菲尔

Nebneteru　涅布涅特鲁

Nebu　涅布

Nebunnef　涅布涅弗

Nebuwu　涅布乌

Nebwau　涅布瓦乌

Nebwawi　涅布瓦维

Neferefre　尼斐勒弗拉

Neferhor　涅菲霍尔

Neferhotep　涅菲尔霍特普

Neferhotepur　涅菲尔霍特普尔

Neferirkare Kakai　尼斐利尔卡拉·卡凯

Nefertari　涅斐尔塔丽

Neferti　聂非尔提

Neferusy　涅菲鲁西

Nefrure　尼弗鲁拉

Nefrusi　尼弗鲁西

Neit　奈特

Nekhbet　涅赫布特

Nekhen　涅亨

Nekonekh　涅孔涅赫

Nephthys　涅菲悌丝

Nesamun　涅斯阿蒙

Nesersu　涅塞尔苏

Nesikhonsu　涅丝孔苏

Nesupekeshuti　尼苏皮克苏提

Neterimu　涅特里穆

Neuserre　纽塞拉

Nitocris　尼特克丽丝

Nomen　国王出生名

Nubkheprure　努布克赫普鲁拉

Nun　努恩

Nut　努特

Ogdoad　八神团

Onouris　奥努里斯

Opet　奥帕特

Oryx　奥利克斯

Osiris　奥西里斯

Osorkon　奥索尔康

Oxyrhyncus　昂克瑞尼克斯

Paapis　帕匹斯

Pahemneter　帕赫姆涅特尔

Pakhes　帕克赫斯

Pakht　帕赫特

Palermo – Stone　帕勒摩石碑

Panopolis　潘诺波里斯

Patjenfy　帕特杰斐

Payamun　培阿蒙

Paynozem　培瑙日姆

Pediamensdttowe 皮底阿蒙伊斯托沃

Pehsukher 皮苏克赫尔

Pe‐Khenty 帕·肯泰

Pepionkh 培比昂克

Perehotep 皮拉霍特普

Perennefer 皮拉涅菲尔

Perneser 伯耳涅塞尔

Pernu 伯耳努

Peroy 皮罗伊

Perwahwedja 皮尔瓦沃佳

Perwer 伯耳威尔

Peteisis 皮特塞斯

Pethauemdiamun 帕赫阿门狄阿蒙

Petosiris 皮特塞里斯

Phamnute 哈姆努特

Piankhi 皮安希

Pkhore 普克霍尔

Pmehefpnebiu 普曼赫弗普涅布

Praemhab 普拉姆哈布

Pranakhte 普拉那赫特

Prenomen 王位名

Psamtik 普萨姆提克

Ptah 普塔赫

Ptahhotep 普塔赫霍特普

Ptahmose 普塔赫摩斯

Ptahshepses 普塔赫舍普塞斯

Puemre 普艾姆拉

Punt 蓬特

Purme 普尔麦

Ra‑aa‑qenen 拉·阿肯涅尼

Ram 拉姆

Ramessenakhte 拉美斯那赫特

Ramesses 拉美西斯

Ramses‑Siptah 拉美西斯·塞普塔赫

Re 拉

Re‑am 拉姆

Reneb 拉涅布

Retenu 列腾努

Rome 罗麦

Roy 罗伊

Royenet 罗耶涅特

Ruddedet 卢德戴特

Ruru 鲁鲁

Sabu 萨布

Sahure 萨胡拉

Sais 舍易斯

Sakhmet 萨克赫曼特

Sakkara 萨卡拉

Satet 萨特特

Sebeknakht 索贝克那赫特

Sed 赛德节

Sehetep-Ib-Re 塞赫特普·伊布·拉

Sekenenre 塞肯内拉

Sekhet-Re 塞克赫特·拉

Sekhmet 塞克赫曼特

Selqit 塞勒凯特

Senbef 森比夫

Senenu 舍涅努

Senezemib 舍涅热米布

Senmut 森穆特

Sennufer 塞努费尔

Senuonekh 舍努涅赫

Senut 塞努特

Sep 塞普

Sepi 塞皮

Sepre 塞普拉

Serapeum 塞拉普姆

Seshat 塞沙特

Sesostris 塞索斯特里斯

Seth 塞特

Sethos 塞索斯

Seti 塞提

Setkha 塞特卡

Shabaka Stone 沙巴卡石碑

Shepenupet 舍培努皮特

Shepseskaf 舍普塞斯卡弗

Shepseskare 舍普塞斯卡拉

Sheshonk 舍尚克

Shu 苏

Siamun 塞阿蒙

Silsileh 塞勒塞拉

Simut 西穆特

Sishu 塞苏

Siut 喜乌特

Smenkhare 斯门卡拉

Snefru 斯尼弗鲁

Soknebtynis 索克涅布提尼斯

Somtutefnakht 索姆图特弗那赫特

Speos Artemidos 斯巴斯阿尔特米多斯

Stat 斯塔特

Sutekh 苏太克

Suti 苏提

Ta 塔

Ta-Dehenet 塔·德赫涅特

Taharka 塔哈卡

Takelot 泰克朗特

Tamert 塔美尔特

Tanis 塔尼斯

Tantshenau 坦特森乌

Tanutamon 塔努特阿蒙

Tefibi 泰费比

Tefnakhte 特夫那赫特

Tefnut 泰夫努特

Tekhen‐Aten 坦肯·阿吞

Tep‐het 特普·赫特

Teta 特塔

Teti 特提

Teudjoi 条德降伊

Teuzoi 条让伊

Thaneni 坦涅尼

Thebes 底比斯

Thebu 底布

Thinis 提尼斯

Thinite 台奈斯

This 提斯

Thoth 托特

Thothreth 托特拉赫

Thutmose 图特摩斯

Tiye 泰伊

Tjehenu 田赫努

Tjewiu 田乌

Tombos 托姆波斯

Troja　特罗佳

Tutankhamon　图坦阿蒙

Tutankhaten　图坦阿吞

Unas　乌那斯

Upwawet　乌普瓦沃特

Uraeus　乌拉俄斯

Userkaf　乌塞尔卡弗

Usimarenakhte　乌塞马拉那赫特

Vizier　维西尔

Wawat　瓦瓦特

Wennofer　温瑙弗尔

Wennofre　温瑙弗拉

Wepwamose　维普瓦摩斯

Weshptah　维斯普塔赫

Xois　克索伊斯

Yam　亚姆

Yebu　耶布

Yuna　尤那

Zau　扎乌

Zekhonsefonekh　日孔舍尼赫

后　记

本书是在我的博士学位论文的基础上稍加修改而成的。因此，首先要感谢我的导师北京师范大学历史系的周启迪先生。学位论文从选题、谋篇布局乃至材料的取舍都凝聚着周老师极大的心血。无奈自己资质不敏、生性愚钝，离周老师的要求甚远。周老师不仅在学术上领我进入了一个全新领域，而且在为人、为师上使我受益匪浅，从师三年，幸甚！

另外，还要感谢北京师范大学的刘家和先生、晁福林先生、郭小凌先生、杨共乐先生，北京大学的周怡天先生、颜海英先生，内蒙古民族大学的刘文鹏先生，吉林大学的令狐若明先生，他们或参与了我学位论文的开题，或主持了论文的评审或答辩，并且都提出了宝贵的意见和建议。本书的出版，自然也包含着他们的一番心血。同时，还要特别感谢远在美国留学的好友杜红旺博士，他为我提供了一些本文急需的珍贵资料。

此外，在论文的写作过程中，众多师友也给予了极大的关注，提出过许多富有建设性的意见，他们是：杨国勇先生、杨巨平先生、武俊杰先生、董贵成博士、吴锋博士、刘则永博士、王大庆博士、卫金桂博士、王印焕博士、庞骏博士等，对他们的真诚教诲和热情帮助也表示衷心的感谢！

在此，还要感谢山西大学社会科学处的大力支持！并对书海出版社积极弘扬学术文化的可贵精神表示由衷的钦佩和谢意！

最后，在本书出版之际，还要提到我的父母和妻子，正是他们多年来一直默默无闻的支持和鼓励，才使我能安心于学术这片"乐土"。学海无涯，本书的出版只是对自己三年学习的一个小结，明天又是新的开始，我将继续沿着这条道路前行。前方的路或许有些清贫，但我相信，我很快乐。

是为记。

李模

2001 年 12 月 19 日于山西大学

再版后记

本书初版由书海出版社于2001年出版，至今已有近20年了。近20年来，尽管埃及学研究取得了许多令人瞩目的成就，但笔者始终认为，宗教仍然是埃及学研究中最重要的领域之一，正如埃及学经典之作《尼罗河与埃及之文明》序言所说，"埃及史实为一种宗教史"①。有鉴于此，笔者敝帚自珍，自认为拙作仍有一定的参考价值，故而修订再版。② 本次修订除了改正一些文字上的错讹外，还对有关荷鲁斯、普塔赫、奥西里斯、阿吞神的内容进行了增补和完善，书后还增加了《古代埃及年表》和《古代埃及重要祭司一览表》，其他一仍其旧。

自从1998年进入埃及学领域以来，得到了众多师友的帮助和提携，在此深表谢意！惟愿自己能在以后的学术道路上，不忘初心，砥砺前行，取得更大的成绩！

李模

2018年11月20日于山西大学

---

① ［法］摩赖：《尼罗河与埃及之文明》，刘麟生译，商务印书馆，1941年版，原序第4页。
② 近年来，国内学界对埃及祭司问题的研究成果主要有：陈妃麒《论古代埃及新王国时期的阿蒙祭司》，东北师范大学2013届硕士学位论文；李娟《托勒密埃及祭司研究》，内蒙古民族大学2014届硕士学位论文；王欢《教令石碑所见托勒密王朝本土祭司集团复兴埃及传统的努力》，《四川大学学报（哲学社会科学版）》2015年第4期。